RALF DIEDRICH

Methoden der Künstlichen Intelligenz zur Lösung des Prognoseproblems bei der Unternehmensbewertung

Betriebswirtschaftliche Schriften

Heft 135

Methoden der Künstlichen Intelligenz zur Lösung des Prognoseproblems bei der Unternehmensbewertung

Ein Prognoseverfahren auf der Grundlage der Prädikatenlogik 1. Ordnung

Von

Ralf Diedrich

Duncker & Humblot · Berlin

Die Deutsche Bibliothek – CIP-Einheitsaufnahme

Diedrich, Ralf:
Methoden der künstlichen Intelligenz zur Lösung des Prognoseproblems bei der Unternehmensbewertung : ein Prognoseverfahren auf der Grundlage der Prädikatenlogik 1. Ordnung / von Ralf Diedrich. — Berlin : Duncker und Humblot, 1993
(Betriebswirtschaftliche Schriften ; H. 135)
Zugl.: Köln, Univ., Diss., 1992
ISBN 3-428-07748-2
NE: GT

Fotoprint: Berliner Buchdruckerei Union GmbH, Berlin 61
Printed in Germany

ISSN 0523-1035
ISBN 3-428-07748-2

Meinen Eltern

Geleitwort

Die Prognose der künftigen Entwicklung eines Unternehmens ist eines der schwierigsten Probleme, mit dem Theoretiker und Praktiker der Unternehmensbewertung konfrontiert werden. Daß dies so ist, liegt an der Komplexität und Vielfalt von Sachverhalten, die auf die künftige Entwicklung eines Unternehmens einwirken. Das Wesen dieser Sachverhalte und ihr Zusammenwirken liegen noch weitgehend im Dunkeln. Neuere Ansätze der strategischen Planung lassen darauf schließen, daß der Erfolg eines Unternehmens in weit geringerem Ausmaß als bislang vermutet von den üblicherweise herangezogenen quantitativen Daten abhängt. Weit größere Bedeutung scheinen dagegen die ökonomischen Strukturen zu besitzen, die das Unternehmen und sein Umfeld ausmachen. Die adäquate Berücksichtigung dieser Strukturen bei der Prognose stellt eine Herausforderung an die Bewertungstheorie dar, die über die Verbesserung der vorhandenen Prognoseverfahren hinaus die Beschäftigung mit neuartigen Verfahren erfordert.

Vor diesem Hintergrund wird in der vorliegenden Arbeit die Frage behandelt, welchen Beitrag die in der Künstliche Intelligenz-Forschung verwendeten Methoden zur Lösung des Prognoseproblems bei der Unternehmensbewertung leisten können. Diese Fragestellung ist vor allem deshalb so interessant, weil sich die Künstliche Intelligenz-Forschung mit schlecht-strukturierten Problemen beschäftigt und dabei auch Möglichkeiten zur nicht-numerischen Repräsentation und Verarbeitung von Informationen untersucht. In Anbetracht der erwähnten Komplexität der ökonomischen Zusammenhänge und der zunehmend erkannten Bedeutung struktureller Sachverhalte für die ökonomische Entwicklung von Unternehmen erscheinen die Methoden der Künstliche Intelligenz-Forschung für die Anwendung zu Prognosezwecken damit geradezu prädestiniert.

Von anderen Arbeiten zu verwandten Fragestellungen unterscheidet sich die vorliegende Arbeit dadurch, daß keine vorgefertigten Problemlösungen der Künstlichen Intelligenz-Forschung auf die spezifische Problemstellung übertragen werden. Auf der Basis methodologischer Überlegungen entwickelt der Autor vielmehr ein insgesamt neuartiges Prognoseverfahren, das auf verschiedenen Methoden des symbolverarbeitenden Zweigs der Künstlichen Intelligenz aufbaut. Er zeigt damit auf, welches Anwendungspotential dieser Zweig der Künstlichen Intelligenz-Forschung für die Prognose ökonomischer Entwicklungen besitzt. Dabei wird auch deutlich, daß selbst bei Anwendung "Künstlicher Intelligenz" die Komplexität ökonomischer Zusammenhänge nicht ohne die Setzung vereinfachender Annahmen durchdrungen werden kann.

Die Arbeit wendet sich primär an den Theoretiker, der sich unter methodischen Aspekten mit Möglichkeiten zur Prognose von Unternehmensentwicklungen beschäftigt. Ihm kann die Arbeit wertvolle Anregungen für künftige Untersuchungen bieten. Die Arbeit ist gleichzeitig für den Praktiker interessant, der sich über neuere Entwicklungen informieren will und die formale Argumentation nicht scheut.

Köln, im Februar 1993 Prof. Dr. Günter Sieben

Inhaltsverzeichnis

Abbildungs- und Tabellenverzeichnis

Abkürzungsverzeichnis

Abb.	Abbildung
ACM	Association for Computing Machinery
ADV	Automatische Datenverarbeitung
AFIPS	American Federation of Information Processing Societies
AI	Artificial Intelligence
AIV	Automatische Informationsverarbeitung
Aufl.	Auflage
BB	Betriebs-Berater
Bd.	Band
BFuP	Betriebswirtschaftliche Forschung und Praxis
bzw.	beziehungsweise
d.h.	das heißt
DB	Der Betrieb
DBW	Die Betriebswirtschaft
DStR	Deutsches Steuerrecht
ECAI	European Conference on Artificial Intelligence
f.	folgende
ff.	fortfolgende
Fn.	Fußnote
gdw	genau dann, wenn
GWAI	German Workshop on Artificial Intelligence
HBR	Harvard Business Review
HdWW	Handwörterbuch der Wirtschaftswissenschaften
HFA	Hauptfachausschuß
HM	Harvard Manager
HMD	Handbuch der modernen Datenverarbeitung
hrsg.	herausgegeben
HWB	Handwörterbuch der Betriebswirtschaft
HWR	Handwörterbuch des Rechnungswesens
IdW	Institut der Wirtschaftsprüfer
IFIP	International Federation for Information Processing
IJCAI	International Joint Conference on Artificial Intelligence

IPMU	International Conference on Information Processing and Management of Uncertainty in Knowledge Based Systems
Jg.	Jahrgang
KI	Künstliche Intelligenz
ML	Machine Learning
MS	Management Science
PIMS	Profit Impact of Market Strategies
S.	Seite
Sp.	Spalte
SPI	The Strategic Planning Institute
Ufo	Unternehmensforschung
usw.	und so weiter
vgl.	vergleiche
Vol.	Volume
WISU	Das Wirtschaftsstudium
WPg	Die Wirtschaftsprüfung
z.B.	zum Beispiel
z.T.	zum Teil
ZfB	Zeitschrift für Betriebswirtschaft
ZfbF	Zeitschrift für betriebswirtschaftliche Forschung
ZfhF	Zeitschrift für handelswissenschaftliche Forschung

Symbolverzeichnis

EW	Entscheidungswert
KP	Kauf- bzw. Verkaufspreis
W[·]	Bewertungsfunktion
E[·]	Erwartungswert
V[·]	Varianz
SÄ[·]	Sicherheitsäquivalent
S	Statistische Wahrscheinlichkeit
C	Logische Wahrscheinlichkeit
P	Subjektive Wahrscheinlichkeit
Q	Generalisierte Wahrscheinlichkeit
H	Entropie
p	Bernoullisches Wahrscheinlichkeitsmaß
f(·)	Wahrscheinlichkeitsdichte
F(·)	Verteilungsfunktion
n	Absolute Häufigkeit
r	Relative Häufigkeit
multi(· $\|p_1,..,p_{I-1}$)	Wahrscheinlichkeitsfunktion der Multinomialverteilung mit den Parametern p_1 bis p_{I-1}
beta(· |a,b)	Dichtefunktion der Betaverteilung mit den Parametern a und b
dir(· |a,..,c)	Dichtefunktion der Dirichletschen Verteilung mit den Parametern a bis c
gau(· $\|\mu,\sigma^2$)	Dichtefunktion der Normalverteilung mit Erwartungswert μ und Varianz σ^2
stu(· $\|\mu,\sigma^2,\nu$)	Dichtefunktion der Student Verteilung mit den Parametern μ, σ^2 und ν
konstante	Konstantensymbol
VARIABLE	Variablensymbol
funktor(·)	Funktorensymbol
prädikat[·]	Prädikatensymbol
α bis μ	Atomare Formel
$\neg$	Negation
$\wedge$	Konjunktion
$\vee$	Disjunktion
$\rightarrow$	Konditional
$\leftrightarrow$	Bikonditional

$\forall$	Allquantor
$\exists$	Existenzquantor
ν bis ω	Formel oder Klausel
A bis Ω	Formel- oder Klauselmenge
$\Leftarrow$	Konditional in Hornklauseln
ζ	Prognose
Γ	Prognoserelevantes Wissen
ψ	Empirische Generalisierung
Θ	Vorwissen
Δ	Bedingungskomplex der Prognose
ξ	Beispiel für eine Unternehmungsentwicklung
Ξ	Menge beispielhafter Unternehmungsentwicklungen einer Ergebnisklasse
$\mathcal{D}$	Diskurswelt
$\mathcal{F}$	Funktionale Basismenge
$\mathcal{R}$	Relationale Basismenge
$\mathcal{I}$	Interpretation
$\models_{\mathcal{I}} \phi$	ϕ wird von der Interpretation $\mathcal{I}$ erfüllt
$\models$	Logische Implikation
$\mathcal{W}$	Menge möglicher Welten
ω	Wahrscheinlichkeit einer Menge möglicher Welten
$\vdash$	Syntaktische Ableitung
f, h, g	Variablensubstitutionen
g	Allgemeinster Unifikator
$\mid<$	Syntaktische Generalisierung
$\mid>$	Syntaktische Spezialisierung
S	Menge speziellster zulässiger Generalisierungen
G	Menge allgemeinster zulässiger Generalisierungen

I. Einleitung

A. Zur Aktualität des Themas

Unternehmungswerte spielen in der betriebswirtschaftlichen Theorie eine immer größer werdende Rolle. Während in der Vergangenheit vor allem die Änderung von Eigentumsverhältnissen als Bezugsrahmen für die Beschäftigung mit der Unternehmungsbewertung galt, wird der Wert einer Unternehmung heute mehr und mehr als allgemeine Zielgröße für unternehmerisches Handeln angesehen. Im Rahmen der Principal-Agent Theorie etwa geht es um die Entwicklung von Anreizsystemen, die auf die Maximierung des Marktwertes der Unternehmung abzielen[1]; neuere Ansätze der strategischen Planung bedienen sich des Instrumentariums der Unternehmungsbewertung zum Zwecke der Strategieauswahl (Shareholder Value Approach)[2].

Aufgrund der Vielzahl praktischer Bewertungsanlässe[3] sind Fragen der Unternehmungsbewertung aber nicht nur für die betriebswirtschaftliche Theorie, sondern auch für die betriebliche Praxis von größter Bedeutung. Die meiste Beachtung in der Öffentlichkeit finden Akquisitionen ganzer Unternehmungen oder von Unternehmungsteilen, die häufig gleich mehrere Bewertungen erforderlich machen. Weniger spektakulär, dafür vielleicht noch zahlreicher sind gesellschaftsrechtlich bedingte Bewertungsanlässe, etwa das Ausscheiden von Gesellschaftern aus Personengesellschaften oder Verschmelzungen. Für die Zukunft dürfte mit einem weiter steigenden Bewertungsbedarf im Zuge der Privatisierung und Entflechtung von Unternehmungen in Ostdeutschland und in Osteuropa zu rechnen sein.

Unabdingbare Voraussetzung für die Ermittlung aussagekräftiger Unternehmungswerte ist eine befriedigende Lösung des Kernproblems bei der Unternehmungsbewertung, der Prognose der künftigen Ergebnisse des Bewer-

---

[1] Zur Principal-Agent Beziehung siehe z.B. Hax/Hartmann-Wendels/v.Hinten (1988), S. 705ff.

[2] Siehe Rappaport (1981); Rappaport (1986); Henzler (1988), S. 1295ff.; Gomez/Weber (1989a), S. 24ff.; Gomez/Weber (1989b).

[3] Einen Überblick über die Anlässe zur Bewertung von Unternehmungen gibt IdW (1985), S. 1067ff.

tungsobjektes[4]. Daß eine solche bis heute nicht in Sicht ist, mag daran liegen, daß wirtschaftliche Entwicklungen grundsätzlich irregulär verlaufen oder kaum Regelmäßigkeiten aufweisen, die als Grundlage der Prognose dienen könnten. Es könnte aber auch sein, daß die bisher zur Verfügung stehenden, insbesondere mathematisch-statistischen Verfahren, nicht ausreichen, um die Komplexität der wirtschaftlichen Zusammenhänge zu durchdringen und vorhandene, bisher aber nicht erkannte Regelmäßigkeiten bei der Entwicklung von Unternehmungen aufzudecken.

Fortschritte versprechen hier neuere Ansätze zur Lösung des Prognoseproblems bei der Unternehmungsbewertung, die darauf abzielen, Konzepte der strategischen Planung für Prognosezwecke nutzbar zu machen.[5] Ein Problem, das sich dabei stellt, ist die Entwicklung quantitativer Prognosen auf der Grundlage der meist qualitativen oder strukturellen Aussagen der strategischen Planung.[6] Es geht dabei nicht nur um die Quantifizierung qualitativer Aussagen über die künftige Entwicklung der bewertungsrelevanten Ergebnisse. Das Problem liegt tiefer; denn viele der in der strategischen Planung untersuchten und prognostisch möglicherweise bedeutsamen Einflußfaktoren - z.B. die Beziehungen zwischen den Wertaktivitäten einer Unternehmung oder eines Geschäftsbereichs - lassen sich nur auf recht umständliche Art und Weise quantitativ beschreiben und damit einer statistischen Analyse erschließen. Vielleicht ist auch dieses Sprachproblem ein Grund dafür, warum den mathematisch-statistischen Verfahren bei der Prognose von Unternehmungsentwicklungen bislang kein überzeugender Erfolg zuteil wurde.

In dieser Situation erscheint die Entwicklung eines Forschungsgebietes beachtenswert, welches für sich in Anspruch nimmt, zur Lösung schlecht strukturierter Probleme beitragen zu können, und das darüber hinaus von einer numerischen Repräsentation von Informationen Abstand nimmt. Die Künstliche Intelligenz, um die es sich dabei handelt, ist eine noch verhältnismäßig junge Wissenschaft, deren Methoden in den letzten Jahren in weitem Umfang auch außerhalb der Forschung Anwendung fanden. Insbesondere wissensbasierte Systeme als ein Forschungsschwerpunkt der Künstlichen Intelligenz werden in zunehmendem Maße und mit teilweise guten Erfolgen zur Lösung betriebswirtschaftlicher Problemstellungen herangezogen. Zu nennen sind z.B. die Arbeiten von Mertens zum Einsatz wissensbasierter Systeme bei der Jahresab-

---

4 Die Prognose der Ergebnisentwicklung des zur Bewertung herangezogenen Vergleichsobjektes wird im Rahmen dieser Arbeit nicht explizit behandelt. Eine analoge Anwendung des geschilderten Prognoseverfahrens ist jedoch denkbar.

5 Siehe Rappaport (1986), S. 81ff.; Rappaport (1987), S. 62ff.; Ballwieser (1990).

6 Vgl. Coenenberg (1981), S. 237; Schneider (1988), S. 523.

schlußanalyse[7] oder Überlegungen zur Nutzung wissensbasierter Systeme für Planungszwecke[8].

B. Problemstellung und Annahmen

Das Anliegen der Arbeit ist damit grob umrissen: es soll untersucht werden, ob die Methoden der Künstlichen Intelligenz auch zur Lösung des Prognoseproblems bei der Unternehmungsbewertung einen Beitrag leisten können. Dabei wird keine Auflistung potentieller Anwendungsbereiche angestrebt. Ein entsprechendes Vorhaben würde die Erläuterung einer Vielzahl verschiedener Ansätze erfordern, die in der Mehrzahl auf eine Unterstützung traditioneller, mathematisch-statistischer oder intuitiver Prognoseverfahren hinauslaufen, und müßte folglich recht oberflächlich bleiben. Statt dessen wird ein in sich geschlossenes Verfahren zur Erstellung von Prognosen erörtert, das grundlegend auf Methoden der Symbolverarbeitung aufbaut und das sich nicht auf ein anderes, bereits bekanntes Prognoseverfahren zurückführen läßt. Die methodischen Aspekte dieses neuartigen Prognoseverfahrens stehen im Vordergrund.

Behandelt wird das Prognoseproblem bei der Unternehmungsbewertung, wie es sich im Rahmen der Ermittlung eines entscheidungsorientierten, subjektbezogenen Unternehmungswertes, des sogenannten Entscheidungswertes der Unternehmung, stellt. Die Zugrundelegung dieser Wertkonzeption impliziert zum einen die Zukunftsbezogenheit der Bewertung und damit erst die Notwendigkeit einer Prognose sowie zum anderen die Forderung nach rationalem Vorgehen bei der Bewertung, insbesondere auch nach einer rationalen, d.h. einer bestimmten, später zu erläuternden Kriterien gerecht werdenden Prognose. Eine einzelwirtschaftliche Betrachtungsweise wurde gewählt, weil der subjektive Charakter jeder Prognose in einem marktwertorientierten Bezugsrahmen aufgrund der in der Kapitalmarkttheorie regelmäßig getroffenen Annahme homogener Erwartungen aller Marktteilnehmer keine Berücksichtigung findet. Zudem müßten in einer solchen Darstellung Fragen der Rückwirkung der Prognose auf das zu prognostizierende Ereignis (self-fulfilling und self-destroying prophecy) behandelt werden, die hier ausgespart bleiben sollen. Gleichwohl gelten die Ausführungen dieser Arbeit auch für das Prognoseproblem bei der Ermittlung des Marktwertes einer Unternehmung, sofern man

7 Einen Überblick über die an der Universität Erlangen-Nürnberg von Mertens und seinen Mitarbeitern entwickelten Systeme geben Büttner et al. (1988); Mertens (1989).

8 Siehe Ruhland/Wilde (1987); Mockler/Dologite (1988); Plattfaut (1988), S. 76ff.; Schmidt (1989).

einige Annahmen in bezug auf die Informationseffizienz des Kapitalmarktes und die Informationsverarbeitung der Marktteilnehmer trifft.

C. Aufbau der Arbeit

Der Hauptteil der Arbeit ist in fünf Abschnitte gegliedert. Im ersten Teil wird das Prognoseproblem bei der Ermittlung des Entscheidungswertes einer Unternehmung im Kontext der Funktionenlehre von der Bewertung ganzer Unternehmungen erörtert. Dies dient zum einen der Einführung in den Problemkreis, zum anderen werden hier grundsätzliche methodologische Aspekte von Prognosen behandelt, die die Systematisierung von Ansätzen zur Lösung des Prognoseproblems erlauben und Anhaltspunkte zur Beurteilung solcher Ansätze liefern. Den Abschluß des ersten Teils der Arbeit bildet die Darstellung jeweils eines mathematisch-statistischen und intuitiven Prognoseverfahrens, die eine vergleichende Beurteilung methodischer Aspekte des vorgestellten Verfahrens ermöglichen soll.

Der zweite Teil der Arbeit dient der Einführung in das vorgestellte Prognoseverfahren. Geschildert werden die allgemeinen Charakteristika eines wissensbasierten Prognosesystems zur Unternehmungsbewertung sowie dessen prinzipielle Arbeitsweise und sein funktionaler Aufbau. Die Darstellung der allgemeinen Charakteristika ist knapp gehalten, weil zu den angesprochenen Eigenschaften bereits eine Fülle von Literatur vorliegt. Ausführlich werden die für das vorgestellte Verfahren bedeutsamen Methoden und deren Zusammenspiel in den folgenden Abschnitten erläutert. Die Erläuterung der prinzipiellen Arbeitsweise und der funktionalen Architektur eines wissensbasierten Prognosesystems zur Unternehmungsbewertung soll die Einordnung der nachfolgenden Ausführungen erleichtern und die Parallelen und Unterschiede zu anderen Prognoseverfahren aufzeigen.

Im weiteren geht es um die Ausgestaltung der zur Erstellung von Prognosen notwendigen Komponenten eines wissensbasierten Prognosesystems zur Unternehmungsbewertung. Untersucht wird zunächst im dritten Teil, auf welche Weise das in der Wissensbasis eines solchen Systems abgelegte prognoserelevante Wissen und der Bedingungskomplex der Prognose repräsentiert werden können. Als Ausgangspunkt für die Überlegungen zur Wissensrepräsentation dient die Prädikatenlogik 1. Ordnung, deren Instrumentarium allerdings in mehrfacher Hinsicht auf die vorliegende Problemstellung angepaßt werden muß. Im vierten Teil wird der Frage nachgegangen, wie auf der Grundlage des prognoserelevanten Wissens und fallspezifischer Informationen Prognosen über die künftige Entwicklung der bewertungsrelevanten Ergebnisse abgeleitet werden können. Damit steht die Ausgestaltung der Inferenzkomponente eines wissensbasierten Prognosesystems zur Unternehmungsbewertung im Mittelpunkt der Betrachtung.

Die der Arbeit zugrundeliegende Problemstellung wäre nur unvollständig behandelt, würden lediglich Probleme der Repräsentation und der Verarbeitung des prognoserelevanten Wissens und des Bedingungskomplexes der Prognose, nicht aber Möglichkeiten zur Gewinnung des prognoserelevanten Wissens untersucht; denn gerade die damit zusammenhängenden Fragen sind von offensichtlich entscheidender Bedeutung für den Erfolg des vorgestellten Prognoseverfahrens. Wie mit Hilfe von Methoden des Maschinellen Lernens prognoserelevantes Wissen aus Beispielen für Unternehmungsentwicklungen gewonnen werden kann, wird im fünften Teil der Arbeit erörtert. Die Arbeit schließt mit einer vergleichenden Beurteilung des vorgestellten Prognoseverfahrens und einer thesenförmigen Zusammenfassung.

II. Das Prognoseproblem bei der Unternehmungsbewertung

A. Terminologische und dogmengeschichtliche Grundlagen der Unternehmungsbewertung

Unter dem Wert eines Objektes wird generell ein Maß für den Nutzen verstanden, den es für ein Subjekt im Hinblick auf dessen Ziele besitzt.[1] Bewertung bedeutet die Zuordnung von Werten zu Objekten entsprechend ihrer Fähigkeit, zur Erfüllung der Ziele des Bewertungssubjektes beizutragen. Zweck der Bewertung ist die Schaffung einer Vergleichsgrundlage zur Auswahl einer von mehreren Entscheidungsalternativen. Der Wahlakt selbst ist einerseits Ergebnis und andererseits Ausdruck einer Bewertung.[2]

Abweichend davon bezeichnet der "Wert" einer Unternehmung im üblichen Sprachgebrauch eine in Geldeinheiten gemessene Größe, die als potentieller Preis für die Unternehmung zu interpretieren ist.[3] Bis in die fünfziger Jahre sah man diesen Wert als eine objektive, der Unternehmung "an sich" zukommende Größe an.[4] Gegenstand der Bewertung war die Ermittlung eines "gemeinen" Unternehmungswertes, der denjenigen Nutzen widerspiegelt, "... den eine Sache *durch sich selbst* gewährt."[5] Erst zum Ende der fünfziger Jahre setzte sich die Auffassung durch[6], daß ein Unternehmungswert stets auch einen gewissen Subjektbezug aufweist[7]. Es wurde erkannt, daß immer dann, wenn der Wertermittlung Konventionen zugrunde liegen, die von den Eigenschaften eines spezifischen Bewertungssubjektes abstrahieren, damit die Annahme eines fiktiven "normalen" oder "typischen" Subjektes verbunden ist:

---

[1] Was der Begriff "Wert" beinhaltet, ist natürlich Ergebnis einer Konvention, die nur in bezug auf ihre Zweckmäßigkeit beurteilt werden kann. Vgl. Bretzke (1975a), S. 126; Schanz (1988), S. 17ff. Einen Überblick über gängige Wertauffassungen geben Sieben/Löcherbach/Matschke (1974).

[2] Vgl. Bretzke (1975b), S. 17; Bretzke (1975c), S. 498.

[3] Vgl. Moxter (1983), S. 5.

[4] Siehe z.B. Mellerowicz (1952), S. 12ff.

[5] Schmalenbach (1918), S. 133.

[6] Zum Verlauf der Diskussion um objektive und subjektive Unternehmungsbewertung siehe Busse von Colbe (1957a), S. 114ff.; Bretzke (1976a), S. 543ff.; Bartke (1978), S. 239ff.; Moxter (1983), S. 26ff.; Gerling (1985), S. 6ff.

[7] Siehe z.B. Busse von Colbe (1957b), S. 16ff.; Münstermann (1966), S. 21ff.; Moxter (1978).

"Das Subjekt kommt also zur Hintertür wieder herein."[8] Daß diese Annahme mit der Idee eines objektiven - im Sinne von verselbständigten - Wertes nicht vereinbar ist, wurde auch noch lange Zeit später von einigen Autoren nicht gesehen: "Hier ist der objektive Wert gleich dem Wert, den ein Gut unter normalen Verhältnissen für jedermann in gleicher Weise hat."[9]

Eng verbunden mit der Auseinandersetzung um die Objektivität oder Subjektivität von Unternehmungswerten war die Frage nach dem zu verwendenden Bewertungsverfahren. Insbesondere zwei Bewertungsverfahren standen dabei zur Diskussion: zum einen das Substanzwertverfahren, das eine Antwort auf die Frage gibt, welche Kosten die Rekonstruktion einer äquivalenten Unternehmung verursachen würde[10], und zum anderen das Ertragswertverfahren, das den Unternehmungswert aus den künftigen Erfolgsbeiträgen des Bewertungsobjektes herleitet[11]. Während die Vertreter des objektiven Wertbegriffs meist dem Substanzwertverfahren den Vorzug gaben, hielten die "Subjektivisten" mehrheitlich das Ertragswertverfahren für das einzig angemessene Bewertungskalkül. Eine Ausnahme ist Schmalenbach, der für einen objektiven Wertbegriff eintrat und gleichzeitig für das Ertragswertverfahren mit dem Argument plädierte, daß es bei "... dem Werte einer Unternehmung ... nicht darauf an(-kommt), was dieser Gegenstand gekostet hat, was er geleistet hat oder was sonst *in der Vergangenheit* von ihm bekannt ist, sondern *lediglich zukünftige* Umstände sind ... bestimmend."[12] Im Zuge der Durchsetzung des subjektiven Wertbegriffs wurde auch die Frage nach dem "richtigen" Bewertungsverfahren zugunsten des Ertragswertverfahrens entschieden.

Wenngleich heute die Subjekt*bezogenheit* von Unternehmungswerten als eine der Grundlagen der Theorie der Unternehmungsbewertung gilt[13], erwies sich eine streng subjekt*spezifische* Bewertung, wie sie die Vertreter der subjektiven Unternehmungsbewertungslehre forderten, nicht als für alle Bewertungsfälle zweckmäßig.[14] Vielmehr zeigte sich, daß der Rückgriff auf die für

---

[8] Jaensch (1966a), S. 6f.

[9] Viel/Bredt/Renard (1970), S. 10. Vgl. Bretzke (1975a), S. 126.

[10] Zu den verschiedenen Schattierungen des Substanzwertes und zur Kritik am Substanzwertverfahren siehe Sieben (1963). Daß sich das Substanzwertverfahren in der Praxis noch immer großer Beliebtheit erfreut, zeigen die in regelmäßigen Abständen aufkommenden Stimmen, die seine Überlegenheit gegenüber dem Ertragswertverfahren behaupten. Siehe z.B. den Dialog zu einer "Renaissance" des Substanzwertverfahrens in Zimmerer (1988a); Sieben/Kirchner (1988); Zimmerer (1988b).

[11] Zum Ertragswertverfahren siehe Kapitel II.B.2.

[12] Schmalenbach (1966), S. 36.

[13] Unter der Bezeichnung Eignerbezogenheit führt Moxter die Subjektbezogenheit als Grundsatz ordnungsmäßiger Unternehmungsbewertung an; siehe Moxter (1983), S. 23ff.

[14] Vgl. z.B. Hartmann (1981), S. 1092; Ballwieser/Leuthier (1986), S. 550.

überwunden gehaltenen Bewertungsverfahren der objektiven Bewertungslehre immer dann notwendig wird, wenn - z.B. zum Zwecke der Besteuerung - ein besonderes Erfordernis zur Konventionalisierung des Wertermittlungsprozesses besteht. In einer dritten Stufe der Entwicklung wurde deshalb gegen Mitte der siebziger Jahre die Zweckabhängigkeit der Bewertung zum zentralen Prinzip der Unternehmungsbewertung erhoben.[15] Unter der Bezeichnung "Kölner Funktionenlehre der Unternehmungsbewertung"[16] stellt sich die gegenwärtig vorherrschende Theorie der einzelwirtschaftlichen Unternehmungsbewertung damit in bezug auf die Bewertungsverfahren als Synthese der Standpunkte objektiver und subjektiver Unternehmungsbewertung dar, insofern sie die Berechtigung einer Konventionalisierung des Bewertungsprozesses in Abhängigkeit von der Zwecksetzung der Bewertung anerkennt.[17] In bezug auf die Frage nach der prinzipiellen Subjektivität oder Objektivität von Unternehmungswerten beinhaltet sie eine eindeutige Aussage zugunsten der subjektiven Unternehmungsbewertungslehre.

Im Mittelpunkt der Funktionenlehre der Unternehmungsbewertung steht die Unternehmungsbewertung zum Zwecke der Beratung des potentiellen Käufers oder Verkäufers einer Unternehmung. Gegenstand der Bewertung ist die Ermittlung der Preisober- bzw. -untergrenze, die der Käufer bzw. Verkäufer als Ergebnis der Verhandlungen über den Kaufpreis - rationales Verhalten vorausgesetzt - höchstens bzw. mindestens zu akzeptieren bereit sein sollte. Die zu ermittelnde Größe wird als Entscheidungswert oder Grenzpreis der Unternehmung bezeichnet.[18] Es liegt auf der Hand, daß bei ihrer Ermittlung aus theoretischer Sicht keinerlei Konventionalisierung des Bewertungsprozesses in Frage kommt; schließlich interessiert den Käufer oder Verkäufer einer Unternehmung nicht der Entscheidungswert eines "typischen" Käufers bzw. Verkäufers, sondern der Betrag, den er selbst maximal zu zahlen bereit sein sollte bzw. mindestens fordern muß. Der Entscheidungswert der Unternehmung ist damit gleichsam das Paradepferd der subjektiven Unternehmungsbewertung. Er steht im Rahmen dieser Arbeit im Mittelpunkt der Betrachtungen.

Neben der Beratungsfunktion führt die Funktionenlehre der Unternehmungsbewertung als Hauptfunktionen die Vermittlungs- sowie die Argumen-

---

15 Vgl. Coenenberg/Sieben (1976), Sp. 4063ff.; Sieben/Schildbach (1979), S. 455ff.; Börner (1980), S. 114ff.; Coenenberg (1981), S. 222; Moxter (1983), S. 5ff.; Ballwieser/Leuthier (1986), S. 546.

16 Zur Funktionenlehre allgemein siehe Sieben/Schildbach (1979), S. 455ff.; Sieben (1983), S. 181ff.

17 Vgl. Goetzke (1976), S. 177; Bretzke (1980), S. 59, Fn. 49.

18 Die Grundlagen der Entscheidungswertkonzeption behandelt ausführlich Matschke (1975). Siehe auch Matschke (1972), S. 146ff.; Wagner (1973), S. 301ff.; Sieben (1976a), S. 491ff.; Sieben (1977), S. 57ff.; Busse von Colbe (1981), Sp. 595ff.; Lutz (1984).

tationsfunktion an: In der Vermittlungsfunktion wird der Bewerter als Schiedsgutachter zwischen zwei Parteien tätig. Zweck der Bewertung ist die Ermittlung eines Schiedswertes, der unter Berücksichtigung der Interessenlage der beteiligten Parteien übergeordneten Gerechtigkeitsvorstellungen entspricht.[19] In der Argumentationsfunktion leistet der Bewerter in Verhandlungen über den Kaufpreis einer Unternehmung Argumentationshilfe; es wird ein Argumentationswert ermittelt, der die Verhandlungsposition der jeweiligen Partei stärken soll.[20] Als Nebenfunktionen werden im Rahmen der Funktionenlehre nicht abschließend und in unterschiedlicher Abgrenzung die Bilanz-, die Steuerbemessungs- sowie die Vertragsgestaltungsfunktion oder die Komplexitätsreduktions- und die Kommunikations- oder Informationsfunktion angesehen.[21] Sie seien hier nur der Vollständigkeit halber genannt.

Auch im Rahmen der Vermittlungs- und der Argumentationsfunktion spielt der Entscheidungswert der Unternehmung eine zentrale Rolle, da seine Kenntnis für den Bewerter notwendige Voraussetzung einer zweckentsprechenden Lösung des Bewertungsproblems ist: In der Vermittlungsfunktion hat der Bewerter einen fairen Ausgleich zwischen den Interessen der beteiligten Parteien herbeizuführen; dies erfordert die Kenntnis der parteienspezifischen Wertzumessungen, wie sie sich in den Entscheidungswerten niederschlagen.[22] In der Argumentationsfunktion ist die Kenntnis des Entscheidungswertes für den Bewerter notwendig, um das Einbringen von Argumentationswerten in Kaufpreisverhandlungen zu vermeiden, die den eigenen Grenzpreis über- bzw. unterschreiten.[23] Wenngleich im Rahmen dieser Arbeit explizit lediglich auf das Prognoseproblem bei der Entscheidungswertermittlung Bezug genommen wird, so tauchen die behandelten Probleme folglich gleichermaßen bei der Ermittlung von Schiedswerten auf und stellen sich auch demjenigen Bewerter, der im Rahmen der Argumentationsfunktion tätig wird.

---

19 Zum Schiedswert siehe Matschke (1969), S. 57ff.; Matschke (1976); König (1977), S. 73ff.

20 Mit dem Argumentationswert beschäftigen sich z.B. Matschke (1976), S. 517ff.; Matschke (1977), S. 91ff; Matschke/Mucheyer (1977), S. 157ff; Wagenhofer (1988a), S. 340ff; Wagenhofer (1988b), S. 532ff. An die Stelle der Argumentationsfunktion setzt der Berufsstand der Wirtschaftsprüfer unter Hinweis auf seine Berufsgrundsätze die Funktion des neutralen Gutachters, der einen objektivierten Wert als Ausgangsgrundlage für Preisverhandlungen oder für weitere Überlegungen ermittelt. Siehe Dörner (1976), S. 505ff.; Bretzke (1976a), S. 543ff.; Schildbach (1981), S. 198ff.; Dörner (1981), 202ff.; Lutz (1981), S. 147ff; IdW (1983), S. 473; IdW (1985), S. 1057ff.

21 Zu den Nebenfunktionen siehe z.B. Bretzke (1975a), S. 127ff.; Sieben (1983).

22 Vgl. Matschke (1971), S. 511.

23 Vgl. Matschke (1976), S. 519; Sieben (1976a), S. 500ff.

B. Modell- und verfahrenstheoretische Grundlagen der Unternehmungsbewertung

1. Modelle zur Strukturierung des Bewertungsproblems

Das entscheidungslogische Grundmodell, das der Problemstrukturierung[24] bei der Ermittlung von Entscheidungswerten zugrunde gelegt wird, basiert auf folgenden Annahmen[25]:

1) Der potentielle Käufer oder Verkäufer einer Unternehmung verfolgt mit seinen Handlungen bestimmte Ziele und ist in der Lage, Handlungsmöglichkeiten entsprechend ihres Beitrags zur Erreichung dieser Ziele zu bewerten.

2) Dem potentiellen Käufer oder Verkäufer stehen zur Erreichung seiner Ziele sowohl Handlungsmöglichkeiten ohne als auch solche mit Unternehmungstransaktion zur Verfügung.

Bei Geltung dieser Annahmen ist der potentielle Käufer oder Verkäufer einer Unternehmung in der Lage, die optimale Handlungsmöglichkeit ohne Unternehmungstransaktion zu ermitteln und ihr einen Wert zuzuordnen. Bei rationalem Handeln wird er keine Handlungsmöglichkeit ergreifen, die den Kauf bzw. Verkauf der Unternehmung vorsieht, wenn deren Wert geringer ist als derjenige der besten Handlungsmöglichkeit ohne Unternehmungstransaktion. Der Entscheidungswert der Unternehmung entspricht dann dem maximalen bzw. minimalen Kaufpreis, bei dem der Wert der besten Handlungsmöglichkeit mit Unternehmungstransaktion zumindest noch demjenigen der optimalen Handlungsmöglichkeit ohne Unternehmungstransaktion entspricht.[26]

---

24 Den Ausführungen liegt ein konstruktivistischer Modellbegriff zugrunde, wie ihn erstmals Bretzke verwendet hat. Ein Modell wird dabei nicht als Rekonstruktion unabhängig vorgegebener Strukturkomplexe, die Modellbildung nicht als Abbildungsvorgang betrachtet. Vielmehr beinhaltet die Modellbildung eine Strukturgebung, das fertige Modell eine Konstruktion, die ein Problem lösbar macht. Bretzke ist es damit gelungen, einen zentralen Widerspruch des abbildtheoretischen Modellbegriffs aufzulösen, der bei der Anwendung auf Entscheidungsmodelle auftritt: Wird ein Entscheidungsmodell als Abbild einer Problemsituation gedacht, so kann es letztlich keine Probleme geben, weil Entscheidungsmodelle die Lösung des zugehörigen Entscheidungsproblems bereits implizit enthalten. Vgl. Bretzke (1978), S. 135; Bretzke (1980), S. 32ff.

25 Unter Annahmen werden hier Konstruktionselemente verstanden.

26 Die grundsätzliche Vorgehensweise bei der Entscheidungswertfindung erläutern Sieben (1968), S. 284ff.; Matschke (1975), S. 28f.

Formal ist der Entscheidungswert für den potentiellen Käufer einer Unternehmung der maximale, für den potentiellen Verkäufer der minimale Kaufpreis, für den gilt:[27]

$$\underset{i}{\mathrm{Max}} \{ W[U_i^{KP}] \} \geq \underset{j}{\mathrm{Max}} \{ W[A_j] \}$$

Dabei ist W[·] die Bewertungsfunktion, U_i (i=1,..,I) sind die Handlungsmöglichkeiten mit Unternehmungskauf oder -verkauf, A_j (j=1,..,J) diejenigen ohne Unternehmungstransaktion und KP ist der Kaufpreis der Unternehmung. Die rechte Seite der Ungleichung bezeichnet den Wert der optimalen Handlungsmöglichkeit ohne, die linke den Wert der besten Handlungsmöglichkeiten mit Unternehmungstransaktion unter Berücksichtigung des Kaufpreises.

Die Vorgehensweise bei der Entscheidungswertfindung entspricht im Kern einem Vergleich: Der potentielle Käufer oder Verkäufer vergleicht die Handlungsmöglichkeiten unter Einschluß des Unternehmungskaufs bzw. -verkaufs mit der vorteilhaftesten ohne die Unternehmungstransaktion. Aus diesem Vergleich leitet er den maximal zahlbaren bzw. mindestens zu fordernden Preis für die Unternehmung her. Der Entscheidungswert wird deshalb auch als Ausdruck einer Subjekt-Objekt-Objekt Relation bezeichnet.[28] Subjekt ist der potentielle Käufer oder Verkäufer. An der Erreichung seiner Ziele knüpft die Wertschätzung an, seine Handlungsmöglichkeiten gehen in die Bewertung ein. Das erste Objekt ist die Handlungsmöglichkeit unter Einschluß der Unternehmungstransaktion, die den höchst- bzw. geringstmöglichen Kaufpreis zuläßt, das zweite die optimale Handlungsmöglichkeit ohne Transaktion. Beide sind für das Bewertungssubjekt Instrumente zur Zielerreichung.

Die Problemstrukturierung, die das durch die Annahmen 1 und 2 beschriebene Grundmodell zur Entscheidungswertfindung beinhaltet, leistet zwar als Denkhilfe gute Dienste, die Lösung eines konkreten Bewertungsproblems erlaubt sie jedoch noch nicht. Um zu praktikablen Verfahren zur Entscheidungswertfindung zu gelangen, müssen die Annahmen eine genauere Ausgestaltung erfahren: Das Bewertungsproblem muß im Wege der Bildung eines differenzierteren Modells feiner strukturiert werden. Dabei ist insbesondere zu bestimmen, wie die Bewertung der Handlungsmöglichkeiten erfolgen soll und was unter einer Handlungsmöglichkeit zu verstehen ist. In formaler Hinsicht ist nach der Bewertungsfunktion W[·] und den Handlungsmöglichkeiten A_j und U_i gefragt.

---

27 Vgl. Bretzke (1975b), S. 53; Coenenberg/Sieben (1976), Sp. 4065.

28 Z.B. in Sieben (1968), S. 285; Sieben (1988), S. 87.

Überlegungen zur Ausgestaltung der Annahme 1 werden in der entscheidungstheoretischen Literatur unter dem Begriff Zielplan diskutiert. Der Zielplan ist Ausdruck des vom Bewertungssubjekt Gewollten.[29] Bestandteil des Zielplans ist zunächst die Ergebnisdefinition[30], d.h. die Festlegung der Sachverhalte, an denen die Wertschätzung des Bewertungssubjektes anknüpft. Die Ergebnisdefinition ist dasjenige Modellelement, das die stärkste komplexitätsreduzierende Wirkung entfaltet: Indem die interessierenden Sachverhalte abgegrenzt werden, erfolgt gleichzeitig eine Beschränkung der Menge der zulässigen und damit der im weiteren zu betrachtenden Handlungsmöglichkeiten.[31] Freilich beeinflußt nicht nur die Ergebnisdefinition die zu berücksichtigenden Handlungsmöglichkeiten, auch die bestehenden Handlungsmöglichkeiten nehmen Einfluß auf die Ergebnisdefinition; denn es ist sinnlos, etwas anzustreben, was von vornherein unmöglich erscheint.[32]

Neben der Ergebnisdefinition beinhaltet der Zielplan Präferenzen, die die Transformation von Ergebnissen in Wertgrößen regeln und damit Grundlage der Bewertung von Handlungsmöglichkeiten sind.[33] Bestandteil aller Bewertungsmodelle - wenn auch meist implizit - ist diejenige Präferenz, die das Entscheidungssubjekt in bezug auf das Ergebnismerkmal Höhe oder Stärke besitzt: die Höhenpräferenz. Die Transformation von Ergebniszeitreihen in Nutzengrößen erfordert Angaben darüber, welche Auswirkungen sich aus dem zeitlichen Anfall eines Ergebnisses auf dessen Wertschätzung ergeben.[34] Solche Angaben beziehen sich auf die Zeitpräferenz des Bewertungssubjektes. Werden mehrere Ziele gleichzeitig verfolgt, so können die verschiedenen Ergebnisarten nur mit Hilfe der Artenpräferenz zu einer Wertgröße aggregiert werden.[35] Schließlich erbringt eine Handlungsmöglichkeit in aller Regel nicht ein sicheres Ergebnis, es sind verschiedene Ergebnisse in Abhängigkeit von der künftigen Entwicklung der relevanten Umwelt denkbar. Kann man den möglichen Ergebnissen Wahrscheinlichkeiten zuordnen, so spricht man von einer Risikosituation[36], andernfalls von einer Situation der Unsicherheit. Die Bewertung erfordert in solchen Fällen die Angabe einer Sicherheitspräferenz,

---

29 Vgl. Sieben (1968), S. 12; Sieben (1969), S. 76.

30 Vgl. z.B. Sieben/Schildbach (1990), S. 23.

31 Vgl. Sieben (1968), S. 22.

32 Vgl. Sieben (1968), S. 14.

33 Vgl. z.B. Sieben (1968); Ossadnik (1984), S. 13ff.; Sieben/Schildbach (1990), S. 25ff.

34 Zeitpräferenzen bei der Unternehmungsbewertung behandelt Leuthier (1988a), S. 62ff.

35 Zur Behandlung von Artenpräferenzen bei der Unternehmungsbewertung und zur Berücksichtigung mehrfacher Zielsetzungen siehe Sieben/Zapf (1981), S. 21ff.; Hafner (1989).

36 Mit der Risikosituation beschäftigen sich insbesondere Laux (1971); Bretzke (1976b); Kromschröder (1979).

die die Auswirkungen der Ungewißheit der Ergebnisse auf die Wertschätzung der Handlungsmöglichkeiten bestimmt.

Annahme 2 bezieht sich auf das Entscheidungsfeld[37] des Bewertungssubjektes. Wie der Zielplan als Ausdruck des Gewollten, so wird das Entscheidungsfeld als Ausdruck des Möglichen bezeichnet.[38] Es umfaßt die Handlungsmöglichkeiten, die das Bewertungssubjekt ergreifen kann, die vom Bewertungssubjekt nicht beherrschbare, die Handlungskonsequenzen aber beeinflussende Umwelt und die Ergebnisfunktion, die den Handlungsmöglichkeiten Ergebnisse in Abhängigkeit vom Zustand der relevanten Umwelt zuordnet.[39] Im Wege der Bildung eines differenzierteren Bewertungsmodells ist vor allem festzulegen, was unter einer Handlungsmöglichkeit zu verstehen ist. In Frage kommt die Betrachtung isolierter Investitions- und Finanzierungsprojekte, von Investitions- und Finanzierungsprogrammen oder von Investitions- und Finanzierungsstrategien.

Werden der Modellbildung isolierte Projekte zugrunde gelegt, so besteht die Handlungsmöglichkeit unter Einschluß der Unternehmungstransaktion lediglich aus dem Kauf oder Verkauf der in Frage stehenden Unternehmung. Vergleichsobjekt ist das vorteilhafteste alternative Investitions- oder Finanzierungsprojekt. Da bei der Betrachtung isolierter Projekte in aller Regel lediglich ein Ausschnitt des tatsächlichen Entscheidungsfelds des Bewertungssubjektes bei der Bewertung Berücksichtigung findet, werden solche Modelle als Partialmodelle bezeichnet. Von einem Total- oder Simultanmodell spricht man, wenn bei der Bewertung das gesamte Entscheidungsfeld des Bewertungssubjektes berücksichtigt wird.[40] Unter den Handlungsmöglichkeiten sind dann Investitions- und Finanzierungsprogramme zu verstehen, die die zeitlich parallele Durchführung mehrerer Einzelprojekte umfassen.[41] Will man schließlich bei der Bewertung berücksichtigen, daß auch zu späteren Zeitpunkten noch Projekte durchgeführt werden können, so entsprechen den Handlungsmöglichkeiten Investitions- und Finanzierungsstrategien, die die zeitlich aufeinanderfolgende Durchführung von Einzelprojekten oder Programmen beinhalten.[42] Unterschiede können bei all diesen Modellvarianten insbesondere in

---

[37] Zum Entscheidungsfeld siehe Sieben/Schildbach (1990), S. 16ff.

[38] Siehe Sieben (1968), S. 14.

[39] Vgl. Sieben/Schildbach (1990), S. 16ff.

[40] Vgl. z.B. Leuthier (1988a), S. 5f.

[41] Einen Überblick über die vorgeschlagenen Modelle mit Programmbetrachtungen gibt Ossadnik (1984), S. 17ff.

[42] Die Ansätze zur Einbeziehung von Interdependenzen zwischen zeitlich aufeinanderfolgenden Einzelobjekten sind vergleichsweise neu; siehe Sieben/Diedrich (1990).

den Annahmen bezüglich der Teilbarkeit der Einzelprojekte und in bezug auf Interdependenzen zwischen den betrachteten Projekten bestehen.

Sind die Annahmen des Grundmodells entsprechend der vorliegenden Bewertungssituation ausgestaltet, der Zielplan des potentiellen Käufers oder Verkäufers generiert und formuliert sowie die Handlungsmöglichkeiten und deren Konsequenzen in Abhängigkeit vom Zustand der relevanten Umwelt ermittelt, so ist das eigentliche Bewertungsproblem gelöst; denn der Entscheidungswert der Unternehmung ist dann bereits implizit in dem nun in bezug auf eine bestimmte Bewertungssituation konkretisierten Bewertungsmodell enthalten.[43] Es schließt sich die Herleitung des gesuchten Entscheidungswertes mit Hilfe von Bewertungsverfahren an.

2. *Verfahren zur Lösung des Bewertungsproblems*

Die in der Literatur vorgeschlagenen Verfahren zur Ermittlung von Entscheidungswerten sind entsprechend der Vielfalt der vorgeschlagenen Bewertungsmodelle außerordentlich zahlreich. Im Rahmen dieser Einführung in den Problemkreis soll deshalb nur eine kurze Darstellung der wichtigsten Verfahren erfolgen. Diese Verfahren basieren auf Modellen bei einfacher, lediglich monetärer Zielsetzung. Die Ergebnisdefinition beinhaltet ausschließlich künftige Einzahlungsüberschüsse.

Soll die Bewertung auf der Grundlage einer Programmbetrachtung im Rahmen eines Totalmodells erfolgen, so werden zur Ermittlung des Entscheidungswertes Verfahren der linearen Programmierung oder Vereinfachungen[44] derselben herangezogen. Dabei wird zunächst der Wert des optimalen Investitions- und Finanzierungsprogramms ohne Unternehmungstransaktion, des sogenannten Basisprogramms, ermittelt. Hieran anschließend erfolgt die Herleitung des Entscheidungswertes auf der Grundlage eines Bewertungsprogramms, das die Unternehmungstransaktion beinhaltet und dessen Vorteilhaftigkeit mindestens derjenigen des Basisprogramms entsprechen muß.[45] Betrachtet man das Problem aus der Sicht eines potentiellen Käufers, so liegt im einfachsten Fall ein Modell bei sicheren Erwartungen zugrunde, bei dem davon ausgegangen wird, daß dem Käufer ein fester Kapitalbetrag zur Verfü-

---

43 Zur Unterscheidung von Modellen mit konkretem Situationsbezug und solchen mit übersituativem Geltungsanspruch siehe Bretzke (1980), S. 194ff.

44 Zu solchen Vereinfachungen siehe Sieben (1977), S. 59ff.; Lutz (1984), S. 84ff.; Hafner (1989), S. 35ff.

45 Die grundsätzliche Vorgehensweise erläutert Sieben (1968), S. 284ff.

gung steht und er mehrere voneinander unabhängige und beliebig teilbare Investitionsprojekte durchführen kann. Zur Finanzierung dieser Projekte stehen ihm zusätzlich zu seiner Kapitalausstattung verschiedene, ebenfalls voneinander und von den Investitionsprojekten unabhängige und beliebig teilbare Finanzierungsmöglichkeiten offen. Nimmt man des weiteren an, die mit diesen Projekten verbundenen Zahlungsströme seien uniform und sicher, und unterstellt man eine lineare Höhenpräferenz, so erfordert die Zielsetzung des Bewertungssubjektes die Maximierung des gleichbleibenden Zuflusses finanzieller Mittel pro Periode. Es ergibt sich folgendes Basisprogramm:[46]

$$\text{Max.} \qquad G = \sum_{i=1}^{I} e_i x_i - \sum_{j=1}^{J} a_j y_j$$

$$\sum_{i=1}^{I} e_{i0} x_i - \sum_{j=1}^{J} a_{j0} y_j \leq K$$

$$0 \leq x_i \leq g_i$$

$$0 \leq y_j \leq h_j$$

Dabei bedeuten:

G	Einzahlungsüberschuß pro Periode
K	Kapitalausstattung
I	Anzahl möglicher Investitionsprojekte
J	Anzahl möglicher Finanzierungsprojekte
e_i	Zufluß finanzieller Mittel pro Periode beim Investitionsprojekt i (i=1,..,I)
a_j	Abfluß finanzieller Mittel pro Periode bei der Finanzierungsmaßnahme j (j=1,..,J)
e_{i0}	Anfangsauszahlung beim Investitionsprojekt i
a_{j0}	Anfangseinzahlung bei der Finanzierungsmaßnahme j
g_i	Maximal durchführbare Anzahl von Investitionsprojekten i
h_j	Maximal durchführbare Anzahl von Finanzierungsmaßnahmen j
x_i	Anzahl durchgeführter Investitionsprojekte i
y_j	Anzahl durchgeführter Finanzierungsmaßnahmen j

46 Einen ähnlichen Modellansatz, allerdings unter Vernachlässigung von Finanzierungsmöglichkeiten behandeln Jaensch (1966b), S. 664ff.; Bretzke (1975b), S. 58ff.; Lutz (1984), S. 80ff.; Ossadnik (1984), S. 17ff.

Das Bewertungsprogramm lautet:

$$\text{Max.} \quad EW = K - \sum_{i=1}^{I} e_{i0}\, x_i + \sum_{j=1}^{J} a_{j0}\, y_j$$

$$\sum_{i=1}^{I} e_i\, x_i - \sum_{j=1}^{J} a_j\, y_j + e_u \geq G$$

$$0 \leq x_i \leq g_i$$

$$0 \leq y_j \leq h_j$$

Es sind:

EW Entscheidungswert

e_u Einzahlungsüberschuß aus der zu bewertenden Unternehmung pro Periode

Eine Übertragung des Verfahrens auf die Bewertung aus der Sicht eines potentiellen Verkäufers ist unproblematisch. Das Basisprogramm beinhaltet dann das optimale Investitions- und Finanzierungsprogramm ohne Unternehmungstransaktion, das Bewertungsprogramm dasjenige mit Unternehmungstransaktion, welches bei minimalem Veräußerungserlös für die Unternehmung noch mindestens ebenso vorteilhaft wie das Basisprogramm ist.

Der dargestellte Ansatz beruht auf einer sehr einfachen und ziemlich unrealistischen Problemstellung. Dies gilt insbesondere für die Annahme im Zeitablauf gleichbleibender Zahlungsströme, die die Berücksichtigung der Zeitpräferenz des Bewertungssubjektes überflüssig macht. Will man diese Annahme modifizieren, so muß man entweder die Existenz einer sicheren und unbeschränkten Anlage- und Verschuldungsmöglichkeit mit einheitlicher Verzinsung unterstellen, womit sich die Angabe einer Zeitpräferenz gemäß dem Fisherschen Separationstheorem erübrigt[47], oder aber explizit Annahmen über die Zeitpräferenz des Bewertungssubjektes einführen. In Frage kommen etwa Annahmen dergestalt, daß es dem Bewertungssubjekt bei endlichem Planungshorizont auf die Maximierung des Vermögensendwertes bei vorgegebenem gleichbleibendem Entnahmestrom[48] oder auf die Maximierung eines gleichbleibenden Entnahmestroms bei vorgegebenem Endwert[49] ankommt.

---

47 Vgl. z.B. Drukarczyk (1980), S. 33ff.

48 Das entsprechende Bewertungsverfahren behandeln Laux/Franke (1969); Ossadnik (1984), S. 22ff.; Leuthier (1988a), S. 98ff.

49 Zwar ist diese Form der Zeitpräferenz aus der Investitionstheorie wohlbekannt - siehe Hax (1964), S. 436f. -, jedoch noch nicht zu Bewertungszwecken herangezogen worden.

Denkbar ist auch die Angabe einer Zeitpräferenz in Form eines Abzinsungssatzes, der die Minderschätzung des Ergebnisses einer späteren Periode gegenüber demjenigen einer früheren Periode ausdrückt.[50] Wird von der Annahme sicherer Erwartungen abgegangen, so sind die Risikopräferenz des Bewertungssubjektes und eventuelle stochastische Abhängigkeiten der Wahrscheinlichkeitsverteilungen der Zahlungsströme und die dadurch ermöglichten Diversifikationseffekte zu berücksichtigen. Dies erlauben Bewertungsverfahren, die auf portfoliotheoretischen Ansätzen basieren.[51]

Auch wenn der oben dargestellte Ansatz noch auf einer sehr vereinfachten Problemstellung beruht, so wird doch bereits ersichtlich, daß mit einer Bewertung auf der Basis eines Totalmodells ein Informationsbedarf einhergeht, der in der Praxis kaum zu decken ist.[52] Dieser Informationsbedarf wird noch größer, wenn man die im Regelfall vorhandenen Abhängigkeiten zwischen den Investitions- und Finanzierungsprojekten - z.B. Möglichkeiten der Kreditsicherung bei der Durchführung von Investitionsprojekten - berücksichtigen will. Von wesentlich größerer Bedeutung als die Verfahren zur Bewertung auf der Basis von Totalmodellen sind deshalb Verfahren, die auf Partialmodellen beruhen, bei denen lediglich einzelne Projekte bei der Bewertung gegenübergestellt werden. Das wichtigste Verfahren dieser Art ist das Ertragswertverfahren, das in der Praxis der Unternehmungsbewertung üblicherweise verwendet wird.

Das Ertragswertverfahren beinhaltet die Abzinsung der künftigen Einzahlungsüberschüsse aus der zu bewertenden Unternehmung mit einem Kalkulationszinssatz, der die Opportunitätskosten widerspiegelt, die mit der Unternehmungstransaktion für das Bewertungssubjekt verbunden sind.[53] Unterstellt man zunächst sichere Erwartungen, so ergibt sich der Entscheidungswert einer Unternehmung als:

$$EW = \sum_{t=1}^{T} e_t \, (1 + i)^{-t}$$

---

[50] Vgl. Matschke (1975), S. 251ff.

[51] Zu nennen sind hier die Arbeiten von Kromschröder, der die Markowitzschen Überlegungen zur Portfolio Selection auf die Unternehmungsbewertung übertragen hat; siehe Kromschröder (1975); Kromschröder (1979).

[52] Vgl. Ballwieser/Leuthier (1986), S. 607.

[53] Zum Ertragswertverfahren siehe Kromschröder (1979), S. 14ff.; Ballwieser/Leuthier (1986), S. 607ff.; Leuthier (1988a), S. 135ff.

Es sind:

EW	Entscheidungswert
e_t	Einzahlungsüberschuß aus der zu bewertenden Unternehmung in der Periode t
i	Kalkulationszinssatz
t	Periode
T	Ende des Planungshorizontes

Bei Annahme zeitlich unbeschränkter und gleichbleibender Einzahlungsüberschüsse folgt hieraus die wohlbekannte kaufmännische Kapitalisierungsformel[54]:

$$EW = \frac{e}{i}$$

Der anzusetzende Opportunitätskostensatz hängt von den alternativen Investitions- und Finanzierungsmöglichkeiten sowie der Zeitpräferenz des Bewertungssubjektes ab und läßt sich grundsätzlich lediglich im Rahmen einer Bewertung auf der Basis eines Totalmodells exakt ermitteln. Eine Bewertung mit Hilfe des Ertragswertverfahrens ist in dieser Hinsicht nur problemlos, wenn man sichere Erwartungen sowie die Existenz einer sicheren und unbeschränkten Anlage- und Verschuldungsmöglichkeit mit einheitlichem Zinssatz unterstellt.[55] Der Opportunitätskostensatz entspricht dann der Verzinsung dieser Anlage- und Verschuldungsmöglichkeit; andere Investitions- und Finanzierungsprojekte brauchen nicht beachtet zu werden, da das Bewertungssubjekt sie, soweit vorteilhaft, ohnehin durchführt und sie damit auch keine Opportunitätskosten verursachen. Die Berücksichtigung der Zeitpräferenz des Bewertungssubjektes erübrigt sich gemäß dem Fisherschen Separationstheorem.

In der Praxis kann weder von der Existenz einer sicheren und unbeschränkten Anlage- und Verschuldungsmöglichkeit mit einheitlicher Verzinsung noch von sicheren Erwartungen im Hinblick auf die künftigen Einzahlungsüberschüsse aus der Unternehmung ausgegangen werden. Bei Anwendung des Ertragswertverfahrens ist deshalb auch nicht festzustellen, ob die maßgeblichen Opportunitätskosten durch die alternativen Investitions- oder Finanzierungsmöglichkeiten oder durch die Zeitpräferenz des Bewertungssubjektes bestimmt werden. Die Praxis behilft sich, indem der Opportunitätskostenermittlung die landesübliche Verzinsung einer langfristigen, quasi-sicheren Anlage am Kapitalmarkt als Basiszinssatz zugrunde gelegt wird. Dieser Basiszinssatz wird dann durch Zu- oder Abschläge modifiziert, um die Gleichwer-

---

[54] Vgl. Münstermann (1966), S. 87.

[55] Vgl. Ballwieser/Leuthier (1986), S. 607; Leuthier (1988a), S. 179ff.

tigkeit des Bewertungsobjektes und des im Kalkulationszinssatz zum Ausdruck kommenden Vergleichsobjektes sicherzustellen. Die Gleichwertigkeit muß sich auf Sachverhalte beziehen, die Gegenstand verschiedener, in der Literatur angeführter Äquivalenzprinzipien sind.[56]

Zunächst sei das Erfordernis der Risikoäquivalenz genannt, das auf die Gleichwertigkeit der mit dem Bewertungs- und dem Vergleichsobjekt verbundenen Risiken und Chancen abstellt und damit eine Berücksichtigung der Ungewißheit künftiger Ergebnisse bei der Bewertung ermöglicht. Arbeitet man mit der Verzinsung einer quasi-sicheren Anlagemöglichkeit am Kapitalmarkt als Basiszinssatz, so kann Risikoäquivalenz hergestellt werden, indem man dem Abzinsungsvorgang das Sicherheitsäquivalent der Einzahlungsüberschüsse aus der Unternehmung zugrunde legt. Dies ist der von Bewertungstheoretikern präferierte Weg.[57] Die Praxis geht aber meist anders vor: Statt eines Abschlags vom Erwartungswert der Einzahlungsüberschüsse in Abhängigkeit vom Ausmaß der Risikoscheu des Bewertungssubjektes wird ein Zuschlag zum quasi-sicheren Basiszinssatz vorgenommen. Ein solcher Zuschlag ist gerechtfertigt, wenn er zu dem gleichen Ergebnis wie die Abzinsung des Sicherheitsäquivalentes der Einzahlungsüberschüsse führt.[58] Es muß gelten:

$$\sum_{t=1}^{T} SÄ[e_t]\,(1+i)^{-t} = \sum_{t=1}^{T} E[e_t]\,(1+i+z)^{-t}$$

Bei uniformen und zeitlich unbeschränkten Einzahlungsüberschüssen folgt hieraus:

$$\frac{SÄ[e]}{i} = \frac{E[e]}{i+z}$$

Es sind:

SÄ[·]	Sicherheitsäquivalent
E[·]	Erwartungswert
z	Risikozuschlag

---

56 Siehe Moxter (1983), S. 155ff.; Ballwieser/Leuthier (1986), S. 607ff.; Leuthier (1988a), S. 142ff.

57 Siehe z.B. Ballwieser/Leuthier (1986), S. 610.

58 Zur Berücksichtigung des Risikos bei der Bewertung mit Hilfe des Ertragswertverfahrens siehe Krag (1978); Kromschröder (1979), S. 18ff.; Ballwieser (1980); Ballwieser (1981), S. 99ff.; Ballwieser (1990), S. 171ff.

Äquivalent müssen die Ergebnisse des Bewertungs- und des im Kalkulationszinssatz zum Ausdruck kommenden Vergleichsobjektes ferner hinsichtlich ihrer Kaufkraft sein. Geht man davon aus, daß die künftig erwarteten realen Einzahlungsüberschüsse e^r aus der Unternehmung konstant bleiben und darüber hinaus sicher sind, die Verzinsung des Vergleichsobjektes hingegen einen quasi-sicheren, gleichbleibenden, nominalen Mittelzufluß widerspiegelt, so wird eine Modifikation entweder der realen Einzahlungsüberschüsse aus der Unternehmung in Richtung auf nominalwertige Größen oder der Ergebnisse aus dem Vergleichsobjekt in Richtung auf realwertige Größen notwendig. Im Rahmen einer Nominalrechnung[59] wird ein Anstieg des Nominalwertes der Einzahlungsüberschüsse mit der - hier als sicher angenommenen - Geldentwertungsrate g zugrunde gelegt. Es ergibt sich:

$$EW = \sum_{t=1}^{\infty} e^r (1+g)^t (1+i)^{-t} = \frac{e^r (1+g)}{i-g}$$

In einer Realrechnung[60] sind die realen künftigen Einzahlungsüberschüsse mit einem realen Opportunitätskostensatz, d.h. mit dem um die Geldentwertungsrate bereinigten Basiszinssatz, abzuzinsen.

$$EW = \frac{e^r}{(i-g)/(1+g)}$$

Beide Verfahren führen unter den getroffenen Annahmen zu dem gleichen Ergebnis.[61]

Als weitere Äquivalenzprinzipien werden in der Literatur die Planungshorizontäquivalenz, die Arbeitseinsatzäquivalenz sowie die Verfügbarkeitsäquivalenz genannt. Die Forderung nach Planungshorizontäquivalenz entspringt der Diskrepanz zwischen der regelmäßig getroffenen Annahme unendlicher Lebensdauer der zu bewertenden Unternehmung und der begrenzten Laufzeit des

---

59 Die Nominalrechnung behandeln Schildbach (1977), S. 227ff.; Ballwieser (1981), S. 108f.; Moxter (1983), S. 185ff.; Ballwieser (1988), S. 801; Leuthier (1988a); S. 151ff.

60 Zur Realrechnung siehe Moxter (1983), S. 189ff.; Ballwieser (1988), S. 801f.; Leuthier (1988a); S. 156.

61 Vgl. Sieben (1976b), S. 263ff.; Leuthier (1988a), S. 155ff. Eine tiefergehende Darstellung der Berücksichtigung der Geldentwertung bei der Unternehmungsbewertung mit Hilfe des Ertragswertverfahrens bieten Siepe (1984); Matschke (1986). Den Fall der unsicheren Geldentwertung behandeln Ballwieser (1988), S. 803ff.; Leuthier (1988a), S. 157.

Vergleichsobjektes. Diese Diskrepanz macht die einfache Übernahme der zum Bewertungszeitpunkt am Kapitalmarkt erreichbaren langfristigen Rendite für Bewertungszwecke zweifelhaft. Statt dessen wird eine Prognose der langfristig am Kapitalmarkt erzielbaren Verzinsung notwendig.[62] Die Arbeitseinsatzäquivalenz fordert die Berücksichtigung eines kalkulatorischen Unternehmerlohns bei der Ermittlung der künftigen Einzahlungsüberschüsse aus der Unternehmung, sofern die Ergebnisse der Unternehmung und des Vergleichsobjektes nicht mit dem gleichen Arbeitseinsatz erwirtschaftet werden.[63] Die Verfügbarkeitsäquivalenz schließlich stellt auf die gleiche steuerliche Belastung der Einzahlungsüberschüsse aus der Unternehmung und dem Vergleichsobjekt ab.[64]

C. Das Prognoseproblem als Bestandteil des Bewertungsproblems

I. Einordnung und Charakterisierung des Prognoseproblems

Die Anwendung der geschilderten Bewertungsverfahren beinhaltet - wie schon bemerkt - lediglich die Offenlegung des bereits in den Annahmen des Bewertungsmodells implizit enthaltenen Entscheidungswertes. Der entscheidende Beitrag zur Problemlösung besteht demnach nicht in der Anwendung eines Bewertungsverfahrens, sondern in der Konstruktion des in bezug auf die spezifische Entscheidungssituation konkretisierten Bewertungsmodells.[65] Eines der Einzelprobleme, das im Rahmen dieses Konstruktionsprozesses zu lösen ist, besteht in der Aufstellung von Prognosen in bezug auf die künftige Entwicklung der Ergebnisse der zu bewertenden Unternehmung. Sollen diese Prognosen eine geeignete Grundlage für die Unternehmungsbewertung bilden, so müssen sie zunächst zwei grundsätzliche Anforderungen erfüllen:[66] Sie dürfen erstens nicht inhaltsleer in dem Sinne sein, daß sie in Einklang mit je-

62 Vgl. Ballwieser (1981), S. 113; Moxter (1983), S. 172; Ballwieser/Leuthier (1986), S. 608; Hetzel (1988); Leuthier (1988a), S. 144f. Anderer Meinung ist Jaeckel (1988).

63 Vgl. Moxter (1983), S. 176f.; IdW (1985), S. 1104; Ballwieser/Leuthier (1986), S. 608

64 Zur Verfügbarkeitsäquivalenz siehe Moxter (1983), S. 177ff.; Ballwieser/Leuthier (1986), S. 608; Leuthier (1988a), S. 158ff. Die Problematik Unternehmungsbewertung und Steuern behandelt insbesondere Helbling (1989); siehe auch Wagner/Dirrigl (1981); Leuthier (1988b).

65 Vgl. Bretzke (1980), S. 35f.

66 Vgl. Schöpf (1966), S. 55ff.; Schmidt (1971), S. 64ff.; Bretzke (1975b), S. 117f.; Ossadnik (1984), S. 35. Entgegen der Ansicht der beiden letztgenannten Autoren ist die Möglichkeit einer ex-post Überprüfbarkeit der zukunftsbezogenen Aussage kein geeignetes Abgrenzungskriterium für Prognosen. Andernfalls wäre nämlich die Angabe einer Wahrscheinlichkeitsverteilung für den Eintritt eines künftigen Ereignisses nicht als Prognose anzusehen.

der künftigen Ergebnisentwicklung stehen, und sie müssen sich zweitens auf einen bestimmten Zeitpunkt oder einen bestimmten Zeitraum beziehen. Aussagen über künftige Ergebnisentwicklungen, die einen unbegrenzten logischen Spielraum oder keinen konkreten Zeitbezug besitzen, sind für die Unternehmungsbewertung nicht verwendbar.

Weitere Anforderungen resultieren aus dem entscheidungstheoretischen Kontext des Prognoseproblems :

1) Die Aufdeckung der Risiken und Chancen, die mit der künftigen Entwicklung der Ergebnisse der in Frage stehenden Unternehmung verbunden sind, ist notwendige Voraussetzung für die Bewertung, da der zu ermittelnde Entscheidungswert nicht zuletzt von der Risikopräferenz des Bewertungssubjektes abhängt. Hieraus resultiert das Erfordernis, eine Spannbreite möglicher Ergebnisentwicklungen anstelle nur einer einzigen für plausibel gehaltenen Entwicklung - etwa in Form des Erwartungswertes oder des Medians einer Wahrscheinlichkeitsverteilung - aufzuzeigen. Eine zweckadäquate Lösung des Prognoseproblems bedingt folglich eine mehrwertige Prognose, wobei Wahrscheinlichkeitsangaben aufgrund der dadurch ermöglichten besseren Abschätzbarkeit von Risiken und Chancen wünschenswert sind.[67]

2) Die zu prognostizierenden Ergebnisse hängen zum einen von der künftigen Entwicklung der relevanten Umwelt und zum anderen von den Maßnahmen ab, die im Rahmen der Weiterführung der zu bewertenden Unternehmung ergriffen werden. Die dem Bewertungsmodell zugrundeliegende Logik fordert die Orientierung an den Ergebnissen, die sich bei Durchführung der für das Bewertungssubjekt vorteilhaftesten Maßnahmen einstellen. Die Planung dieser Maßnahmen setzt wiederum eine Prognose der künftigen Ergebnisse in Abhängigkeit von der künftigen Umweltentwicklung und den alternativ möglichen Maßnahmen voraus. Die Prognose der Ergebnisse und die Planung der zu ergreifenden Maßnahmen bedingen sich somit gegenseitig.[68] Dies erfordert prinzipiell eine flexible Planung auf der Grundlage eines Zustands- oder Entscheidungsbaums.[69] Hier wird das Prognoseproblem als Aufgabe verstanden, Prognosen über die künftigen Ergebnisse der zu bewertenden Unternehmung in Abhängigkeit von hypothetischen Annahmen über die ergriffenen Maßnahmen zu entwickeln. Das vorgestellte Prognoseverfahren ist damit auch für Planungszwecke geeignet,

67 Vgl. Bretzke (1977), S. 208.
68 Vgl. Bretzke (1975b), S. 87ff.; Ossadnik (1984), S. 36; Ballwieser (1990), S. 23ff.
69 Siehe hierzu Laux (1971). Ein Beispiel bringt Ballwieser (1980), S. 56ff.

indem es die Beurteilung alternativer Maßnahmen in bezug auf ihre Ergebniskonsequenzen erlaubt.

Die Lösung des Prognoseproblems bei der Unternehmungsbewertung muß sich darüber hinaus im Rahmen einer praktisch-normativen Betrachtungsweise am Rationalitätsprinzip orientieren. Gäbe man diesen Anspruch auf, so würde auch der Sinn der dem Bewertungsmodell zugrundeliegenden Überlegungen fragwürdig. Ein Rekurs auf den entscheidungslogischen Rationalitätsbegriff, wie er dem Bewertungsmodell selbst zugrunde liegt, erweist sich dabei allerdings als wenig fruchtbar; denn die Entscheidungslogik gibt keine Auskunft darüber, welche Wege zur Gewinnung von Zukunftserwartungen als rational anzusehen sind: Der Homo Oeconomicus der Entscheidungslogik weiß anscheinend gar nicht, wie er prognostiziert. Auch die Idee, die Auswahl von Prognoseverfahren - etwa nach Maßgabe der damit verbundenen Güte der Problemlösung und der damit verbundenen Kosten - als Entscheidungsproblem zu betrachten und auf diesem Wege den entscheidungslogischen Rationalitätsbegriff zur Lösung des Prognoseproblems bei der Unternehmungsbewertung heranzuziehen, hilft nicht weiter.[70] Wie bei der Konstruktion des eigentlichen Bewertungsmodells stellt sich nämlich auch bei der Konstruktion des entsprechenden Metamodells die Frage, nach welchen Gesichtspunkten Erwartungen bezüglich der Konsequenzen der Auswahl eines Prognoseverfahrens zu bilden sind. Eine dem entscheidungslogischen Rationalitätsprinzip gerecht werdende Lösung würde den Rekurs auf ein Meta-Meta-Entscheidungsmodell erfordern, bei dem die Auswahl eines geeigneten Verfahrens zur Gewinnung von Zukunftserwartungen wiederum ein Entscheidungsproblem auf einer höheren Ebene darstellt und so fort. Ein Ausweg aus diesem Zirkel kann offensichtlich nur über eine Setzung erfolgen, deren Rationalität im entscheidungslogischen Sinn aber nicht mehr gewährleistet ist.

Mit den Mitteln der Entscheidungslogik ist demnach eine Beurteilung der Rationalität von Prognosen nicht möglich. Gleichzeitig ist aber das Festhalten an der Forderung nach einer als rational anzusehenden Lösung des Prognoseproblems im Rahmen einer praktisch-normativen Betrachtungsweise unabdingbar. Offensichtlich muß ein alternativer Weg gesucht werden, der die Auszeichnung von Prognosen als rational erlaubt.

---

[70] Diese Überlegung besitzt gewisse Ähnlichkeit mit Gedankengängen, die zur optimalen Komplexitätsreduktion von Entscheidungsmodellen angestellt wurden; siehe hierzu Teichmann (1972), S. 519ff.; Bretzke (1978), S. 136ff.; Bäuerle (1989), S. 181ff.

2. Zur Rationalität von Prognosen

Prädestiniert auf methodologische Fragen der Art "Was ist eine rationale Prognose?" ist die Wissenschaftstheorie. Ihre Antwort lautet: Als rational kann nur eine Prognose angesehen werden, bei der ganz explizit die Bedingungen angegeben sind, unter denen mit dem Eintritt des prognostizierten Ereignisses gerechnet wird.[71] Die Bedingtheit ist das Kriterium, das rationale Prognosen von Prophezeiungen unterscheidet, wie sie etwa von einer Wahrsagerin zu erwarten sind. Die Bedeutung dieser Anforderung betonte als erster Popper im Rahmen der Diskussion um die sozialwissenschaftlichen "Großprognosen" des Historizismus.[72] Dabei erwiesen sich die Voraussagen dieser Denkrichtung als nicht an den Eintritt bestimmter Randbedingungen gebunden, sondern als lediglich auf sogenannte Entwicklungsgesetze gegründet; sie stellen deshalb keine rationalen Prognosen dar.

Bezüglich des Bedingungskomplexes einer rationalen Prognose ergibt sich ein Problem, wenn einige oder alle Randbedingungen künftige Sachverhalte betreffen, da der Eintritt des Bedingungskomplexes zum Zeitpunkt der Prognose bekannt sein muß.[73] Der zunächst naheliegende Versuch, solche Randbedingungen selbst zum Gegenstand einer Prognose zu machen, kann offensichtlich in einen infiniten Regreß führen; denn die Prognose müßte ebenfalls wieder bedingt sein, um das Rationalitätserfordernis zu erfüllen. Und auch die dabei zu beachtenden Randbedingungen können in der Zukunft liegen. Unproblematisch ist das Kriterium der Bedingtheit folglich nur dann, wenn es gelingt, eine zeitraumüberwindende Prognose zu formulieren, bei der der Eintritt des prognostizierten Ereignisses mit einer gewissen zeitlichen Verzögerung auf den Eintritt der Randbedingungen folgt. Aufgrund der ständigen Änderung der relevanten Umwelt bei der Prognose künftiger Unternehmungsentwicklungen kommt dies aber wohl nur für kurzfristige Prognosen in Frage. Für mittel- und langfristige Prognosen scheint einzig ein pragmatischer Weg gangbar, bei dem bezüglich der Entwicklung der autonomen Variablen an irgendeiner Stelle des Prognoseprozesses Annahmen getroffen werden. Die Rationalität dieser Annahmen ist dann freilich nicht mehr gewährleistet. Gleichwohl erfüllen auch Prognosen unter Verwendung solcher Annahmen das formale Kriterium der Bedingtheit und können von daher als rational angesehen werden. Die Instrumentalvariablen sind bei dieser Variante zu planen, wo-

---

[71] Vgl. Albert (1964), S. 61ff.; Albert (1965), S. 130f.; Popper (1965), S. 116ff.; Lenk (1972), S. 24ff.; Raffée/Abel (1979), S. 92; Schanz (1988), S. 65ff.

[72] Vgl. Popper (1965), S. 116; Albert (1965), S. 131; Popper (1974), S. 101.

[73] Vgl. Bretzke (1975b), S. 119; Schanz (1988), S. 71.

durch die Prognose technologischen Charakter annimmt.[74] Damit ist auch wieder die Verbindung von Prognose und Planung angesprochen, die im vorherigen Abschnitt angeschnitten worden war.

Die Bedingtheit rationaler Prognosen stellt ein notwendiges Kriterium dar zur Klassifikation von Prognosen in solche, denen das Prädikat "rational" verliehen werden soll, und solche, die dieses nicht verdienen. Hinreichend ist dieses Kriterium jedoch sicherlich nicht; denn es sagt noch nichts darüber aus, in welcher Weise die Schlußfolgerung vom Bedingungskomplex der Prognose auf den Eintritt des prognostizierten Ereignisses erfolgen soll. Neben das Kriterium der Bedingtheit müssen also noch weitere Kriterien treten, die die Rationalität von Prognosen sicherstellen. Dabei sollte man sich zunächst verdeutlichen, daß die Verbindung vom Bedingungskomplex der Prognose zum Eintritt des prognostizierten Ereignisses nur auf der Basis von Wissen hergestellt werden kann, das auf Erfahrungen aus der Vergangenheit beruht. Obwohl dies eigentlich ganz offensichtlich ist, ruft diese Feststellung doch immer wieder Unbehagen hervor. Welchen Sinn sollen Prognosen über künftige Ereignisse haben, so wird geäußert, die sich doch letztendlich lediglich auf Erkenntnisse aus der Vergangenheit stützen? Eine solche Äußerung übersieht jedoch, daß gar keine andere Grundlage als empirisch fundiertes Wissen für Prognosen zur Verfügung steht.[75] Will man nicht gänzlich Abstand von Prognosen nehmen, so ist man auf solches Wissen angewiesen. Die Forderung nach der Verwendung rationaler Prognosen bei der Unternehmungsbewertung kann deshalb auch als Postulat einer rationalen Einbeziehung und Auswertung von Erfahrungswissen bei der Schlußfolgerung vom Bedingungskomplex der Prognose auf den Eintritt des prognostizierten Ergebnisses verstanden werden. Unter Erfahrungswissen ist dabei sowohl Wissen in bezug auf vergleichbare Fälle als auch generalisiertes Wissen in Form von Theorien oder Hypothesen zu verstehen.

Der Idealfall einer rationalen Prognose liegt vor, wenn das herangezogene Erfahrungswissen die Gestalt einer nomologischen Hypothese über den Zusammenhang zwischen dem Bedingungskomplex der Prognose und dem prognostizierten Ereignis annimmt. Unter einer nomologischen Hypothese versteht man eine universelle synthetische Aussage, die die Notwendigkeit der Koexistenz oder Sukzession bestimmter Sachverhalte behauptet und die sich empirisch in hohem Maße bewährt hat.[76] Nomologische Hypothesen können

---

[74] Vgl. Albert (1964), S. 62; Holste (1976), S. 61; Schanz (1988), S. 72.

[75] Vgl. Morgenstern (1964), S. 259f.

[76] Vgl. Albert (1964), S. 23ff.; Albert (1967), S. 50ff.; Bretzke (1975b), S. 124; Schanz (1988), S. 24ff. Die Frage, was unter Bewährung zu verstehen ist, kann hier offen bleiben; eine Darstellung der damit verbundenen Probleme enthält Stegmüller (1971).

deterministischer oder stochastischer Natur sein. Im deterministischen Fall besitzt das Prognoseargument folgende Struktur:[77]

$$\frac{\begin{array}{c}\Delta\\ \Delta \rightarrow \zeta\end{array}}{\zeta}$$

Dabei bezeichnet Δ den Bedingungskomplex der Prognose, das darunter stehende Konditional die zu Prognosezwecken herangezogene nomologische Hypothese über den Zusammenhang zwischen Δ und ζ sowie ζ das prognostizierte Ereignis. Unter Verwendung des gesetzesartigen Zusammenhangs zwischen Δ und ζ kann bei Eintritt der Randbedingungen Δ mittels Modus Ponens auf den Eintritt des prognostizierten Ereignisses ζ geschlossen werden.

Prognosen auf der Basis stochastischer nomologischer Hypothesen erlauben im Gegensatz zum deterministischen Fall lediglich Wahrscheinlichkeitsaussagen über den Eintritt künftiger Ereignisse. Dabei findet ein objektiver statistischer Wahrscheinlichkeitsbegriff Anwendung, über dessen genaue Explikation noch keine Einigkeit erzielt werden konnte. Die ältere und wohl bekannteste Deutung versteht unter einer statistischen Wahrscheinlichkeit den Grenzwert einer relativen Häufigkeit.[78] Diese Definition hat sich allerdings als inkonsistent erwiesen, da sie nicht ohne Rückgriff auf ein Vorverständnis dessen gelingt, was unter Wahrscheinlichkeit zu verstehen ist. Man weicht deshalb in letzter Zeit zunehmend von der Häufigkeitsinterpretation ab und führt die statistische Wahrscheinlichkeit als sogenannten theoretischen Begriff ein.[79] Favorisiert wird die Propensity-Interpretation von Popper, die eine statistische Wahrscheinlichkeit nicht als Eigenschaft einer Folge von Ereignissen begreift, sondern als eine Disposition der Bedingungen, die diese Folge generieren.[80]

Das Prognoseargument besitzt bei Heranziehung einer stochastischen nomologischen Hypothese folgende Struktur:[81]

$$\frac{\begin{array}{c}\Delta\\ S(\zeta|\Delta)\end{array}}{\zeta}\quad S(\zeta|\Delta)$$

Dabei bezeichnet $S(\zeta|\Delta)$ eine objektive statistische Wahrscheinlichkeit, die eine stochastische nomologische Hypothese dergestalt beinhaltet, daß die

77 Vgl. Schanz (1988), S. 66. Die Symbolik ist vereinfacht. Was man sich konkret unter den verwendeten Symbolen vorzustellen hat, wird im Verlaufe der Arbeit noch deutlich werden.

78 Zu diesem Explikationsversuch siehe z.B. Stegmüller (1973a), S. 27ff.

79 Vgl. Schneider (1979), S. 92.

80 Siehe hierzu Popper (1959); vgl. auch Stegmüller (1973a), S. 245ff.

81 Vgl. Hempel (1977), S. 60ff.; Stegmüller (1983), S. 800ff.; Lenk (1972), S. 21ff.

Wahrscheinlichkeit für den Eintritt des Ereignisses ζ unter der Bedingung des Eintritts der Randbedingungen Δ S(ζ|Δ) ist.[82] Das Prognoseargument stellt hier nicht - wie im deterministischen Fall - einen deduktiven Schluß auf den Eintritt des prognostizierten Ereignisses dar, es handelt sich vielmehr lediglich um eine Stützung für die Annahme, daß das prognostizierte Ereignis auch tatsächlich eintritt; dies wird durch den Doppelstrich symbolisiert.[83] Man kann sich das anhand zweier verschiedener Prognoseargumente unter Verwendung unterschiedlicher stochastischer Hypothesen verdeutlichen, die zu verschiedenen Prognosen führen. Selbst wenn in diesem Fall die Randbedingungen beider Argumente wahr sind, so läßt sich hieraus nicht auf die Falschheit zumindest einer der verwendeten Hypothesen schließen.[84] Es kann sich deshalb bei den verwendeten Prognoseargumenten nicht um deduktive Schlußfolgerungen handeln.

Prognoseargumente unter Verwendung nomologischer Hypothesen spielen im Wirtschaftsleben eine nur untergeordnete Rolle.[85] Fast nie wird es möglich sein, auf gesetzesartige Aussagen zurückzugreifen, die einen sicheren Schluß von den Randbedingungen der Prognose auf den künftigen Eintritt eines bestimmten Ereignisses oder auf die Wahrscheinlichkeit dieses Eintritts erlauben. Der Grund dafür liegt einfach darin, daß nomologische Hypothesen in den Wirtschaftswissenschaften bis heute nicht oder nicht in ausreichendem Maße bekannt sind.[86] Insbesondere stehen keine Erkenntnisse über die Entwicklung von Unternehmungen zur Verfügung, denen der Rang gesetzesartiger Allaussagen zukommt. Zur Lösung des Prognoseproblems bei der Unternehmungsbewertung ist deshalb der Rückgriff auf bloße empirische Generalisierungen[87] in bezug auf den Zusammenhang zwischen dem Eintritt der Randbedingungen und demjenigen des prognostizierten Ereignisses erforder-

---

82 Im Falle der Zugrundelegung der Häufigkeitsinterpretation statistischer Wahrscheinlichkeiten ist eine solche ereignisbezogene Anwendung des Wahrscheinlichkeitsbegriffs problematisch; denn eine Aussage über relative Häufigkeiten kann grundsätzlich nicht für eine Prognose von Einzelereignissen herangezogen werden. Dieses Problem stellt sich bei Zugrundelegung der Propensity-Interpretation nicht. Vgl. Schneider (1979), S. 92; Popper (1982), S. 109.

83 Vgl. Hempel (1977), S.63ff.; Stegmüller (1983), S. 801ff. Es handelt sich um eine induktive Stützung unter Verwendung des im folgenden noch erläuterten induktiven Wahrscheinlichkeitsbegriffs. Dabei besitzt die C-Funktion folgende Eigenschaft: $C[\zeta|S(\zeta|\Delta),\Delta] = S(\zeta|\Delta)$

84 Dieses Problem wird unter dem Stichwort "Mehrdeutigkeit statistischer Systematisierungen" diskutiert; siehe dazu Lenk (1972), S. 23. Eine Vermeidung solcher Mehrdeutigkeiten ermöglicht die Einhaltung der Carnapschen Forderung des Gesamtdatums, auf die im folgenden noch eingegangen wird.

85 Vgl. Bretzke (1975b), S. 126.

86 Das gleiche gilt für objektive statistische Wahrscheinlichkeiten; vgl. Stegmüller (1973b), S. 293; Schneider (1979), S. 92.

87 Zum Begriff der empirischen Generalisierung siehe Lenk (1972), S. 29.

lich. Dabei wird empirisches Wissen z.B. in Gestalt von relativen Häufigkeiten auf das vorliegende Problem angewendet, ohne daß diesem unbedingt ein gesetzesartiger Charakter zugeschrieben wird. Es kann auch ganz offen bleiben, ob ein eventuell bestehender nomologischer Zusammenhang deterministischer oder stochastischer Natur ist. Mit dem bisher verwendeten statistischen Wahrscheinlichkeitsbegriff können solche Ungewißheiten nicht erfaßt werden, geht es doch um das Ausmaß der induktiven Stützung der Prognose durch das angeführte Prognoseargument, nicht aber um eine Prognose unter Zugrundelegung wesensmäßig stochastischer Zusammenhänge.

Als Instrument zu einer als rational anzusehenden Berücksichtigung solcher Ungewißheiten bietet sich die Einführung eines anderen Wahrscheinlichkeitsbegriffs an, der induktiven Wahrscheinlichkeit[88]. Man versteht darunter einen metasprachlichen Begriff[89], der eine rein logische (besser: semantische) Beziehung zwischen zwei Sätzen widerspiegelt. Bezeichnet man die induktive Wahrscheinlichkeit mit C, so beinhaltet $C(h|e)$ ein Maß für den Grad der Überdeckung der logischen Spielräume der Sätze h und e.[90] Der logische Spielraum eines Satzes ist dabei als die Klasse aller Zustandsbeschreibungen definiert, die mit diesem Satz vereinbar sind.[91] Wendet man diesen Wahrscheinlichkeitsbegriff auf Prognoseargumente an, so bezeichnet die induktive Wahrscheinlichkeit ein objektives Maß für die Glaubwürdigkeit der Prognose im Lichte des verwendeten Prognoseargumentes. Anders als bei der Verwendung stochastischer nomologischer Hypothesen ist die Ungewißheit in bezug auf den Eintritt des prognostizierten Ereignisses hier also nicht unbedingt auf die Heranziehung eines wesensmäßig stochastischen Zusammenhangs, sondern in erster Linie auf ein nur begrenztes Wissen über die herangezogenen Zusammenhänge zurückzuführen. Ein entsprechendes Prognoseargument lautet etwa:

$$\frac{\begin{array}{c}\Delta\\ r(\zeta|\Delta)\end{array}}{\zeta} \qquad C[\zeta|r(\zeta|\Delta),\Delta]$$

$r(\zeta|\Delta)$ bezeichnet die beobachtete relative Häufigkeit des Ereignisses ζ unter der Bedingung des Eintritts der Randbedingungen Δ. Die induktive Glaub-

88 Zur Konzeption induktiver Wahrscheinlichkeiten siehe vor allem Carnap (1959). Stegmüller nahm später eine Umdeutung der Carnapschen Wahrscheinlichkeitsinterpretation in Richtung auf eine "verschärfte" subjektive Wahrscheinlichkeit vor; siehe dazu Stegmüller (1971), S. 62ff.; Stegmüller (1973b), S. 389ff. Hier wird der frühere Explikationsversuch auf der Basis einfacher linguistischer Systeme zugrunde gelegt.

89 Vgl. Stegmüller (1971), S. 53.

90 Vgl. Carnap (1959), S. 156.

91 Vgl. Carnap (1959), S. 143ff.

würdigkeit, die die Prognose im Lichte des Prognoseargumentes besitzt, wird durch das Wahrscheinlichkeitsmaß C ausgedrückt.

So intuitiv einleuchtend die Anwendung des induktiven Wahrscheinlichkeitsbegriffs für Prognosezwecke erscheint, als so wenig durchführbar erweist sie sich in der Praxis. Dies hat im wesentlichen zwei Gründe:
Erstens setzt die rationale Anwendung des induktiven Wahrscheinlichkeitsbegriffs die Einbeziehung des gesamten verfügbaren Erfahrungswissens in das Prognoseargument voraus. Man bezeichnet dies als die Carnapsche Forderung des Gesamtdatums.[92] Wird diese Forderung nicht erfüllt, so können in Abhängigkeit vom jeweiligen Prognoseargument verschiedene induktive Wahrscheinlichkeiten resultieren - eine mit der Idee einer objektiven Wahrscheinlichkeit nicht zu vereinbarende Vorstellung. Damit gibt die Konzeption der induktiven Wahrscheinlichkeit zwar eine klare Antwort auf die Frage, welches Erfahrungswissen zur Wahrung der Rationalität von Prognosen heranzuziehen ist. Diese Antwort ist gleichwohl unter praktischen Gesichtspunkten nicht befriedigend, weil sie einen nicht erfüllbaren Informationsbedarf impliziert.
Zweitens will die eindeutige Auszeichnung einer geeigneten Wahrscheinlichkeitsfunktion als Maß für die Überdeckung logischer Spielräume von Sätzen nicht gelingen.[93] Es erscheint auch zweifelhaft, ob das Ideengut der induktiven Logik auf Sprachsysteme mit der Komplexität natürlicher Sprachen überhaupt übertragen werden kann. Selbst wenn also das gesamte verfügbare Erfahrungswissen für eine Prognose herangezogen werden könnte, so wäre die Auswertung dieses Wissens gemäß der Konzeption der induktiven Wahrscheinlichkeit zumindest zum gegenwärtigen Stand der Forschung doch unmöglich.
Die Anwendung induktiver Wahrscheinlichkeiten scheidet damit zur Lösung des Prognoseproblems bei der Unternehmungsbewertung aus.

Die Versuche, praktikable Anforderungen an die Rationalität von Prognosen über künftige Unternehmungsentwicklungen zu formulieren, scheinen damit in einer Sackgasse zu enden: Nomologische Hypothesen stehen zur Lösung des Prognoseproblems bei der Unternehmungsbewertung nicht zur Verfügung, die Einführung eines induktiven Wahrscheinlichkeitsbegriffes, der die Wahrung der Rationalität von Prognosen bei Verwendung empirischer Generalisierungen erlaubt, erweist sich als praktisch unmöglich. Will man von dem Vorhaben, Anforderungen an die Rationalität von Prognosen in bezug auf Unternehmungsentwicklungen zu formulieren, nicht Abstand nehmen, so muß der angelegte Rationalitätsanspruch offensichtlich modifiziert werden. Einen

---

92 Siehe Carnap (1959), S. 83f.; Hempel (1977), S. 79ff.; Stegmüller (1983), S. 809ff.

93 Vgl. Stegmüller (1989), S. 476.

solchen Ausweg eröffnet die Verwendung der subjektiven Wahrscheinlichkeitsinterpretation.

Man versteht unter einer subjektiven Wahrscheinlichkeit den "Persönlichen Grad des Für-Wahr-Haltens".[94] Es handelt sich um eine ereignisbezogene Aussage, die aufgrund der Beziehung auf ein Subjekt pragmatischen Charakter besitzt. Die subjektive Wahrscheinlichkeit, die eine Person einem bestimmten Ereignis beimißt, kann operational durch eine Untersuchung des Wettverhaltens dieser Person in bezug auf das Ereignis ermittelt werden. Sieht man es als unvernünftig an, ein System von Wetten abzuschließen, daß in jedem Fall zu einem Verlust führt, so muß die entsprechende Wahrscheinlichkeitszuordnung bestimmten Kohärenzanforderungen genügen, die die Kolmogoroffschen Grundaxiome implizieren.[95] Damit liegt zunächst eine exakte Explikation des Begriffs der subjektiven Wahrscheinlichkeit vor, die zudem nicht - wie die induktive Wahrscheinlichkeit - an bestimmte einfache Sprachsysteme gebunden ist.

Unter Zugrundelegung dieser Begriffsexplikation lautet das Prognoseargument:[96]

$$\frac{\begin{array}{c}\Delta \\ P(\zeta|\Delta)\end{array}}{P_{\Delta}(\zeta)}$$

Dabei bezeichnet $P(\zeta|\Delta)$ die subjektive Wahrscheinlichkeit für das Ereignis ζ unter der Bedingung des Eintritts der Randbedingungen Δ. Bei Eintritt der Randbedingungen Δ kann auf die Wahrscheinlichkeit des Ereignisses ζ geschlossen werden. Die Schlußfolgerung ist als stochastisches Analogon zum Modus Ponens im deterministischen Fall anzusehen.[97]

Charakteristisch für die subjektive Wahrscheinlichkeitsinterpretation ist, daß die subjektiven Wahrscheinlichkeitseinschätzungen verschiedener Personen sich stark voneinander unterscheiden können. Mehr noch: Selbst die gleiche Person kann ihre Wahrscheinlichkeitseinschätzung im Zeitablauf ändern. Und die Konzeption der subjektiven Wahrscheinlichkeit stellt auch kein Ver-

---

94 Einen Abriß der Geschichte der subjektiven Wahrscheinlichkeitsinterpretation enthält Raiffa (1968), S. 273ff. Zum Begriff der subjektiven Wahrscheinlichkeit siehe insbesondere de Finetti (1981) und die Originalquelle de Finetti (1937). Einen Überblick geben auch Savage (1954), Savage (1962), Savage (1964).

95 Vgl. Stegmüller (1973b), S. 441ff.

96 Vgl. Suppes (1966), S. 50ff.; Stegmüller (1983), S. 835. Die Symbolik ist angelehnt an Suppes (1966), S. 59. Komplexere Formen der probabilistischen Inferenz werden später noch dargestellt.

97 Vgl. Stegmüller (1983), S. 835f.

fahren zur Verfügung, eine dieser Wahrscheinlichkeitszuordnungen als rational auszuzeichnen. Die Rationalität der im oben angeführten Prognoseargument angesetzten subjektiven bedingten Wahrscheinlichkeit $P(\zeta|\Delta)$ kann also nicht für sich überprüft werden. Damit sieht es zunächst so aus, als ob die Verwendung subjektiver Wahrscheinlichkeiten im Rahmen von Prognosen ganz im Gegensatz zu dem oben Gesagten nicht zu einer Modifikation, sondern zu einer völligen Aufgabe des Anspruchs an die Rationalität von Prognosen führen müsse.

Diese Schlußfolgerung ist aber falsch; denn wie sich zeigen läßt, erzwingt die objektive Erfahrung relativer Häufigkeiten bei Einhaltung der Kohärenzanforderungen eine Konvergenz der zunächst möglicherweise sehr unterschiedlichen Wahrscheinlichkeitseinschätzungen.[98] Rational handelnde Personen werden also im Wege der Sammlung und Auswertung von Erfahrungen mit der Zeit selbst dann zu zumindest sehr ähnlichen Wahrscheinlichkeitseinschätzungen gelangen, wenn ihre Meinungen vor der Heranziehung des empirischen Materials weit auseinandergingen. Man bezeichnet diesen Vorgang als "Vernünftiges Lernen aus der Erfahrung".[99] Voraussetzung hierfür ist lediglich, daß die Glieder der Folge betrachteter Ereignisse von den jeweiligen Personen als vertauschbar in dem Sinne angesehen werden, daß die subjektive Wahrscheinlichkeit einer bestimmten Kombination von Ausprägungen in einem beliebig langen Abschnitt der Folge unabhängig davon ist, wo dieser Abschnitt liegt.[100]

Nach dem (erweiterten) Repräsentationstheorem von de Finetti[101] läßt sich die subjektive Wahrscheinlichkeitseinschätzung bezüglich der Ausprägung des nächsten Gliedes einer solchen Folge als Mischung von Bernoullischen Wahrscheinlichkeitsmaßen[102] interpretieren, wobei die Gewichtungsfaktoren selbst als Wahrscheinlichkeiten zu deuten sind. Bei I verschiedenen möglichen Ausprägungen gilt:[103]

---

98 Vgl. Savage (1954), S. 50ff.; Stegmüller (1973a), S. 228ff. und S. 375ff.; de Finetti (1981), S. 615ff.

99 Vgl. Savage (1954), S. 68; Stegmüller (1973a), S. 227.

100 Der Begriff der Vertauschbarkeit ist in gewisser Weise eine Erweiterung des Begriffs der Unabhängigkeit von Ereignissen. Er bleibt einerseits eng genug, um die Gültigkeit der wahrscheinlichkeitstheoretischen Axiome zu gewährleisten, andererseits ist er weit genug, um dem Begriff des Lernens aus der Erfahrung eine sinnvolle wahrscheinlichkeitstheoretische Bedeutung zu geben; vgl. Stegmüller (1973a), S. 228.

101 Siehe de Finetti (1937). Die Erweiterung enthält Good (1965), S. 21ff.

102 Diese Wahrscheinlichkeitsmaße können als objektive Wahrscheinlichkeiten etwa im Sinne der Propensity Interpretation aufgefaßt werden; vgl. Good (1965), S. 13.

103 Vgl. Good (1965), S. 22f.

$$P_i = \int_0^1 .. \int_0^1 p_i \, f_{Prior}(p_1,..,p_{I-1}) \, dp_1..dp_{I-1} \qquad \text{für } i = 1,..,I-1$$

$$P_I = 1 - \sum_{i=1}^{I-1} P_i$$

Im Zuge der Auswertung von Erfahrungen werden die subjektiven Wahrscheinlichkeiten durch eine Änderung der Wahrscheinlichkeitsdichten $f_{Prior}(p_1,..,p_{I-1})$ modifiziert. Die Anpassung vollzieht sich nach dem Bayes-Theorem.[104] Hat man eine Folge von N als vertauschbar angesehenen Ereignissen beobachtet und sind die möglichen Ausprägungen mit den absoluten Häufigkeiten n_i ($\Sigma_i n_i = N$) aufgetreten, so folgt:

$$f_{Post}(p_1,..,p_{I-1}) =$$

$$\frac{f_{Prior}(p_1,..,p_{I-1}) \, p_1^{n_1}..p_{I-1}^{n_{I-1}} \, (1-..-p_{I-1})^{n_I}}{\int_0^1 .. \int_0^1 f_{Prior}(p_1,..,p_{I-1}) \, p_1^{n_1}..p_{I-1}^{n_{I-1}} \, (1-..-p_{I-1})^{n_I} \, dp_1..dp_{I-1}}$$

Die Faktoren, mit denen die a priori Dichteverteilungen multipliziert werden, repräsentieren die (nicht normalisierten) multinomial-verteilten[105] Wahrscheinlichkeiten für die beobachteten Häufigkeiten in Abhängigkeit von den p_i. Es läßt sich zeigen, daß die Streuung von $f_{Post}(p_1,..,p_{I-1})$ um so kleiner wird, je mehr Erfahrungen bezüglich der als vertauschbar angesehenen Ereignisse ausgewertet werden.[106] Eine mögliche Entwicklung der Verteilungsfunktion einer Randverteilung F(p) zeigt folgende Abbildung:

---

[104] Zum Bayes-Theorem siehe z.B. Fisz (1989), S. 575ff.

[105] Die Wahrscheinlichkeitsverteilung der Multinomialverteilung ist:

$$\text{multi}(n_1,..,n_I | p_1,..,p_{I-1}) = \frac{N!}{n_1!...n_I!} \, p_1^{n_1} .. p_{I-1}^{n_{I-1}} \, (1-..-p_{I-1})^{n_I}$$

Vgl. Fisz (1989), S. 195f.

[106] Vgl. Savage (1954), S. 55.

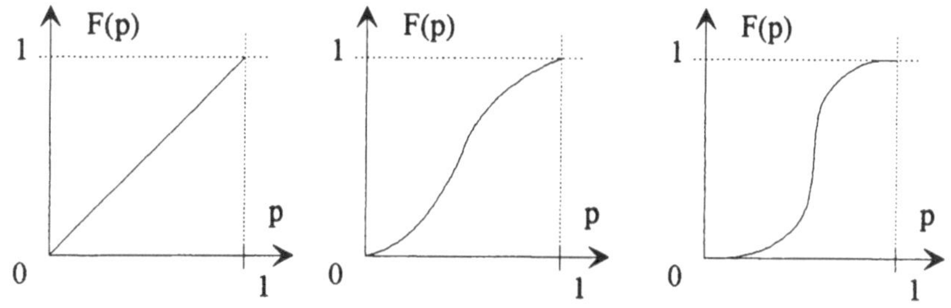

Abb. 1: Vernünftiges Lernen aus der Erfahrung

Gleichzeitig konvergiert die subjektive Wahrscheinlichkeit gegen die beobachtete relative Häufigkeit. In diesen beiden Effekten äußert sich der Prozeß des Vernünftigen Lernens aus der Erfahrung.

Aufgrund der Bedeutung, die diese Zusammenhänge für das vorgestellte Prognoseverfahren besitzen, soll ein Beispiel das Repräsentationstheorem und den Vorgang des Lernens aus der Erfahrung verdeutlichen. Nehmen wir an, eine Person hält in einer bestimmten gesamtwirtschaftlichen Konstellation eine konjunkturelle Abschwächung, eine gleichbleibende konjunkturelle Entwicklung und einen konjunkturellen Aufschwung für gleichwahrscheinlich mit $P^A_1 = P^A_2 = P^A_3 = 0{,}\overline{33}$. Eine andere Person rechnet dagegen mit einer subjektiven Wahrscheinlichkeit von je 0,25 mit einer konjunkturellen Abschwächung (P^B_1) und einer gleichbleibenden Konjunkturentwicklung (P^B_2) sowie mit einer subjektiven Wahrscheinlichkeit von 0,5 mit einem konjunkturellen Aufschwung (P^B_3). Die subjektiven Wahrscheinlichkeitseinschätzungen lassen sich nach dem Repräsentationstheorem als Mischung Bernoullischer Wahrscheinlichkeitsmaße darstellen:

$$P_1 = \int_0^1 \int_0^1 p_1 \, f_{Prior}(p_1, p_2) \, dp_1 \, dp_2$$

$$P_2 = \int_0^1 \int_0^1 p_2 \, f_{Prior}(p_1, p_2) \, dp_1 \, dp_2$$

$$P_3 = 1 - P_1 - P_2$$

Der subjektiven Wahrscheinlichkeitseinschätzung der ersten Person liegt eine Gleichverteilung der als Gewichtungsfaktoren dienenden Wahrscheinlichkeitsdichten zugrunde, die durch eine Dirichletsche Verteilung[107] mit der Dichte $dir(p_1,p_2|0,0,0)$ dargestellt wird. Dies entspricht in gewissem Sinne einer Situation absoluter Unwissenheit. Bei der zweiten Person folgen die Wahrscheinlichkeitsdichten der Verteilung $dir(p_1,p_2|2,2,5)$. Die anfangs genannten subjektiven Wahrscheinlichkeitseinschätzungen können mit Hilfe der Formel für den Erwartungswert der Randverteilungen der Dirichletschen Verteilung leicht nachvollzogen werden.[108]

Nach intensivem Literaturstudium stellt sich heraus, daß in neun vergleichbaren gesamtwirtschaftlichen Konstellationen nur einmal eine konjunkturelle Abschwächung und dreimal ein konjunktureller Aufschwung eingetreten ist. Beide Personen werden nun - rationales Verhalten vorausgesetzt - ihre subjektiven Wahrscheinlichkeitseinschätzungen durch eine Veränderung der Wahrscheinlichkeitsdichten $f_{Prior}(p_1,p_2)$ modifizieren. Es ergibt sich:

$$f_{Post}(p_1,p_2) \quad \propto \quad f_{Prior}(p_1,p_2)\, p_1^{\,1}\, p_2^{\,5}\, (1-p_1-p_2)^3$$

Die Faktoren, mit denen die a priori Dichten multipliziert werden, sind proportional zu den Wahrscheinlichkeiten der aus der Literatur entnommenen Entwicklungen in Abhängigkeit von p_1 und p_2. Unter Zugrundelegung der Definition der Dirichletschen Verteilung folgt für die a posteriori Dichten:

$$\begin{aligned} f^A_{Post}(p_1,p_2) &\propto p_1^{\,0}\, p_2^{\,0}\, (1-p_1-p_2)^0\, p_1^{\,1}\, p_2^{\,5}\, (1-p_1-p_2)^3 \\ &= p_1^{\,1}\, p_2^{\,5}\, (1-p_1-p_2)^3 \\ f^B_{Post}(p_1,p_2) &\propto p_1^{\,2}\, p_2^{\,2}\, (1-p_1-p_2)^5\, p_1^{\,1}\, p_2^{\,5}\, (1-p_1-p_2)^3 \\ &= p_1^{\,3}\, p_2^{\,7}\, (1-p_1-p_2)^8 \end{aligned}$$

Nach Normalisierung ergibt sich:

$$\begin{aligned} f^A_{Post}(p_1,p_2) &= dir(p_1,p_2|1,5,3) \\ f^B_{Post}(p_1,p_2) &= dir(p_1,p_2|3,7,8) \end{aligned}$$

---

107 Die Wahrscheinlichkeitsdichte der zweidimensionalen Dirichletschen Verteilung ergibt sich aus:

$$dir(p_1,p_2|a,b,c) = \frac{\Gamma(a+b+c+3)}{\Gamma(a+1)\,\Gamma(b+1)\,\Gamma(c+1)}\, p_1^{\,a} p_2^{\,b} (1-p_1-p_2)^c$$

Vgl. Johnson/Kotz (1972), S. 233.

108 Die Erwartungswerte der Randverteilungen einer zweidimensionalen Dirichletschen Verteilung $dir(p_1,p_2|a,b,c)$ sind:

$$E[p_1] = \frac{a+1}{a+b+c+3} \qquad E[p_2] = \frac{b+1}{a+b+c+3}$$

Vgl. Johnson/Kotz (1972), S. 233.

Hieraus resultieren folgende subjektive Wahrscheinlichkeiten:

$$p^A \approx (0{,}17;0{,}50;0{,}33)$$

$$p^B \approx (0{,}19;0{,}38;0{,}43)$$

Wie zu ersehen ist, haben sich die subjektiven Wahrscheinlichkeitseinschätzungen der beiden Personen nach der Literaturauswertung einander angenähert. Die erste Person mußte ihre pessimistischere Einschätzung bezüglich der künftigen Konjunkturentwicklung revidieren. Die zweite Person dagegen hält nun einen konjunkturellen Aufschwung für weniger wahrscheinlich als vorher. Anhand der Formeln ist auch zu ersehen, daß die Annäherung der subjektiven Wahrscheinlichkeiten um so größer sein wird, je mehr gemeinsame Erfahrungen in die Wahrscheinlichkeitseinschätzungen eingehen. Wären z.B. nicht neun, sondern 27 vergleichbare gesamtwirtschaftliche Konstellationen gefunden worden und wären davon drei von einer konjunkturellen Abschwächung und neun von einem konjunkturellen Aufschwung gefolgt gewesen, so ergäben sich folgende subjektive Wahrscheinlichkeiten:

$$p^A \approx (0{,}13;0{,}53;0{,}33)$$

$$p^B \approx (0{,}15;0{,}46;0{,}38)$$

Unter theoretischen Gesichtspunkten ist damit eine vielleicht nicht allen Erwartungen gerecht werdende, aber dennoch zufriedenstellende Antwort auf die eingangs gestellte Frage nach den Kriterien für eine rationale Prognose gefunden. Es gelingt zwar nicht, die im Prognoseargument angeführte subjektive Wahrscheinlichkeitseinschätzung isoliert als rational oder irrational zu bezeichnen, es ist aber immerhin möglich, einen Rationalitätsanspruch an den Prozeß zu formulieren, der zu dieser Einschätzung führt. Zu fordern ist eine die Kohärenzanforderungen wahrende Anpassung der subjektiven Ausgangswahrscheinlichkeit im Wege der Auswertung von Erfahrungen. In welchem Ausmaß empirische Informationen heranzuziehen sind, bleibt dabei offen. Folglich werden zwei Personen mit unterschiedlichen Erfahrungen in aller Regel zu verschiedenen Prognosen kommen. Und beide Prognosen sind als rational in dem hier verwendeten Sinne zu bezeichnen, wenn die Erfahrungen kohärent ausgewertet wurden. Erscheint dies auf den ersten Blick als Nachteil, so besitzt ein auf den Prozeß der Gewinnung subjektiver Wahrscheinlichkeitsurteile bezogener Rationalitätsanspruch durchaus auch gewisse Vorteile; denn er erlaubt die Auszeichnung von Prognosen als rational auch dann, wenn Erfahrungswissen nur begrenzt zur Verfügung steht, und erscheint damit für die Lösung des Prognoseproblems bei der Unternehmungsbewertung sogar eher geeignet als ein Rationalitätsanspruch, der z.B. analog zur Carnapschen Forderung des Gesamtdatums auf die Einbeziehung des gesamten Erfahrungswissens abstellt.

3. Aspekte der Qualität von Prognosen

Als Ergebnis der Überlegungen zur Rationalität von Prognosen bleibt somit festzuhalten, daß in einer spezifischen Bewertungssituation nicht nur eine einzige, in bestimmter Weise charakterisierbare Prognose als rational anzusehen ist, sondern daß eine Vielzahl von Prognosen das Prädikat "rational" für sich in Anspruch nehmen kann. Voraussetzung hierfür ist lediglich die Bindung der Prognose an den Eintritt eines Bedingungskomplexes und die Rationalität der in das Prognoseargument eingehenden subjektiven Wahrscheinlichkeiten im Sinne der obigen Ausführungen. Nun bedeutet die Kennzeichnung einer Menge von Prognosen als rational aber nicht, daß auch alle diese Prognosen gleichwertig sind. Um zwischen verschiedenen Prognosen eine Auswahl treffen zu können, sind Kriterien erforderlich, die eine weitergehende Beurteilung rationaler Prognosen erlauben. Solche Kriterien werden im folgenden behandelt.

Prognosen dienen ganz generell dazu, die Ungewißheit in bezug auf die künftige Entwicklung zu vermindern und damit gewisse Nachteile bzw. Nutzeneinbußen zu vermeiden, die mit dieser Ungewißheit verbunden sind. Eine Prognose ist deshalb ceteris paribus um so besser, in je größerem Maße sie die Ungewißheit über die Zukunft reduziert. Von zwei Prognosen wird man unter sonst gleichen Bedingungen diejenige der Unternehmungsbewertung zugrunde legen, bei der die prognostizierte Wahrscheinlichkeitsverteilung die geringere Ungewißheit widerspiegelt. Das wohl allgemeinste Maß für die mit einer Wahrscheinlichkeitsverteilung verbundene Ungewißheit ist die Entropie, eine informationstheoretische Größe, die auch häufig für statistische Fragestellungen herangezogen wird. Unter Verwendung der Terminologie aus dem letzten Abschnitt ist die Entropie H der prognostizierten Wahrscheinlichkeitsverteilung definiert als:[109]

$$H = -\sum_{\zeta} P_{\Delta}(\zeta) \log P_{\Delta}(\zeta)$$

Im Falle der Prognose des sicheren Eintritts eines bestimmten Ereignisses ergibt sich eine Entropie von null.[110] Bei einer Gleichverteilung aller für möglich gehaltenen Ausprägungen nimmt die Entropie ein Maximum an. Je kleiner die Entropie der prognostizierten Wahrscheinlichkeitsverteilung ist, als desto kleiner kann auch die mit der Wahrscheinlichkeitsverteilung verbundene

---

109 Vgl. Jaglom/Jaglom (1965), S. 49ff.; Schmitz/Seibt (1985), S. 51.

110 Der Term (−PlogP) ist dabei für P=0 durch seinen Grenzwert null zu ersetzen; vgl. Jaglom/Jaglom (1965), S. 53.

Ungewißheit und als desto besser damit die Prognose angesehen werden. Die Basis des verwendeten Logarithmus spielt dabei keine Rolle, da sie lediglich die Maßeinheit für die Entropie festlegt.

Die Verwendung der Entropie der prognostizierten Wahrscheinlichkeitsverteilung als Qualitätsmaßstab für Prognosen kann zu irreführenden Ergebnissen führen, da nur die Verteilung der Wahrscheinlichkeiten, nicht aber die damit verbundenen Ausprägungen der prognostizierten Größen berücksichtigt werden. Bei qualitativen Größen ist dies nicht weiter problematisch. Bei quantitativen Größen sind neben den Wahrscheinlichkeiten aber auch die Abstände der Ergebnisausprägungen von Bedeutung. In der Statistik und in der Entscheidungstheorie werden deshalb meist andere Maßstäbe für die Ungewißheit herangezogen, die in einer Wahrscheinlichkeitsverteilung quantitativer Größen zum Ausdruck kommt. Der wichtigste Maßstab ist die Varianz V:

$$V = \sum_{\zeta} (\zeta - \mu_{\zeta})^2 P_{\Delta}(\zeta)$$

Dabei bezeichnet μ_{ζ} den Erwartungswert der Ausprägung des prognostizierten Ergebnisses. Neben der Varianz existiert noch eine Vielzahl anderer Maße für die mit einer Verteilung quantitativer Größen verbundene Ungewißheit[111], die aber hier nicht von Interesse sind.

Liegen zwei rationale Prognosen zur Auswahl vor, so würde man nach den bisherigen Ausführungen diejenige präferieren, bei der die prognostizierte Wahrscheinlichkeitsverteilung die kleinere Entropie oder Varianz aufweist. Dies wäre jedoch nicht unbedingt gerechtfertigt; denn bei den in das Prognoseargument eingehenden Wahrscheinlichkeiten handelt es sich ja nicht um objektive, "wahre" Wahrscheinlichkeiten, sondern um subjektive Wahrscheinlichkeitseinschätzungen, die selbst unterschiedlich vertrauenswürdig sein können. Eine alleinige Beurteilung rationaler Prognosen anhand der Entropie oder Varianz der prognostizierten Wahrscheinlichkeitsverteilung ist deshalb allenfalls dann sinnvoll, wenn die verwendeten subjektiven Wahrscheinlichkeiten gleichermaßen vertrauenswürdig sind. Ist diese Bedingung nicht erfüllt, so muß bei der Beurteilung rationaler Prognosen neben der mit der prognostizierten Wahrscheinlichkeitsverteilung verbundenen Ungewißheit die Vertrauenswürdigkeit der in das Prognoseargument einfließenden subjektiven Wahrscheinlichkeitsurteile berücksichtigt werden.

---

111 Zu solchen Maßen siehe insbesondere Bitz (1981), S. 52ff.

Subjektive Wahrscheinlichkeiten sind für Zwecke der Prognose um so besser geeignet, in je größerem Umfang sie Erfahrungen widerspiegeln und in je geringerem Ausmaß sie auf empirisch nicht gestützten Annahmen beruhen. Dies folgt aus den im vorherigen Abschnitt aufgeführten Konvergenzeigenschaften, die zu einer Angleichung zunächst unterschiedlicher subjektiver Wahrscheinlichkeiten und damit dazu führen, daß die Wahrscheinlichkeitseinschätzungen vor der Sammlung und Auswertung von Erfahrungen mit zunehmender Einbeziehung von Erfahrungen eine immer geringere Rolle spielen. Vergegenwärtigt man sich die Interpretation subjektiver Wahrscheinlichkeiten als Mischung Bernoullischer Wahrscheinlichkeitsmaße, so resultiert dieser Konvergenzprozeß aus einer mit zunehmender Einbeziehung von Erfahrungen kleiner werdenden Streuung der als Gewichtungsfaktoren dienenden Wahrscheinlichkeitsdichten. Geht man davon aus, daß die Verteilung dieser Dichten vor der Sammlung und Einbeziehung von Erfahrungen identisch war, so kann ihre Streuung nach der Einbeziehung von Erfahrungen als Indikator für die Vertrauenswürdigkeit der resultierenden subjektiven Wahrscheinlichkeitseinschätzungen dienen. Eine geringere Streuung der als Mischungsfaktoren dienenden Wahrscheinlichkeitsdichten äußert sich generell darin, daß ein gegebener Prozentsatz der Dichte auf ein kleineres Intervall (Highest Density Region) konzentriert ist.[112] Die Grenzen dieses Intervalls sind als obere und untere Grenze für die subjektive Wahrscheinlichkeitseinschätzung auf einem bestimmten Vertrauensniveau zu interpretieren. Der Abstand zwischen den Intervallgrenzen auf jedem Vertrauensniveau ist unter den getroffenen Annahmen um so kleiner, je mehr Erfahrungen in das subjektive Wahrscheinlichkeitsurteil eingeflossen sind.

Nimmt man etwa an, zwei Spezialisten für Kreditwürdigkeitsanalysen bezifferten auf der Grundlage derselben Informationen ihre subjektive Wahrscheinlichkeitseinschätzung für die Insolvenz einer Unternehmung mit 0,25 bzw. 0,4, so lassen sich diese Wahrscheinlichkeiten nach dem Repräsentationstheorem folgendermaßen darstellen:

$$p^A = \int_0^1 p\, f^A(p)\, dp = 0{,}25$$

$$p^B = \int_0^1 p\, f^B(p)\, dp = 0{,}40$$

---

112 Vgl. zu solchen Intervallen Schmitt (1969), S. 119f.; Box/Tiao (1973), S. 122ff.

Die Wahrscheinlichkeitsdichten f(p) seien beta-verteilt[113] mit beta(p|6,20) bzw. beta(p|3,5); die resultierenden subjektiven Wahrscheinlichkeiten lassen sich mit Hilfe der Formel für den Erwartungswert der Beta-Verteilung[114] nachvollziehen. Ferner sei angenommen, daß die Parameter der Beta-Verteilungen den beruflichen Erfahrungen der beiden Experten insofern entsprechen, als sie die beobachteten Häufigkeiten von Insolvenzen in vergleichbaren Konstellationen widerspiegeln. Der erste Experte hat folglich in seiner beruflichen Laufbahn 26 vergleichbare Fälle beobachtet, von denen sechs zur Insolvenz führten. Der zweite dagegen verfügt über acht Erfahrungen mit ähnlich gelagerten Fällen, bei denen dreimal eine Insolvenz eingetreten ist. Geht man davon aus, daß beide Experten ihre subjektiven Wahrscheinlichkeitseinschätzungen im Verlaufe ihrer Berufstätigkeit auf kohärente Weise angepaßt haben, so wären sie zu Beginn ihrer Berufstätigkeit übereinstimmend zu einer subjektiven Wahrscheinlichkeit von 0,5 für den Eintritt einer Insolvenz gelangt, wobei dieser Einschätzung in beiden Fällen die Dichteverteilung beta(p|0,0) zugrunde gelegen hätte.

Um zu entscheiden, wessen Prognose man als Grundlage der Kreditvergabeentscheidung verwenden soll, werden die kleinsten Intervalle berechnet, in denen sich jeweils 90% der Wahrscheinlichkeitsdichte konzentriert:

$$\text{Min.} \qquad p_O - p_U$$

$$\int_{p_U}^{p_O} f(p)\, dp = 0{,}9$$

Für den ersten Experten ergibt sich das Intervall [0,118;0,378], für den zweiten [0,155;0,639][115]; die Breite der Intervalle beträgt 0,26 bzw. 0,48. Die geringere Breite des ersten Intervalls spiegelt wider, daß der erstgenannte Spezialist für Kreditwürdigkeitsanalysen über mehr Erfahrungen im Hinblick auf vergleichbare Fälle verfügt. Man gelangt auf diesem Wege also zu dem wohl eingängigen Ergebnis, unter sonst gleichen Umständen die Prognose des

---

113 Die Beta-Verteilung entspricht der Dirichletschen Verteilung im eindimensionalen Fall. Die Wahrscheinlichkeitsdichte der Beta-Verteilung ergibt sich aus:

$$\text{beta}(p|a,b) = \frac{\Gamma(a+b+2)}{\Gamma(a+1)\,\Gamma(b+1)}\, p^a\, (1-p)^b$$

Vgl. Schmitt (1969), S. 115; siehe auch Iversen (1984), S. 31ff.

114 Der Erwartungswert einer Beta-Verteilung ist:

$$E[p] = \frac{a+1}{a+b+2}$$

Vgl. Schmitt (1969), S. 376.

115 Vgl. Schmitt (1969), S. 378f.

Experten mit der größeren Erfahrung zu bevorzugen. Gleichzeitig eröffnet die Interpretation der Intervallgrenzen als obere und untere Grenze für die subjektive Wahrscheinlichkeitseinschätzung die Möglichkeit, die mit der Verwendung weniger gut empirisch abgestützter subjektiver Wahrscheinlichkeiten verbundene Ungewißheit bei der Prognose transparent zu machen.

Neben der Entropie und der Varianz der prognostizierten Wahrscheinlichkeitsverteilung und neben der Breite von Vertrauensintervallen für die im Prognoseargument verwendeten subjektiven Wahrscheinlichkeiten spielen noch einige andere Gesichtspunkte bei der Beurteilung von Prognosen eine Rolle. Zu nennen sind insbesondere die Kosten der Informationsbeschaffung und -verarbeitung, die bei der Erstellung der Prognose anfallen. Die Kosten der Informationsbeschaffung hängen von der Art der Randbedingungen ab, die in das Prognoseargument eingehen. Die Kosten der Informationsverarbeitung richten sich nach der Komplexität der Ableitungsbeziehungen im Prognoseargument; bei AIV-gestützter Prognoseerstellung sind vor allem die durch den benötigten Speicherplatz und die benötigte Rechnerzeit hervorgerufenen Kosten zu berücksichtigen. Je höher die Kosten der Informationsbeschaffung und -verarbeitung sind, desto geringer ist unter sonst gleichen Bedingungen der Nutzenzuwachs, der mit der durch die Prognose bewirkten Verringerung der Ungewißheit bezüglich der künftigen Entwicklung einhergeht.[116]

D. Traditionelle Ansätze zur Lösung des Prognoseproblems

Im Rahmen einer Arbeit zum Prognoseproblem bei der Unternehmungsbewertung ist eine Darstellung der traditionellen Prognoseverfahren als Grundlage für die Beurteilung des vorgestellten Verfahrens einerseits notwendig, bietet aber andererseits - vielleicht abgesehen von einer etwas anderen Problemsicht - nichts substantiell Neues. Einen Ausweg aus diesem Dilemma erlaubt ein Kompromiß, bei dem auf möglichst kurzem Raum eine hinreichende Basis für die Beurteilung des vorgestellten Verfahrens geschaffen wird. Dieser Idee entsprechend wird in diesem und im folgenden Abschnitt jeweils ein für die mathematisch-statistischen und die intuitiven Prognoseverfahren prototypischer Vertreter in Kürze skizziert: die Regressionsanalyse als das wohl fortgeschrittenste Instrument zur Gewinnung von Prognosen auf mathematisch-statistischer Grundlage und die Delphi-Befragung als intuitives Prognoseverfahren.

---

116 Die erwartete Differenz des mit der Prognose erreichten Nutzenzuwachses und der durch die Kosten der Prognose bewirkten Nutzenabnahme wird in der Entscheidungstheorie unter dem Stichwort "Wert von Informationssystemen" diskutiert; siehe dazu etwa Laux (1988), S. 77ff.

I. Mathematisch-statistische Verfahren: Die Regressionsanalyse

Die Regressionsanalyse dient der Ermittlung von Zusammenhängen zwischen grundsätzlich quantitativen Größen, die unter anderem für Prognosen nutzbar gemacht werden können. Grundlegend ist die Annahme, daß sich die gesuchte Beziehung durch eine einfache - meist lineare - mathematische Funktion darstellen läßt. Die zu prognostizierende Größe wird dabei als abhängige Variable, die darauf einwirkenden Einflußfaktoren werden als unabhängige Variablen angesehen. Ausgehend von einem linearen Funktionsverlauf und nur einer unabhängigen Variablen läßt sich das der Regressionsanalyse zugrundeliegende Modell[117] folgendermaßen beschreiben:

$$Y = \alpha + \beta X + \varepsilon$$

Y und X bezeichnen die abhängige und unabhängige Variable, α und β die Koeffizienten der Regressionsfunktion und ε eine zufällige Störgröße. In aller Regel wird unterstellt, daß die Störgröße ε einer Normalverteilung[118] mit der Wahrscheinlichkeitsdichte $gau(\varepsilon|0,\sigma^2)$ folgt und daß ihre Ausprägungen für verschiedene Wertekonstellationen voneinander unabhängig sind. Infolgedessen ist auch die abhängige Variable Y normalverteilt; ihre Dichte beträgt $gau(Y|\alpha+\beta X,\sigma^2)$.

Das Problem der Regressionsanalyse besteht in erster Linie darin, die Koeffizienten α und β zu ermitteln. Sind diese bekannt, so können Aussagen über die künftige Ausprägung der zu prognostizierenden Größe durch Einsetzen in die Regressionsgleichung gewonnen werden. Eine Prognose mit Hilfe der Regressionsanalyse ist demzufolge als rational anzusehen, da sie an den Eintritt einer bestimmten Bedingungskonstellation - repräsentiert durch die Ausprägungen der unabhängigen Variablen - geknüpft ist.

Nimmt man an, über die Koeffizienten α und β sei zunächst nichts bekannt, so ist es sinnvoll, für α und β a priori eine Gleichverteilung aller möglichen Werte anzunehmen. Die entsprechenden subjektiven Wahrscheinlich-

---

117 Der Begriff Modell besitzt hier eine andere Bedeutung als in früheren Zusammenhängen. Während es dort um Entscheidungsmodelle ging, handelt es sich hier um ein Erklärungsmodell; siehe Schanz (1988), S. 56ff.

118 Die Normalverteilung besitzt die Dichte:

$$gau(x|\mu,\sigma^2) = \frac{1}{\sigma\sqrt{2\pi}} \exp\left(-\frac{(x-\mu)^2}{2\sigma^2}\right)$$

mit Erwartungswert und Varianz

$$E[\,x\,] = \mu \qquad V[\,x\,] = \sigma^2$$

Vgl. Schmitt (1969), S. 387.

keiten werden dann im Zuge der Sammlung und Auswertung von Erfahrungen auf kohärente Weise angepaßt. Das Erfahrungswissen liegt in Form einer Stichprobe aus N beobachteten Konstellationen von abhängigen und unabhängigen Variablen vor. Berechnet man aus diesen Merkmalkonstellationen die Regressionsgleichung $y = a + bx$, für die die Koeffizienten a und b die Summe der quadrierten Abweichungen der beobachteten Werte der abhängigen Variablen von den aus der Regressionsgleichung resultierenden minimiert[119], so lassen sich unter Verwendung des Bayes-Theorems a posteriori Wahrscheinlichkeitsverteilungen für α und β ermitteln. Ist die Varianz σ^2 der Störgröße ε unbekannt, so sind die subjektiven Wahrscheinlichkeiten für die möglichen Ausprägungen der Koeffizienten α und β a posteriori student-verteilt[120] mit den Dichten[121]

$$\text{stu}\left(\alpha \mid a , \frac{s^2 (\Sigma_i x_i)^2}{N \, \Sigma_i (x_i - \mu_x)^2} , N\text{-}2 \right) \qquad \text{bzw.}$$

$$\text{stu}\left(\beta \mid b , \frac{s^2}{\Sigma_i (x_i - \mu_x)^2} , N\text{-}2 \right) \qquad .$$

s^2 ergibt sich aus $\frac{1}{N-2} \Sigma_i (y_i - a - bx_i)^2$. Die a posteriori Erwartungswerte der Koeffizienten α und β entsprechen demnach den aus der Stichprobe gewonnenen sogenannten Kleinste-Quadrate-Schätzern a und b. Legt man dem Prognoseargument die Regressionsgleichung $y = a + bx$ zugrunde, so handelt es sich folglich auch in bezug auf die Verarbeitung des zur Verfügung stehenden Erfahrungswissens um eine rationale Prognose im Sinne der obigen Ausführungen.

---

119 Die Werte für a und b folgen aus:

$$a = \frac{\Sigma_i x_i^2 \, \Sigma_i y_i - \Sigma_i x_i \, \Sigma_i x_i y_i}{N \, \Sigma_i x_i^2 - (\Sigma_i x_i)^2} \quad b = \frac{N \, \Sigma_i x_i y_i - \Sigma_i x_i \, \Sigma_i y_i}{N \, \Sigma_i x_i^2 - (\Sigma_i x_i)^2}$$

Dabei bezeichnet der Index i die in der Stichprobe erfaßten Merkmalskonstellationen mit $i=1,..,N$; vgl. Bleymüller/Gehlert/Gülicher (1991), S. 141.

120 Die Student-Verteilung mit ν Freiheitsgraden besitzt die Wahrscheinlichkeitsdichte:

$$\text{stu}(x|\mu,\sigma^2,\nu) = \frac{\left(\frac{\nu-1}{2}\right)!}{\left(\frac{\nu-2}{2}\right)! \sqrt{\pi \nu}} \; \frac{1}{\sigma \left(1 + \frac{t^2}{\nu} \right)^{\frac{1}{2}(\nu+1)}} \quad \text{mit } t = \frac{x-\mu}{\sigma}$$

mit Erwartungswert und Varianz $\quad E[\,x\,] = \mu \quad V[\,x\,] = \sigma^2 \frac{\nu}{\nu-2}$

Vgl. Schmitt (1969), S. 393.

121 Vgl. Schmitt (1969), S. 295.

Die Anwendung der Methode der kleinsten Quadrate bei der Ermittlung der Regressionskoeffizienten bewirkt eine Minimierung der Varianz der prognostizierten Verteilung und damit unter sonst gleichen Bedingungen eine Optimierung der Qualität der Prognose. Wie erörtert wurde, ist jedoch eine alleinige Beurteilung von Prognosen anhand der Varianz der prognostizierten Wahrscheinlichkeitsverteilung nur wenig sinnvoll. Daneben muß die Erfahrungsbasis berücksichtigt werden, die in die subjektiven Wahrscheinlichkeitseinschätzungen eingeflossen ist. Dies kann hier - analog zu der Vorgehensweise im vorherigen Abschnitt - mittels einer Betrachtung von Intervallen für die Regressionskoeffizienten α und β erfolgen, innerhalb derer ein bestimmter Prozentsatz der Dichte der zugehörigen subjektiven Wahrscheinlichkeitsverteilungen konzentriert ist. Es gilt:[122]

$$P[a_1 < \alpha < a_2] = 1 - \gamma \quad a_{1,2} = a \pm t_{N-2,1-\gamma/2} \frac{s\, \Sigma_i x_i}{\sqrt{N\, \Sigma_i (x_i - \mu_x)^2}}$$

$$P[b_1 < \beta < b_2] = 1 - \gamma \quad b_{1,2} = b \pm t_{N-2,1-\gamma/2} \frac{s}{\sqrt{\Sigma_i (x_i - \mu_x)^2}}$$

Dabei bezeichnet $t_{N-2,1-\gamma/2}$ das jeweilige Quantil der Student-Verteilung mit $\mu=0$, $\sigma^2=1$ und N−2 Freiheitsgraden. Aus den Eigenschaften der Student-Verteilung folgt, daß die Intervalle für die Koeffizienten α und β bei gleichbleibendem Vertrauensniveau mit steigendem N kleiner werden. Ein zunehmender Stichprobenumfang führt daher bei Geltung der getroffenen Annahmen zu einer zunehmenden Vertrauenswürdigkeit der resultierenden Regressionsgleichung und damit zu einer unter sonst gleichen Bedingungen vorziehenswürdigeren Prognose. Dieses Ergebnis entspricht den grundsätzlichen Überlegungen, die im Abschnitt zur Qualität von Prognosen angestellt worden waren.

Zusammenfassend ist festzustellen, daß Prognosen auf der Grundlage von Regressionsanalysen alle Anforderungen an rationale Prognosen erfüllen, daß unter den getroffenen Annahmen die dabei angewendete Methode der Kleinsten Quadrate sogar zu einer optimalen Nutzung gegebener Erfahrungen bei der Prognoseerstellung führt. Regressionsanalysen genügen darüber hinaus den aus dem entscheidungstheoretischen Kontext der Unternehmungsbewertung resultierenden Erfordernissen, da sie eine Spannbreite von Entwicklungsmöglichkeiten aufzuzeigen ermöglichen und die Berücksichtigung sowohl von Instrumentalvariablen als auch von autonomen Variablen erlauben.

---

122 Vgl. Iversen (1984), S. 45f.

Insgesamt stellt sich die Regressionsanalyse damit als geeignetes Instrument zur Lösung des Prognoseproblems bei der Unternehmungsbewertung dar. Der in der Literatur vorgebrachte Einwand, ihr Einsatz setze bestimmte Annahmen über die Konstanz ökonomischer Strukturen voraus[123], ist zwar richtig, betrifft aber - wie aus den grundlegenden Überlegungen über die Bedeutung von Erfahrungswissen für Prognosen folgt - auch jedes andere Prognoseverfahren und kann deshalb nicht zur Ablehnung von Regressionsanalysen zu Prognosezwecken im Rahmen der Unternehmungsbewertung führen. Andere Einwände dagegen lassen Zweifel an der grundsätzlichen Eignung von Regressionsanalysen zur Prognose der künftigen Entwicklung einer Unternehmung aufkommen. Diese Einwände lassen sich mit den Stichworten mangelhafte Quantifizierbarkeit wichtiger Einflußfaktoren, Nichtlinearität ökonomischer Zusammenhänge und Interdependenzen charakterisieren.

Wie anfangs bemerkt, ist die Regressionsanalyse grundsätzlich auf die Ermittlung von Zusammenhängen zwischen quantitativen Einflußfaktoren ausgelegt. Neben quantitativen Größen beeinflussen aber auch vielfältige qualitative und strukturelle Faktoren die künftige Entwicklung von Unternehmungen. Als Beispiele für qualitative Einflußfaktoren sind etwa die Qualität des Managements und der Belegschaft, die Art und Güte der Produkte oder auch die Branche, der die Unternehmung angehört, zu nennen. Beispiele für strukturelle Sachverhalte, die für die künftige Unternehmungsentwicklung von Bedeutung sein können, sind etwa die Organisationsstruktur oder die Verflechtungen zwischen den Wertaktivitäten einer Unternehmung. Qualitative wie strukturelle Faktoren können im Rahmen von Regressionsanalysen nur mit größten Schwierigkeiten berücksichtigt werden. Bretzke formuliert deshalb treffend: "Die Frage, die wir uns im folgenden zu stellen haben, lautet daher nicht: Kann man überhaupt ein Modell der Beziehungen des Systems "Unternehmung" mit seinem Umsystem erstellen?, sondern sie lautet: Unter welchen Voraussetzungen ist es möglich, ein solches Modell in quantitativer Form zu erstellen?"[124] In der Tat spricht einiges dafür, daß die nötigen Voraussetzungen zur Erstellung eines rein quantitativen Modells zur Lösung des Prognoseproblems bei der Unternehmungsbewertung nicht gegeben sind.

Bedenken an der Eignung von Regressionsanalysen zu Prognosezwecken im Rahmen der Unternehmungsbewertung resultieren auch aus der Notwendigkeit, den zu ermittelnden Zusammenhängen eine einfache mathematische Funktion zugrunde zu legen; denn es ist kaum anzunehmen, daß sich wirt-

---

123 Z.B. in Bretzke (1975b), S. 156; Ossadnik (1984), S. 62; Chrubasik/Zimmermann (1987), S. 444.

124 Bretzke (1975b), S. 157.

schaftliche Zusammenhänge durch lineare oder ähnlich einfache Funktionen darstellen lassen.[125] Entsprechende Funktionen vernachlässigen insbesondere die Interdependenzen zwischen den unabhängigen Variablen, was dazu führt, daß man entweder zu gar keinen oder zu widersprüchlichen Ergebnissen für die Koeffizienten der Regressionsgleichung gelangt.[126] Daneben werden die unabhängigen Variablen in ihrer Wirkung auf die abhängige Variable nicht unabhängig voneinander sein, so daß die Regressionskoeffizienten keine Konstanten, sondern Funktionen der jeweiligen unabhängigen Variablen darstellen.[127] Schließlich besteht in aller Regel nicht nur - wie es die Regressionsfunktion unterstellt - ein einseitiger Wirkungszusammenhang in Richtung auf die abhängige Variable: abhängige und unabhängige Variablen beeinflussen sich gegenseitig.[128] Wenn trotz all dieser Bedenken ein einfacher funktionaler Zusammenhang unterstellt wird, so ist damit zu rechnen, daß das der Regressionsgleichung zugrundeliegende Modell nur ein verzerrtes Abbild der Realität mit den entsprechenden Folgen für die Prognose darstellt.

Trotz dieser recht ernsten Einwendungen gegen den Einsatz von Regressionsanalysen zur Lösung des Prognoseproblems bei der Unternehmungsbewertung ist dieses Prognoseverfahren als das fortgeschrittenste auf (rein) mathematisch-statistischer Grundlage zu bezeichnen. Dementsprechend wird es in der Literatur auch gegenüber den anderen in Frage kommenden mathematisch-statistischen Prognoseverfahren, insbesondere der Zeitreihenanalyse, bevorzugt. In der Praxis hat dies zu dem wohl ehrgeizigsten Projekt in dieser Richtung geführt, das unter dem Namen PIMS (Profit Impact of Market Strategies) bekannt ist.[129] Das PIMS Projekt kann hier nicht im einzelnen dargestellt werden. Allein die Tatsache, daß es möglich war, Informationen über die Entwicklung von mehr als 3000 strategischen Geschäftseinheiten zu sammeln[130], zeigt jedoch, welche Erwartungen mit dem Einsatz der Regressionsanalyse zum Zwecke der Aufdeckung prognostisch verwertbarer ökonomischer Zusammenhänge verbunden waren und sind.

---

125 Vgl. Lange (1982), S. 34; Chrubasik/Zimmermann (1987), S. 443.

126 Zum Problem der Multikollinearität unabhängiger Variablen siehe Goldberger (1968), S. 79ff.; Bretzke (1975b), S. 175f.; Schultz/Röper (1983), S. 312; Hartung/Elpelt (1986), S. 88; Hartung/Elpelt/Klösener (1987), S. 598.

127 Vgl. Bretzke (1975b), S. 176.

128 Vgl. Schultz/Röper (1983), S. 312.

129 Zum PIMS Projekt siehe Schoeffler/Buzzell/Heany (1974); Buzzell/Gale/Sultan (1975); SPI (1980); Lange (1982); Jacob (1983); Lubatkin/Pitts (1983); Chrubasik/Zimmermann (1987), S. 438ff.; Buzzell/Gale (1989); Barzen/Whale (1990).

130 Vgl. Chrubasik/Zimmermann (1987), S. 438.

2. Intuitive Verfahren: Die Delphi-Befragung

Die Delphi-Befragung ist ein intuitives, d.h. auf menschliche Problemlösungsfähigkeiten rekurrierendes Prognoseverfahren, das zu Beginn der sechziger Jahre vom RAND-Forschungsinstitut entwickelt wurde.[131] Die Anhänger der Delphi-Befragung beziehen sich meist auf einen Aufsatz von Olaf Helmer und Nicolas Rescher[132], in dem diese die epistemologischen Unterschiede zwischen den sogenannten exakten und den inexakten Wissenschaften untersuchen. Die Autoren kommen darin unter anderem zu dem Schluß, daß Prognosen in den inexakten Wissenschaften in sehr viel stärkerem Maße die Einbeziehung menschlicher Problemlösungsfähigkeiten erfordern, und beschreiben Verfahren - unter anderem eben die Delphi-Befragung -, wie dies erfolgen kann.

Zu charakterisieren ist die Delphi-Befragung als strukturierte, iterativ durchgeführte Gruppenbefragung, bei der je nach Aufgabenstellung 10 bis 50 Experten in mehreren, aufeinanderfolgenden Runden aufgefordert werden, begründete subjektive Wahrscheinlichkeitseinschätzungen für den Eintritt bestimmter Ereignisse abzugeben.[133] In aller Regel wird ein standardisierter Fragebogen verwendet. Die Resultate der Auswertung dieser Fragebögen werden den Experten mit der Bitte zugeleitet, ihre Einschätzung auf dieser Basis zu überdenken und gegebenenfalls anzupassen. Die Befragung wird so lange wiederholt, bis ein hinreichend einheitliches Urteil erzielt wird oder bis keine weitere Annäherung der Standpunkte mehr beobachtet werden kann. Besondere Bedeutung kommt bei der Delphi-Befragung der Tatsache zu, daß die Experten untereinander keine Kommunikationsmöglichkeiten besitzen. Gewünscht ist ein unabhängiges Gruppenurteil, von dem man annimmt, daß es einem abhängigen Gruppenurteil - wie es etwa als Ergebnis von Diskussionen zu erwarten wäre - überlegen ist. Es geht darum, "... die positiven Konsequenzen einer kollektiven Gruppenleistung auszunutzen, ohne gleichzeitig die sozio-psychologisch bedingten Fehlleistungen, die bei Gruppenarbeiten häufig auftreten, in Kauf nehmen zu müssen."[134] In der Tat hat sich gezeigt, daß unabhängige Gruppenurteile in aller Regel verläßlicher sind als abhängige.[135]

---

131 Vgl. Lachmann (1988), S. 328.

132 Gemeint ist Helmer/Rescher (1960).

133 Zur Vorgehensweise bei der Delphi-Befragung im einzelnen siehe Hansmann (1979); Weber (1990), S. 126ff.

134 Schöllhammer (1970), S. 131.

135 Vgl. Albach (1970), S. 20ff.

Es liegt auf der Hand, daß eine Beurteilung der Delphi-Befragung nach den in den vorherigen Kapiteln aufgezeigten Kriterien schwerfällt. Aus der Tatsache, daß die herangezogenen Experten ihre Wahrscheinlichkeitseinschätzungen begründen müssen, ist jedenfalls zu schließen, daß auch hier dem Bedingungskomplex der Prognose eine gewisse Bedeutung zukommt. Meist werden zwar Begründungen bei der Veröffentlichung von mit Hilfe der Delphi-Befragung erstellten Prognosen nicht angegeben, diesbezüglich kann deren Zustandekommen jedoch durchaus als rational angesehen werden. Problematischer ist die Beurteilung der Rationalität der in das Prognoseargument einfließenden subjektiven Wahrscheinlichkeitsurteile. Selbst wenn man den einzelnen Experten eine kohärente Anpassung ihrer subjektiven Wahrscheinlichkeitseinschätzungen zugesteht, so ist doch fraglich, ob die mit der Mitteilung der ausgewerteten Befragungsergebnisse verbundene Rückkopplung zu einer als kohärent zu bezeichnenden Aggregation von Erfahrungswissen führt; denn den jeweiligen Auswertungsergebnissen ist nicht anzusehen, in welchem Ausmaß die eingehenden individuellen subjektiven Wahrscheinlichkeitsverteilungen empirisch nicht unterlegte Vermutungen oder durch Erfahrungswissen fundierte Urteile widerspiegeln.[136] Im Zuge der Anpassung der individuellen subjektiven Wahrscheinlichkeitseinschätzungen ist deshalb nicht gewährleistet, daß unfundierte Annahmen mehr und mehr an Gewicht verlieren; im schlechtesten Fall mag das Gewicht irrationaler Momente auf dem Wege der Rückkopplung sogar noch zunehmen. Gerade das zu verhindern, ist ein Ziel der Unterbindung jeglicher Kontakte zwischen den befragten Experten. Die angeführten Überlegungen zeigen aber, daß dieses Ziel bei kollektiven Abstimmungsprozessen mit Hilfe der Delphi-Befragung nicht notwendig erreicht wird.

Aus dem Gesagten folgt auch, daß die Beurteilung der Qualität einer mit Hilfe der Delphi-Befragung erstellten Prognose hinsichtlich der Vertrauenswürdigkeit der in das Prognoseargument eingehenden aggregierten subjektiven Wahrscheinlichkeiten im Grunde kaum möglich ist. Für die Beurteilung der Vertrauenswürdigkeit der subjektiven Wahrscheinlichkeitseinschätzung eines einzelnen Experten mag man noch Anhaltspunkte durch die Betrachtung seines beruflichen Werdegangs und seiner Erfahrungen auf dem jeweiligen Fachgebiet gewinnen können. Aus der Qualifikation mehrerer, im Rahmen einer Delphi-Befragung herangezogener Experten lassen sich jedoch nicht in gleicher Weise Rückschlüsse auf die Qualität der aggregierten subjektiven Wahrscheinlichkeitseinschätzungen ziehen. Dies resultiert direkt aus

---

136 In diesem Zusammenhang ist das Ergebnis einer Studie interessant, nach dem die Delphi-Befragung zu besseren Ergebnissen führt, wenn nicht nur der Mittelwert der Antworten, sondern darüber hinaus auch Angaben über deren Verteilung gemacht werden; siehe hierzu Albach (1970), S. 21.

der Tatsache, daß bei der Delphi-Befragung eine kohärente Aggregation des Erfahrungswissens der befragten Experten nicht gewährleistet ist.

Trotz dieser Nachteile gegenüber der "exakteren" Regressionsanalyse hat sich die Delphi-Befragung in der Praxis bewährt. Ein Grund dafür liegt darin, daß sich die aufgeführten Probleme bei der praktischen Anwendung der Delphi-Befragung in aller Regel nicht in so gravierender Weise auswirken, wie zum Zwecke der Verdeutlichung der Eindruck erweckt worden war. Zudem besitzt das Verfahren eine ganze Reihe von Vorteilen, die die genannten Nachteile mehr als kompensieren. Der zentrale Vorteil der Delphi-Befragung gegenüber der Regressionsanalyse, in gewisser Weise der generelle Vorteil der intuitiven gegenüber den mathematisch-statistischen Prognoseverfahren, besteht darin, daß diese einen Rückgriff auf das Hintergrundwissen der befragten Experten ermöglichen und damit zum einen ein wesentlich weiterer Bedingungskomplex und zum anderen ein viel größerer Fundus an Erfahrungswissen in die Prognose einfließen kann.[137] Zudem erlauben menschliche Problemlösungsstrategien die Berücksichtigung sowohl quantitativer als auch qualitativer und struktureller Sachverhalte sowie in wesentlich größerem Umfang die Beachtung von Interdependenzen zwischen verschiedenen Einflußfaktoren. Schließlich ermöglichen die menschlichen Problemlösungsfähigkeiten die Auswertung von Erfahrungswissen auf verschiedenen Abstraktionsebenen und die Verwendung von Analogien. Insbesondere der letztgenannte, nicht zu unterschätzende Vorteil hat in der Literatur zu der Meinung geführt, die intuitiven Prognoseverfahren seien nicht an die Annahme der Strukturkonstanz gebunden.[138] Es erscheint jedoch fraglich, ob es sich dabei nicht doch nur um einen graduellen Unterschied handelt. Die Überlegungen im Abschnitt über die Rationalität von Prognosen zumindest legen nahe, daß auch die intuitiven Prognoseverfahren, weil letztlich ebenfalls notwendig auf Erfahrungswissen basierend, auf gewisse Invarianzen angewiesen sind.[139]

3. Zusammenfassende Beurteilung

Die vorangegangenen Ausführungen zur Regressionsanalyse und zur Delphi-Befragung haben deutlich gemacht, daß die mathematisch-statistischen wie die intuitiven Prognoseverfahren spezifische Stärken und Schwächen be-

---

137 Vgl. Helmer/Rescher (1960), S. 37f.

138 Siehe Bretzke (1975b), S. 207; Ossadnik (1984), S. 64.

139 So auch Helmer/Rescher (1960), S. 38.

sitzen. Bei der Regressionsanalyse ist positiv hervorzuheben die klare Methodik, mittels derer aus fallbezogenem Erfahrungswissen prognostisch verwertbare empirische Generalisierungen abgeleitet werden. Als nachteilig sind die Beschränkungen hinsichtlich der Behandlung qualitativer und struktureller Einflußfaktoren sowie von Interdependenzen zu vermerken. Gerade in der Möglichkeit, diese Beschränkungen zu überwinden, liegen die Stärken der Delphi-Befragung. Bei dieser mangelt es allerdings an einer in vergleichbarer Weise als rational zu bezeichnenden Aggregation von Erfahrungswissen.

Die Lösung des Prognoseproblems bei der Unternehmungsbewertung erfordert prinzipiell beides: eine als rational anzusehende Prognose, aber auch eine Berücksichtigung qualitativer und struktureller Sachverhalte sowie von Interdependenzen zwischen verschiedenen Einflußfaktoren. Dies resultiert zum einen aus dem Rationalitätsprinzip der praktisch-normativen Entscheidungstheorie und zum anderen aus der Tatsache, daß ökonomische Zusammenhänge zum großen Teil durch qualitative und strukturelle Faktoren bestimmt werden und in hohem Maße interdependent sind. Als Konsequenz hieraus ziehen die meisten Autoren den Schluß, daß zu Prognosezwecken im Rahmen der Unternehmungsbewertung eine Kombination aus mathematisch-statistischen und intuitiven Prognoseverfahren herangezogen werden sollte.[140] Eine andere Möglichkeit besteht in der Anwendung komplexerer Prognosetechniken wie z.B. der Szenario-Technik, die bestimmte Elemente mathematisch-statistischer und intuitiver Verfahren in sich vereinen, ohne jedoch die grundsätzlichen Schwächen der jeweiligen Verfahren überwinden zu können.[141]

Die vorliegende Arbeit geht einen anderen Weg. Das im folgenden vorgestellte Verfahren zur Lösung des Prognoseproblems bei der Unternehmungsbewertung ist weder den mathematisch-statistischen oder den intuitiven Prognoseverfahren zuzuordnen noch stellt es eine Kombination dieser Verfahren dar.

140 So z.B. Bretzke (1975b), S. 187; Ossadnik (1984), S. 64f.

141 Zur Szenario-Technik siehe v.Reibnitz (1983); v.Reibnitz (1987).

III. Einführung in das vorgestellte Prognoseverfahren

A. Allgemeine Charakteristika eines wissensbasierten Prognosesystems zur Unternehmungsbewertung

Die praktische Umsetzung des im Rahmen dieser Arbeit vorgestellten Verfahrens zur Prognose von Unternehmungsentwicklungen erfolgt mit Hilfe eines wissensbasierten Systems. Es handelt sich dabei allgemein um "... a knowledge-intensive program that solves problems which normally require human expertise."[1] Wie die meisten Definitionsversuche[2] beinhaltet auch dieser einen unscharfen Rekurs auf menschliche Problemlösungsfähigkeiten, der für Zwecke der Unterscheidung von konventionellen ADV-Systemen wenig hilfreich ist. In jüngerer Zeit geht man deshalb häufig dazu über, wissensbasierte Systeme durch eine Beschreibung der zur Anwendung kommenden Methoden der Künstlichen Intelligenz zu charakterisieren.[3]

Ein allgemeines Charakteristikum wissensbasierter Systeme und damit auch eines wissensbasierten Prognosesystems zur Unternehmungsbewertung ist die deklarative Darstellung des problemlösungsrelevanten Wissens. Die Bedeutung geeigneter Verfahren zur Wissensrepräsentation verdeutlicht die Knowledge Representation Hypothesis: "Any mechanically embodied intelligent process will be comprised of structural ingredients that a) we as external observers naturally take to represent a propositional account of the knowledge that the overall process exhibits, and b) independent of such external semantical attribution, play a formal but causal and essential role in engendering the behaviour that manifests that knowledge."[4] Jeder Formalismus zur Repräsen-

---

1 Hayes-Roth (1988), S. 4.

2 Zwei andere Beispiele für in der Literatur vorzufindende Definitionsansätze sind:
"Expert systems are problem-solving programs that solve substantial problems generally conceded as being difficult and requiring expertise"; Stefik et al. (1982), S. 135f.
"The construction of computer programs which can solve problems that would otherwise require a human expert"; Barrett/Beerel (1988), S. 21.

3 Siehe z.B. Puppe (1991), S. 2ff.

4 Smith (1982), S. 2; zitiert nach Brachman/Levesque (1985), S. XIV. Zur Bedeutung der Repräsentation und Verarbeitung von Wissen im Rahmen der Künstliche Intelligenz-Forschung allgemein siehe Hayes-Roth/Waterman/Lenat (1983), S. 4f.

tation von Wissen muß demnach eine Semantik besitzen, um mittels dieses Formalismus Aussagen über reale Gegebenheiten treffen zu können. Außerdem ist eine exakte Syntax als Voraussetzung für die automatisierte Verarbeitung des repräsentierten Wissens erforderlich.[5] Wissensbasierte Systeme unterscheiden sich von herkömmlichen ADV-Systemen nicht dadurch, daß man zu ihrer Erstellung Wissen benötigt. Dies ist bei herkömmlichen ADV-Systemen auch der Fall. Der Unterschied liegt vielmehr darin, daß das problemlösungsrelevante Wissen in einem wissensbasierten System deklarativ mittels einer geeigneten Wissensrepräsentationssprache und nicht prozedural als Algorithmus dargestellt wird.

Als Folge der deklarativen Wissensrepräsentation weisen alle wissensbasierten Systeme eine Trennung von problemlösungsrelevantem Wissen und Problemlösungsverfahren auf, die sich in konventionellen ADV-Systemen nicht findet. Die für diese typische Zweiteilung in fallbezogene Informationen in Form von Daten und Lösungsalgorithmus wird damit zu einer Dreiteilung in fallbezogene Informationen, problemlösungsrelevantes Wissen und Problemlösungsverfahren.[6] Dies wiederum besitzt gewisse Konsequenzen für die potentiellen Anwendungsbereiche von wissensbasierten Systemen; denn während die für die Erstellung konventioneller ADV-Systeme notwendige Existenz eines Lösungsalgorithmus deren Anwendungsbereich auf wohldefinierte und -strukturierte Probleme begrenzt, sind wissensbasierte Systeme auch für solche Anwendungsbereiche geeignet, in denen kein gesichertes Verfahren zur Problemlösung bekannt ist und in denen darüber hinaus das zur Problemlösung herangezogene Wissen sowie die fallbezogenen Informationen unsicher, unvollständig oder z.T. fehlerhaft sind.[7] Genau dies ist beim Prognoseproblem der Fall.

Neben der deklarativen Wissensrepräsentation und bedingt durch diese bildet die Anwendung von Verfahren zur Ermittlung der gesuchten Problemlösung auf der Grundlage des bereitgestellten Wissens ein weiteres allgemeines Charakteristikum wissensbasierter Systeme.[8] Die hierzu herangezogenen Inferenzverfahren[9] sehen den Einsatz von Inferenzregeln vor, mit deren Hilfe ein-

---

[5] Vgl. Delgrande/Mylopoulos (1986), S. 4; Brachman/Levesque (1985), S. XV.

[6] Vgl. Stede (1984), S. 14ff.; Schmitz/Lenz (1986), S. 505f.; Puppe (1991), S. 2.

[7] Vgl. Bramer (1982), S. 4ff.; Stede (1984), S. 8f.; Bonnet (1985), S. 18ff.; Waterman (1986), S. 25ff.; Roesner (1988), S. 35f.; Scheer/Steinmann (1988), S. 20; Puppe (1991), S. 4.

[8] Die generelle Vorgehensweise bei der Lösung von Problemen stand in der Frühphase der Künstliche Intelligenz-Forschung im Vordergrund. Recht schnell stellte sich jedoch heraus, daß zur Lösung der meisten Probleme neben ausgefeilten Problemlösungsverfahren auch Wissen in erheblichem Umfang erforderlich ist; dies leitete den Übergang zur schwerpunktmäßigen Behandlung des Problems der Wissensrepräsentation und -verarbeitung ein; vgl. Waterman (1986), S. 4; Schefe (1991), S. 24.

[9] Siehe grundlegend Schefe (1991), S. 101f.

zelne Wissenselemente verknüpft und dabei neue Wissenselemente abgeleitet werden können. Die Anwendung der Inferenzregeln wird durch eine Kontrollstrategie gesteuert. Unter methodischen Aspekten ist damit das Problem der Suche angesprochen, das in der Künstliche Intelligenz-Forschung generell einen breiten Raum einnimmt.[10] Bei Inferenzverfahren besteht das Suchproblem darin, aus dem problemlösungsrelevanten Wissen diejenigen Elemente, die zu einer Lösung führen, in einer geeigneten Reihenfolge der Auswertung durch Inferenzregeln zuzuführen.

Während die genannten Charakteristika auf alle wissensbasierten Systeme zutreffen, ist die Anwendung der im folgenden ebenfalls herangezogenen Methoden des Maschinellen Lernens (noch) nicht als charakteristisch für wissensbasierte Systeme generell anzusehen.[11] Überhaupt handelt es sich beim Maschinellen Lernen um ein relativ junges Gebiet der Künstlichen Intelligenz[12], dessen wachsende Popularität als Reaktion auf die zunehmend erkannte Problematik des Wissenserwerbs bei der Entwicklung wissensbasierter Systeme zu verstehen ist. In der Tat scheitert diese nämlich in vielen Fällen selbst dann, wenn eine geeignete Wissensrepräsentationssprache und geeignete Inferenzverfahren für den jeweiligen Anwendungsbereich identifiziert werden konnten. Der Grund dafür liegt darin, daß bisher noch keine generell erfolgversprechende Methodik bekannt ist, um das meist implizit in den Köpfen menschlicher Experten verankerte Wissen in bezug auf eine bestimmte Problemstellung zu erschließen. Insbesondere erweisen sich die traditionellen Instrumente des Knowledge Engineering[13] wie Interviewtechniken und Verfahren zur Auswertung von Fachliteratur häufig als nicht leistungsfähig genug zur Erfüllung dieser Aufgabe.[14] Auch die Methoden des Maschinellen Lernens

---

10 Ausführliche Erörterungen des Suchproblems enthalten Barr/Feigenbaum (1981), S. 20ff.; Stefik et al. (1983), S. 66ff.; Stede (1983), S. 77ff.; Charniak/McDermott (1986), S. 255ff.; Winston (1989), S. 105ff.; Schefe (1991), S. 45ff.

11 Allerdings fordern einige Autoren auch die generelle Lernfähigkeit wissensbasierter Systeme; siehe z.B. Stede (1984), S. 9.

12 Zwar wurden schon in den sechziger Jahren erste Überlegungen und zum Teil auch schon erste lernfähige Systeme vorgestellt, den Startpunkt zu einer breiteren Beschäftigung mit den Methoden des Maschinellen Lernens markiert jedoch die Herausgabe des Buches "Machine Learning: An Artificial Intelligence Approach" durch Carbonell, Michalski und Mitchell im Jahre 1984. Seit 1986 existiert auch eine eigene Zeitschrift mit dem Titel "Machine Learning".

13 Einen Überblick über diese Instrumente geben Schirmer (1988), S. 68ff.; Barrett/Beerel (1988), S. 96ff.; Frank (1989), S. 2f.; Stender (1989), S. 52ff.; Boose/Gaines (1989).

14 Ein Grund dafür liegt darin, daß selbst zur Lösung vermeintlich einfacher Probleme eine Fülle von Hintergrundwissen erforderlich ist, welches im Rahmen des traditionellen Knowledge Engineering besonders schwer zu erfassen ist. Dies hat zur Idee der "Expertensysteme der zweiten Generation" geführt, die auf der Basis der Repräsentation von "Tiefenwissen" arbeiten und von denen man sich bessere Erfolge verspricht; vgl. hierzu v.Zelewski (1986), S. 11; Steels (1986); v.Zelewski (1987), S. 18f.; Puppe (1991), S. 189f.

besitzen enge Beziehungen zu dem schon genannten Suchproblem. Wie noch erläutert wird, kann nämlich das im Rahmen dieser Arbeit im Vordergrund stehende Lernen aus Beispielen als Suche in einem Raum möglicher Generalisierungen interpretiert werden.[15] Die verwendeten Methoden der Künstlichen Intelligenz sind also keineswegs überschneidungsfrei. Von zentraler Bedeutung für das vorgestellte Prognoseverfahren sind das Suchproblem und das Problem der Repräsentation prognoserelevanten Wissens.

B. Prinzipielle Arbeitsweise eines wissensbasierten Prognosesystems zur Unternehmungsbewertung

Die Erstellung rationaler Prognosen mit Hilfe eines wissensbasierten Prognosesystems zur Unternehmungsbewertung beinhaltet die Ableitung der Wahrscheinlichkeitsverteilung des bewertungsrelevanten Ergebnisses auf der Grundlage prognoserelevanten Wissens und fallspezifischer Informationen. Bei dem prognoserelevanten Wissen handelt es sich um generalisiertes Erfahrungswissen, das mit Hilfe der Methoden des Maschinellen Lernens aus Beispielen für Unternehmungsentwicklungen gewonnen wird. Der Ableitungsvorgang im Prognoseargument

$$\begin{array}{c}\Delta\\ \underline{P(\zeta|\Delta)}\\ P_{\Delta}(\zeta)\end{array}$$

erfolgt mit Hilfe eines Inferenzverfahrens. Die prinzipielle Arbeitsweise verdeutlicht Abbildung 2.

---

[15] Siehe z.B. Genesereth/Nilsson (1989), S. 226ff.

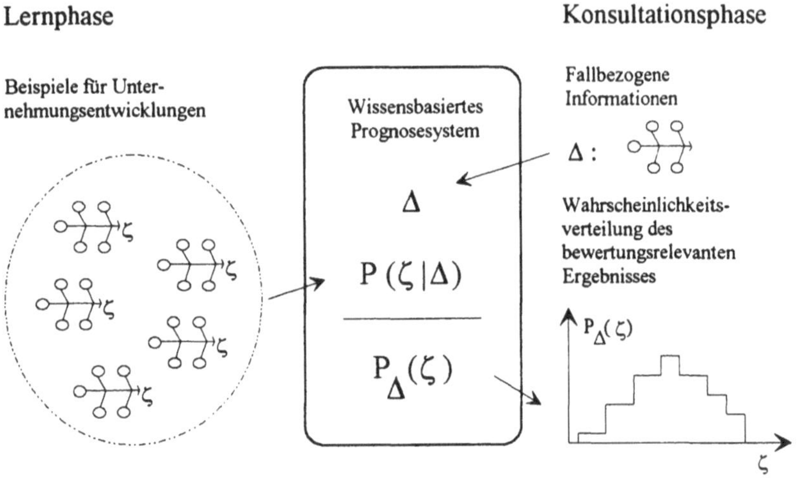

Abb. 2: Prinzipielle Arbeitsweise eines wissensbasierten Prognosesystems zur Unternehmungsbewertung

Der Betrieb eines wissensbasierten Prognosesystems zur Unternehmungsbewertung beinhaltet zwei Phasen:

In der *Lernphase* wird fallbezogenes Erfahrungswissen über die Entwicklung von Unternehmungen in generalisiertes Erfahrungswissen transformiert. Anforderungen an diesen Lernprozeß ergeben sich aus den in den vorherigen Kapiteln angestellten Überlegungen zur Rationalität und Qualität von Prognosen. So muß etwa ein kohärentes Zustandekommen der ermittelten subjektiven Wahrscheinlichkeitseinschätzungen hinsichtlich der prognoserelevanten Zusammenhänge gewährleistet sein. Zudem sollte die Generalisierung in einer Weise erfolgen, die die Qualität der später erstellten Prognosen optimiert.

Die eigentliche Nutzung des Systems erfolgt nach Abschluß der Lernphase in der *Konsultationsphase*. Im konkreten Bewertungsfall stellt der Benutzer dem System im Rahmen eines Dialogs fallbezogene Informationen über die in Frage stehende Unternehmung zur Verfügung. Sind diese Informationen ungewiß, so besteht die Möglichkeit der Eingabe subjektiver Wahrscheinlichkeiten; der Grenzfall des Fehlens jeglicher Informationen kann z.B. durch die Eingabe einer Gleichverteilung berücksichtigt werden. Aus der Verknüpfung der eingegebenen Informationen mit dem generalisierten Erfahrungswissen wird mit Hilfe eines Inferenzverfahrens die gesuchte Wahrscheinlichkeitsverteilung des bewertungsrelevanten Ergebnisses abgeleitet.

Die skizzierte Funktionsweise mag auf den ersten Blick ungewöhnlich erscheinen, tatsächlich kann aber jedes Verfahren zur Erstellung rationaler Prognosen in analoger Weise gedeutet werden. Besonders deutlich ist die Analogie zu regressionsanalytisch fundierten Prognosen:

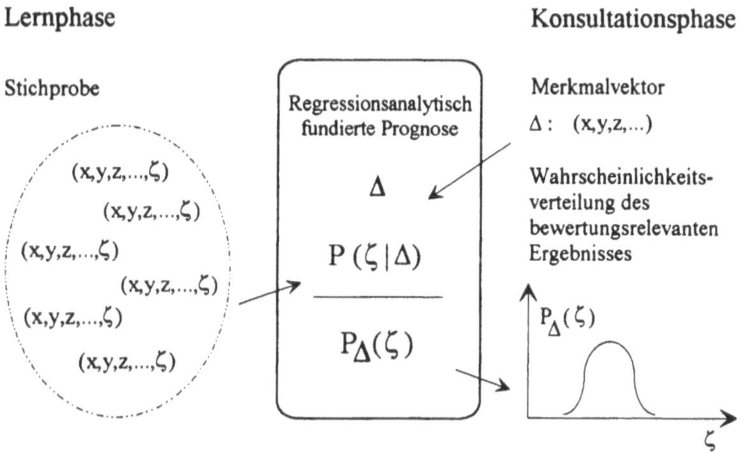

Abb. 3: Prinzipielle Vorgehensweise bei regressionsanalytisch fundierten Prognosen

Abbildung 3 verdeutlicht, daß auch bei der Anwendung von Regressionsanalysen zu Prognosezwecken zunächst in einer Lernphase generalisiertes Wissen - in Form einer Regressionsgleichung - gewonnen wird. Die Nutzung des generalisierten Erfahrungswissens beinhaltet die Einsetzung der jeweiligen Ausprägungen der unabhängigen Variablen in die Regressionsgleichung und die Errechnung des Wertes der abhängigen Variable. Der Rechenvorgang entspricht der Anwendung eines Inferenzverfahrens.

Aus der skizzierten Funktionsweise resultieren drei Problemkreise: Erstens, wie ist das prognoserelevante generalisierte Erfahrungswissen im Rahmen des Systems zu repräsentieren? Zweitens, welches Inferenzverfahren ist zur Nutzbarmachung dieses Wissens heranzuziehen? Und drittens, wie ist prognoserelevantes Wissen zu gewinnen? Mit den damit verbundenen methodischen Problemen korrespondiert die praktische Ausgestaltung verschiedener funktionaler Komponenten eines wissensbasierten Prognosesystems zur Unternehmungsbewertung, die im folgenden kurz dargestellt werden.

C. Funktionaler Aufbau eines wissensbasierten Prognosesystems zur Unternehmungsbewertung

Die funktionale[16] Architektur eines wissensbasierten Prognosesystems weist die für den Aufbau wissensbasierter Systeme üblichen fünf Komponenten auf:[17]

- eine Wissensbasis,
- eine Inferenzkomponente,
- eine Wissensakquisitionskomponente,
- eine Erklärungskomponente sowie
- eine Dialogkomponente.

Das Zusammenwirken dieser Funktionseinheiten verdeutlicht Abbildung 4:

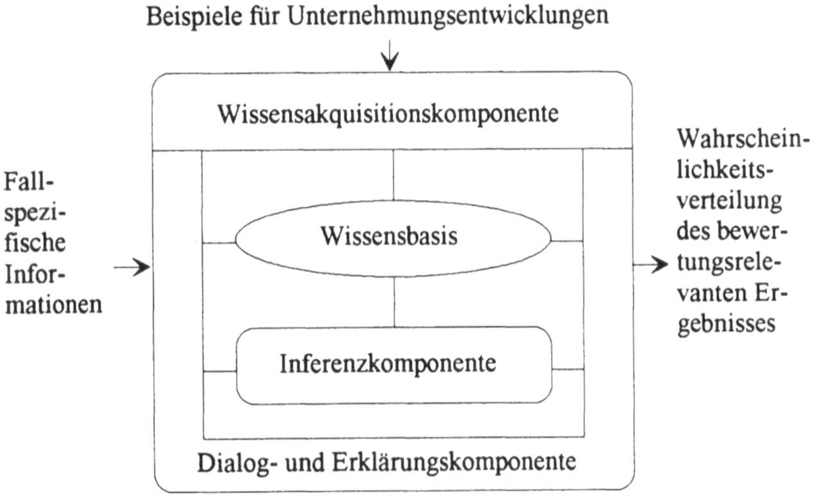

Abb. 4: Funktionale Architektur eines wissensbasierten Prognosesystems zur Unternehmungsbewertung

In der *Wissensbasis* wird das zur Prognose benötigte generalisierte Erfahrungswissen in Ausdrücken einer geeigneten Wissensrepräsentationssprache

16 Zur Abgrenzung funktionaler und konstruktiver Betrachtungsweise siehe Schmitz/Seibt (1985), S. 65ff.

17 Diesem "Standardschema" folgen Mertens/Allgeyer (1983), S. 688ff.; v.Zelewski (1986), S. 10; Schmitz/Lenz (1986), S. 501; v.Zelewski (1987), S. 17; Scheer/Steinmann (1988), S. 7ff.; Harmon/King (1989), S. 40; Heilmann/Simon (1989), S. 7f.; Puppe (1991), S. 12ff.

abgelegt. Die Verknüpfung dieses Wissens mit den fallbezogenen Informationen in bezug auf das Bewertungsobjekt und die darauf aufbauende Ermittlung der prognostizierten Wahrscheinlichkeitsverteilung obliegt der *Inferenzkomponente*. Wissensbasis und Inferenzkomponente stellen den notwendigen Kern eines wissensbasierten Prognosesystems dar.[18] Eine entsprechende Minimalkonfiguration kommt aber nur dann in Frage, wenn erstens das prognoserelevante Wissen ein für allemal feststeht, und wenn zweitens im Rahmen des Systembetriebs kein Dialog mit dem Benutzer vorgesehen ist.[19]

Die durch das Prognosesystem zu leistende Transformation des fallspezifischen Erfahrungswissens in generalisiertes Erfahrungswissen erfordert eine Erweiterung des aus Wissensbasis und Inferenzkomponente bestehenden Systemkerns um eine *Wissensakquisitionskomponente*, die die Anwendung geeigneter Methoden des Maschinellen Lernens realisiert. Während es sich bei der Wissensakquisitionskomponente üblicherweise um eine Entwicklerschnittstelle handelt, die eine komfortable Eingabe des aufgearbeiteten problemlösungsrelevanten Wissens und diverse Vollständigkeits- und Konsistenztests ermöglicht[20], obliegt ihr hier also in gewissem Sinne selbst die Gewinnung des benötigten prognoserelevanten Wissens. Ihre Ausgestaltung wird sich deshalb wesentlich von derjenigen üblicher Wissensakquisitionskomponenten unterscheiden.

Da die fallbezogenen Informationen in bezug auf das Bewertungsobjekt dem System im Wege eines Dialogs mitgeteilt werden, ist des weiteren eine Schnittstelle mit dem Benutzer erforderlich. Aufgabe dieser *Dialogkomponente* ist in erster Linie die benutzerfreundliche Gestaltung der Konsultation; daneben ist es sinnvoll, die Anworten des Benutzers auf Plausibilität zu überprüfen. Über die Dialogkomponente erfolgt auch die Weitergabe der vom Benutzer angeforderten und von der *Erklärungskomponente* erstellten Erklärungen in bezug auf den Sinn der gerade gestellten Frage oder das Zustandekommen der prognostizierten Wahrscheinlichkeitsverteilung.[21] Die Möglichkeit, Erklä-

---

[18] Zur herausgehobenen Bedeutung der Wissensbasis und der Inferenzkomponente im Rahmen der funktionalen Architektur wissensbasierter Systeme siehe v.Zelewski (1985), S. 168; Waterman (1986), S. 19; Karras/Kredel/Pape (1987), S. 7.

[19] Vgl. Schmitz/Lenz (1986), S. 502.

[20] Hierin sehen Mertens/Allgeyer (1983), S. 689; Barrett/Beerel (1988), S. 92; Heilmann/Simon (1989), S. 7 - wohl aus eher praktischer Sicht - die Aufgabe der Wissensakquisitionskomponente. Daß diese auch zur Gewinnung des problemlösungsrelevanten Wissens dienen kann, betonen Karras/Kredel/Pape (1987), S. 76ff.

[21] Aufgrund des engen Zusammenhangs von Dialog- und Erklärungskomponente werden diese Komponenten von manchen Autoren auch als eine Funktionseinheit betrachtet; siehe etwa Barrett/Beerel (1988), S. 91. Stede geht sogar so weit, die Wissensakquisitions-, die Dialog- und die Erklä-

rungen einzuholen, ist im Rahmen des vorgestellten Prognoseverfahrens von besonderer Bedeutung, weil sie die Erfüllung des formalen Rationalitätskriteriums der expliziten Angabe des Bedingungskomplexes der Prognose erlaubt.

Im Rahmen der folgenden Ausführungen stehen die mit der Ausgestaltung der Wissensbasis, der Inferenzkomponente und der Wissensakquisitionskomponente verbundenen methodischen Probleme im Vordergrund. Bezüglich der Dialog- und der Erklärungskomponente ergeben sich keine wesentlichen Unterschiede zu anderen wissensbasierten Systemen. Die genauere Ausgestaltung dieser Funktionseinheiten wird deshalb nicht problematisiert.

---

rungskomponente unter der Bezeichnung Benutzerschnittstelle zusammenzufassen; siehe Stede (1984), S. 22f.

IV. Repräsentation des prognoserelevanten Wissens und des Bedingungskomplexes der Prognose

A. Konzeptualisierung des prognoserelevanten Wissens

Startpunkt der formalen Behandlung des prognoserelevanten Wissens ist dessen Konzeptualisierung.[1] Es geht dabei nicht etwa um eine vorläufige natürlichsprachige Formulierung des prognoserelevanten Wissens, die im folgenden verbessert und in eine geeignete Wissensrepräsentationssprache übersetzt wird. Die Konzeptualisierung des Systemwissens beinhaltet zunächst nur die Ermittlung der Objekte, über die das prognoserelevante Wissen etwas aussagt, sowie der relevanten Eigenschaften dieser Objekte und ihrer Beziehungen untereinander. Als Objekte sind sowohl Konkreta, wie z.B. Gegenstände des Anlagevermögens der zu bewertenden Unternehmung, als auch Abstrakta, wie etwa die zu bewertende Unternehmung selbst oder die Branche, der diese angehört, zu verstehen. Die Menge aller betrachteten Objekte bildet die Diskurswelt $\mathcal{D}$.

Bei den zu berücksichtigenden Eigenschaften und Beziehungen der Objekte handelt es sich formal um Funktionen und Relationen. Eine Funktion bezeichnet eine Vorschrift, mittels derer ein Objekt einem oder mehreren Objekten, den Argumenten der Funktion, zugeordnet wird. Z.B. ist die Zuordnung einer Unternehmung zu einer Branche als Funktion anzusehen, wenn sowohl die Unternehmung als auch deren Branche Objekte der Diskurswelt sind. Auch mathematische Operationen wie z.B. die Addition oder die Multiplikation stellen Funktionen dar, wobei als Objekte Zahlen fungieren. Einstellige Relationen - Relationen mit nur einem Argument - entsprechen Eigenschaften von Objekten, mehrstellige Relationen Beziehungen zwischen Objekten. Ein Beispiel für eine zweistellige Relation ist die Lieferbeziehung zwischen zwei Unternehmungen, die selbst Objekte der Diskurswelt sind. Ebenso ist die Gleichheit oder das Größenverhältnis zweier Zahlen, die wiederum durch Funktionen ermittelt werden können, als zweistellige Relation aufzufassen. Die betrachte-

---

[1] Zum folgenden vgl. Genesereth/Nilsson (1989), S. 14ff.

ten Funktionen und Relationen bilden die funktionale und die relationale Basismenge $\mathfrak{F}$ und $\mathfrak{R}$.

Die Konzeptualisierung des prognoserelevanten Wissens beinhaltet keine Abbildung, sondern lediglich die Auswahl eines Ausschnitts der Realität; denn bevor mit einer Sprache ein Instrument zur Repräsentation des prognoserelevanten Wissens bereitgestellt werden kann, muß zunächst einmal festgelegt werden, worüber die Ausdrücke dieser Sprache etwas aussagen sollen. Dabei stellt sich die Frage, nach welchen Kriterien Objekte, Funktionen und Relationen auszuwählen sind. Von Bedeutung ist insbesondere die sogenannte Granularität der in die Diskurswelt einzubeziehenden Objekte. Soll eine Unternehmung insgesamt allein als Objekt aufgefaßt werden oder sind auch deren Abteilungen, eventuell sogar einzelne Stellen, als Objekte anzusehen? Das Entscheidungsproblem, das sich hinter solchen Fragen verbirgt, besitzt gewisse Ähnlichkeit mit dem aus der Entscheidungstheorie bekannten Problem der optimalen Komplexitätsreduktion. Ebenso wie dieses konnte es bisher noch nicht allgemein gelöst werden, so daß im Einzelfall eine pragmatische Lösung auf der Grundlage des Vorwissens des Systementwicklers gefunden werden muß. Dieser Notwendigkeit enthebt auch die Anwendung von Methoden des Maschinellen Lernens nicht; denn die Beispiele für Unternehmungsentwicklungen, die den Ausgangspunkt der automatisierten Entwicklung generalisierten Erfahrungswissens bilden, sind ja selbst zwangsläufig in irgendeiner Sprache zu beschreiben. Die Ausdrücke dieser Sprache aber hängen von der gewählten Konzeptualisierung ab.

Je anspruchsvoller die Konzeptualisierung des prognoserelevanten Wissens ist, desto ausdrucksstärker muß die zur Anwendung kommende Sprache zur Repräsentation dieses Wissens sein. Umgekehrt kann auf eine einfache Konzeptualisierung geschlossen werden, wenn eine wenig ausdrucksstarke Repräsentationssprache zum Einsatz kommt. So ist etwa die Kritik, daß die Berücksichtigung qualitativer und struktureller Sachverhalte bei regressionsanalytisch fundierten Prognosen Schwierigkeiten bereitet, auf die diesen zugrundeliegende Konzeptualisierung des zur Prognose herangezogenen Erfahrungswissens zurückzuführen; denn im Rahmen einer Konzeptualisierung, die als Objekte lediglich Zahlen und Merkmalsträger, als Funktionen die Merkmale selbst, die Multiplikation und die Addition sowie als Relation die Gleichheitsbeziehung vorsieht, können qualitative und strukturelle Merkmale zwangsläufig nur über den Umweg der Zuordnung einer Zahl berücksichtigt werden.

Die Vorgehensweise bei der Konzeptualisierung des prognoserelevanten Wissens beinhaltet im einzelnen vier Schritte:

- die Identifikation der zu prognostizierenden Ergebnisse sowie deren Zerlegung in Komponenten,
- die Ermittlung von Einflußfaktorenkomplexen,

- die Auswahl von Einflußfaktoren und
- die Festlegung entsprechender Objekte, Funktionen und Relationen.

1) Am Anfang der Konzeptualisierung sollten Überlegungen darüber stehen, was unter dem zu prognostizierenden Ergebnis zu verstehen ist und aus welchen Komponenten es sich zusammensetzt. Die Antwort auf die erste Frage richtet sich nach der Ergebnisdefinition, die dem Bewertungsmodell zugrunde liegt. Geht man davon aus, daß das Bewertungssubjekt ausschließlich an Einzahlungsüberschüssen aus der zu bewertenden Unternehmung interessiert ist, so wird es je nach dem Diversifikationsgrad der Unternehmung zweckmäßig sein, die künftigen Zahlungsströme nicht auf Unternehmungsebene, sondern zunächst auf der Ebene einzelner Geschäftsbereiche zu prognostizieren und erst anschließend zum Gesamtergebnis zusammenzufassen. Sinnvoll ist die Zerlegung der bereichsbezogenen Einzahlungsüberschüsse in Komponenten, die unter Beachtung eventueller Abhängigkeiten einzeln prognostiziert werden. Die Zerlegung könnte etwa folgendermaßen erfolgen:[2]

Einzahlungsüberschuß	= Künftiger Umsatz · Umsatzüberschußrate
	· (1 – Einzahlungsbezogener Steuersatz)
	– (Anlageinvestition – Abschreibungen)
	– Investition in das Nettoumlaufvermögen

Abb. 5: Komponenten des Einzahlungsüberschusses

Schließlich muß die zeitliche Dimension der zu prognostizierenden Ergebniskomponenten festgelegt werden, wobei sich die Prognose von Durchschnittsgrößen oder von durchschnittlichen Veränderungsraten in einem bestimmten Zeitraum anbietet.

2) Im nächsten Schritt werden Einflußfaktorenkomplexe ermittelt, die auf die Entwicklung der Ergebniskomponenten einwirken. Aus der Entscheidungstheorie läßt sich die Unterteilung in das unbeeinflußbare

---

[2] Vgl. Rappaport (1986), S. 51ff.; Bühner (1990), S. 53ff.

Umfeld eines Geschäftsbereichs und in Sachverhalte ableiten, die durch den Geschäftsbereich selbst beeinflußbar sind. Innerhalb dieser Gruppen wiederum können die Situation zum Bewertungszeitpunkt und die zu erwartende Entwicklung unterschieden werden. Darüber hinaus scheint es sinnvoll, die bisherige Entwicklung in die Betrachtung einzubeziehen. Die resultierenden Einflußfaktorenkomplexe zeigt Abbildung 6:

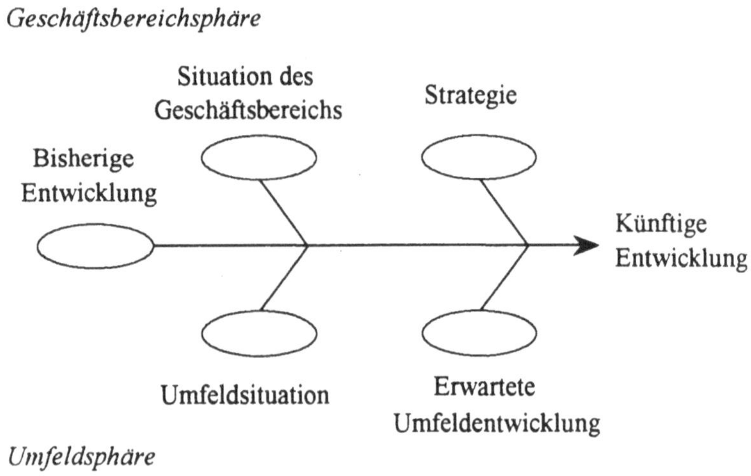

Abb. 6: Einflußfaktorenkomplexe

3) Innerhalb der Einflußfaktorenkomplexe kommt für jede einzelne Ergebniskomponente eine Vielzahl von Einflußfaktoren für die weitergehende Betrachtung in Frage. Unter Berücksichtigung der Restriktionen, die ein wissensbasiertes Prognosesystem zur Unternehmungsbewertung in bezug auf Speicherplatz und Laufzeit aufweisen wird, muß eine Auswahl getroffen werden. Anhaltspunkte hierfür sind der betriebswirtschaftlichen Literatur, insbesondere derjenigen zur strategischen Planung, zu entnehmen. Auch die Ergebnisse empirischer Untersuchungen sollten herangezogen werden. Beispielhafte Einflußfaktoren auf die künftige Umsatzentwicklung zeigt folgende Tabelle:

	Bisherige Entwicklung	Situation des Geschäftsbereichs	Strategie	Umfeldsituation	Umfeldentwicklung
Quantitative Einflußfaktoren	Bisherige Umsatzentwicklung	Absatzsituation	Geplanter Werbeaufwand	Konjunkturelle und Branchensituation	Erwartete gesamtwirtschaftliche Entwicklung
Qualitative Einflußfaktoren	Veränderungen des Produktimages	Produkt Branche Technologie	Angestrebter Differenzierungsgrad	Charakteristika von Abnehmern und Konkurrenten	Gesellschaftliche Trends
Strukturelle Einflußfaktoren	Veränderungen der Abnehmerbeziehungen	Wertkette Vertriebsstruktur	Reorganisationsvorhaben	Lieferbeziehungen innerhalb der Branche	Veränderungen der Branchenstruktur

Tab. 1: Einflußfaktoren auf die künftige Umsatzentwicklung

4) Für jeden Einflußfaktor sind nun die jeweiligen Objekte, Funktionen und Relationen zu bestimmen. Der Marktanteil einer Unternehmung könnte z.B. als Funktion aufgefaßt werden, wenn die Diskurswelt die rationalen Zahlen und die Unternehmung enthält. Dies entspräche der Vorgehensweise bei regressionsanalytisch fundierten Prognosen. Die Konzeptualisierung kann aber auch in der Weise erfolgen, daß unter dem Marktanteil eine zweistellige Relation verstanden wird, die eine Beziehung zwischen der Unternehmung und dem jeweiligen Markt herstellt. Die Vielzahl möglicher Konzeptualisierungen ein und desselben Sachverhalts macht es erforderlich, Regeln zu formulieren, die eine einheitliche Behandlung quantitativer, qualitativer und struktureller Einflußfaktoren gewährleisten.

Das vorgestellte Prognoseverfahren bietet Raum für vielerlei verschiedene Konzeptualisierungen des prognoserelevanten Wissens. Die Entscheidung, welche davon der praktischen Realisierung eines wissensbasierten Prognosesystems zur Unternehmungsbewertung zugrunde zu legen ist, ist nicht Gegenstand dieser Arbeit. Sie muß sich aufgrund der Anwendung von Methoden des Maschinellen Lernens ohnehin eher an den verfügbaren Beispielen für Unternehmungsentwicklungen als an theoretischen Überlegungen orientieren. Der Betrieb eines Systems auf der Basis einer sehr anspruchsvollen Konzeptualisierung würde nämlich in der Lernphase den Rückgriff auf entsprechend reichhaltig dokumentierte Beispiele für Unternehmungsentwicklungen erfordern. Sind diese nicht vorhanden, so nutzt die theoretische Güte der Konzeptualisierung wenig. Die verfügbaren Beispiele für Unternehmungsentwicklungen bilden gleichsam einen Engpaß, an dem sich die Konzeptualisierung des prognoserelevanten Wissens zu orientieren hat.

B. Auswahl einer geeigneten Repräsentationssprache

Aufbauend auf der Konzeptualisierung ist das prognoserelevante Wissen mit Hilfe einer Repräsentationssprache darzustellen. Unter epistemologischen Aspekten[3] muß diese Sprache hinreichend ausdrucksstark zur Beschreibung der Diskurswelt und der berücksichtigten Funktionen und Relationen sein. Sie muß außerdem erlauben, den aus den methodologischen Überlegungen zur Rationalität von Prognosen resultierenden Anforderungen gerecht zu werden. Neben der epistemologischen ist die heuristische Eignung der Repräsentationssprache in bezug auf die Möglichkeiten zur Entwicklung entsprechend repräsentierten prognoserelevanten Wissens und zur Ableitung von Prognosen zu berücksichtigen.

Die epistemologische und die heuristische Eignung einer Repräsentationssprache konkurrieren insofern miteinander, als mit einer Steigerung der epistemologischen Adäquatheit regelmäßig eine Verminderung der heuristischen Eignung einhergeht. Je ausdrucksstärker die gewählte Repräsentationssprache ist, d.h., je bessere Möglichkeiten sie zur Darstellung des prognoserelevanten Wissens und des Bedingungskomplexes der Prognose bietet, desto schwieriger wird es sein, geeignete Heuristiken zur Gewinnung und zur Nutzbarmachung dieses Wissens ausfindig zu machen. Bei regressionsanalytisch fundierten Prognosen etwa steht einem wenig ausdrucksstarken Formalismus zur Repräsentation von prognoserelevantem Wissen eine äußerst leistungsfähige Heuristik - die Methode der kleinsten Quadrate - gegenüber. Bei der Delphi-Befragung erlaubt der Rückgriff auf menschliche Problemlösungsfähigkeiten die Nutzung einer ausdrucksstarken Repräsentationssprache, dies allerdings zu dem Preis eines unter heuristischen Aspekten wenig befriedigenden Verfahrens zur Aggregation subjektiver Wahrscheinlichkeitseinschätzungen. Der Erfolg des vorgestellten Prognoseverfahrens hängt deshalb wesentlich davon ab, ob die gewählte Repräsentationssprache in bezug auf ihre epistemologische und heuristische Eignung einen geeigneten Kompromiß darstellt.

---

[3] Die Beurteilung von Wissensrepräsentationssprachen in bezug auf ihre epistemologische und heuristische Adäquatheit geht zurück auf McCarthy; siehe McCarthy (1985), S. 24f. Schefe unterscheidet zwischen epistemologischer, logisch-formaler, algorithmischer, psychologischer und ergonomischer Adäquatheit; siehe Schefe (1991), S. 190.

Zwar sind alle üblicherweise aufgeführten Repräsentationssprachen - Frames[4], Semantische Netze[5], Produktionsregeln[6] und die Prädikatenlogik 1. Ordnung[7] -, zumindest in den ausgereiftesten Dialekten ausdrucksstark genug, um z.B. die im vorherigen Abschnitt skizzierte Diskurswelt und die dazugehörige funktionale und relationale Basismenge abzubilden. Keine dieser Sprachen bietet aber von vornherein die Möglichkeit zur Repräsentation unsicheren Wissens und damit zur Erfüllung der aus den methodologischen Überlegungen zu rationalen Prognosen resultierenden epistemologischen Anforderungen. Es kann deshalb zunächst nur darum gehen, eine dieser Sprachen als Ausgangspunkt für weitere Überlegungen zur Wissensrepräsentation auszuwählen. Die gewählte Repräsentationssprache ist im folgenden so zu modifi-

---

4 Die Sprache der Frames wurde 1975 von Minsky vorgestellt. Frames sind Datenstrukturen, mit deren Hilfe Objekte der Diskurswelt repräsentiert werden; vgl. Minsky (1985), S. 246. Charakteristisch ist die Repräsentation der einbezogenen Funktionen und Relationen im unmittelbaren Zusammenhang mit den betroffenen Objekten. Die Objekte, die mit dem durch das jeweilige Frame repräsentierten Objekt über eine Funktion oder Relation verbunden sind, werden in sogenannten Slots abgelegt. Standardrelationen sind die Generalisierungs- und Spezialisierungsrelation, mit deren Hilfe eine Hierarchie von Objekten aufgebaut werden kann. Dies erspart die mehrmalige Aufführung von Eigenschaften, indem diese innerhalb der Objekthierarchie von übergeordneten auf untergeordnete Objekte übertragen (vererbt) werden. Standardmäßig vorgesehen ist in den meisten framebasierten Sprachen darüber hinaus die Konzept- bzw. Instanzrelation, mit deren Hilfe konkrete Objekte der Diskurswelt als zugehörig (als Instanz) zu einer bestimmten Klasse (zu einem Konzept) ausgewiesen werden. Zu Frames siehe einführend Barr/Feigenbaum (1981), S. 216ff.; Waterman (1986), S. 73ff.; Genesereth/Nilsson (1989), S. 53f.

5 Bei einem Semantischen Netz handelt es sich im einfachsten Fall um ein Netzwerk gerichteter oder ungerichteter Graphen, in denen Knoten Objekte und Kanten zweistellige Relationen repräsentieren. Die Einbeziehung mehrstelliger Relationen erfordert den Übergang von einem Graphennetzwerk zu einer Relationalstruktur, bei der auch Kanten zugelassen sind, die mehr als zwei Knoten verbinden. Eine attributierte Relationalstruktur entsteht, wenn den Knoten bzw. Kanten mittels Funktionen Attribute zugeordnet werden. Zu Semantischen Netzen siehe Barr/Feigenbaum (1981), S. 180ff.; Woods (1985); Niemann/Bunke (1987), S. 63ff. Semantische Netze werden oft nicht als eigenständige Wissensrepräsentationssprache, sondern lediglich als Instrument zur graphischen Veranschaulichung objektzentrierter Repräsentationsformen angesehen; vgl. zu dieser Sichtweise Puppe (1991), S. 32. Genauso gut ist es möglich, z.B. Frames als Knoten in Semantischen Netzen aufzufassen; vgl. hierzu Niemann/Bunke (1987), S. 68ff. Die Datenstrukturen, die aus beiden Darstellungsformen resultieren, sind dementsprechend weitgehend identisch; vgl. Nilsson (1982), S. 370.

6 Eine Produktionsregel beinhaltet eine Ableitungsbeziehung der Form:

WENN Prämisse, DANN Konklusion

Die innere Struktur von Prämisse und Konklusion ist in verschiedenen regelbasierten Systemen unterschiedlich; vgl. Puppe (1991), S. 25f. Im Grenzfall kann es sich um Propositionen ohne jede innere Struktur handeln, Prämissen und Konklusionen können aber auch wie prädikatenlogische Formeln strukturiert sein. Den meisten regelbasierten Systemen liegt eine relativ einfache Strukturierung zugrunde, die die Zuordnung einer Eigenschaft zu einem Objekt - etwa über eine zweistellige Relation - vorsieht. Zu Produktionsregelsystemen siehe Barr/Feigenbaum (1981), S. 190ff.; Waterman (1986), S. 63ff.; Winston (1989), S. 184ff.; Harmon/King (1989), S. 48ff.

7 Zur Prädikatenlogik 1. Ordnung siehe Kapitel IV.C.

zieren, daß sie den gestellten epistemologischen und heuristischen Anforderungen gerecht wird.

Anhaltspunkte dafür, welche Repräsentationssprache für diesen Zweck geeignet sein könnte, sind der Literatur zur Repräsentation und Verarbeitung unsicheren Wissens zu entnehmen. Es zeigt sich, daß die weitaus überwiegende Zahl entsprechender Systeme mit propositionszentrierten Sprachen, also mit Produktionsregeln oder einer prädikatenlogisch basierten Form der Wissensrepräsentation, arbeitet.[8] Die Verwendung derartiger Repräsentationssprachen ist einleuchtend, weil Kennzahlen für die Unsicherheit von Wissen grundsätzlich Propositionen und nicht Objekten zuzuordnen sind, so daß eine Sprache, die auf Propositionen basiert, einen natürlichen Einstieg zur Untersuchung von Methoden zur Repräsentation unsicheren Wissens bildet. Der Schluß liegt nahe, daß eine propositionszentrierte Sprache einen guten Ausgangspunkt für weitergehende Überlegungen zur Repräsentation des prognoserelevanten Wissens und des Bedingungskomplexes der Prognose darstellt. Dieses Ergebnis bestätigt sich bei einer Durchsicht der Literatur zum Maschinellen Lernen; denn auch bei den derzeit untersuchten lernfähigen Systemen handelt es sich fast ausschließlich um solche, denen propositionszentrierte Repräsentationssprachen zugrunde liegen.[9] Der Grund dafür ist offensichtlich, lassen sich doch Beispiele relativ einfach als Merkmalkonstellationen und damit auf der Grundlage von Propositionen beschreiben.

Infolge dieser Überlegungen rücken Produktionsregeln und die Prädikatenlogik 1. Ordnung in den Mittelpunkt der Betrachtung. Beide Alternativen bieten - wie die entsprechenden Forschungsbemühungen zeigen - gute Ansatzpunkte für die unter epistemologischen Gesichtspunkten notwendige Modifikation bezüglich der Repräsentation unsicheren Wissens und sind prinzipiell geeignet zur Anwendung von Methoden des Maschinellen Lernens. Produktionsregeln besitzen allerdings nur dann eine hinreichende Ausdruckskraft, wenn mehrstellige Relationen und Funktionen im Prämissen- und Konklusionsteil der Regeln dargestellt werden können. Tatsächlich handelt es sich in diesem Fall aber schon um eine Form der Wissensrepräsentation, die (syntaktisch) weitgehend derjenigen entspricht, die im Rahmen der logikorientierten Programmiersprache PROLOG Verwendung findet. Die Folge ist, daß jedes derartige regelbasierte System in ein wissensbasiertes System auf der Grundlage der Prädikatenlogik 1. Ordnung übersetzt werden kann und umgekehrt.[10] Daß die Grenze zwischen regelbasierter und logikbasierter Wissens-

---

[8] Siehe die Literaturhinweise in Kapitel IV.D.1.

[9] Siehe die Literaturhinweise in Kapitel VI.A.

[10] Vgl. Niemann/Bunke (1987), S. 112f.

repräsentation in diesem Fall verschwimmt, zeigt sich auch daran, daß die prädikatenlogisch fundierte Form der Wissensrepräsentation, wie sie der Programmiersprache PROLOG zugrunde liegt, von manchen Autoren als regelbasiert bezeichnet wird[11], und daß regelbasierte Systeme häufig in PROLOG realisiert werden[12].

Die Entscheidung, welche der beiden Alternativen - Produktionsregeln oder die Prädikatenlogik 1. Ordnung - als Basis für weitere Überlegungen dienen soll, ist im Rahmen dieser Arbeit zugunsten der Prädikatenlogik 1. Ordnung gefallen. Ausschlaggebend hierfür war die bessere Fundierung der logikbasierten Wissensrepräsentation, die im Zusammenhang mit den angeführten methodologischen Überlegungen zur Prognoseproblematik nach Meinung des Verfassers eine bessere Beurteilung des Gesamtansatzes ermöglicht. Gleichwohl hätte aufgrund der Verwandtschaft zwischen regelbasierter und logikbasierter Wissensrepräsentation auch von einer regelbasierten Repräsentation prognoserelevanten Wissens ausgegangen werden können.

C. Die Prädikatenlogik 1. Ordnung als Instrument zur Repräsentation prognoserelevanten Wissens und fallspezifischer Informationen

I. Syntaktische und semantische Möglichkeiten zur Darstellung von Einflußfaktoren und prognoserelevanten Zusammenhängen

Wie im Zusammenhang mit der Knowledge Representation Hypothesis erörtert wurde, besitzen Wissensrepräsentationssprachen ebenso wie natürliche Sprachen eine Syntax, die die Bildungsregeln für sprachliche Ausdrücke festlegt, und eine Semantik, mit deren Hilfe die sprachlichen Ausdrücke einerseits und die Diskurswelt sowie die funktionale und die relationale Basismenge andererseits zueinander in Beziehung gesetzt werden.[13] Erst die sorgfältige Trennung syntaktischer und semantischer Aspekte von Wissensrepräsentationssprachen erlaubt es, von einer deklarativen Wissensrepräsentation zu sprechen. Im folgenden werden Syntax und Semantik der Prädikatenlogik 1. Ordnung als der für das vorgestellte Prognoseverfahren grundlegenden Repräsen-

---

[11] Z.B. in Nilsson (1982), S. 193ff.; Young/Mescheder (1988), S. 100.

[12] In jüngerer Zeit ist allerdings eine deutliche Tendenz auszumachen, Expertensystemshells statt in PROLOG in C zu kodieren. Dies dürfte in erster Linie auf die Laufzeitersparnis zurückzuführen sein, die durch den Einsatz einer maschinennäheren Sprache erreicht werden kann.

[13] Zu den Begriffen Syntax und Semantik siehe z.B. Stegmüller (1983), S. 71.

tationssprache skizziert.[14] Damit wird gleichsam das Fundament für die sich anschließenden Überlegungen geschaffen.

Das Alphabet der Prädikatenlogik 1. Ordnung besteht aus Symbolen für Individuenkonstanten (Konstanten), Individuenvariablen (Variablen), Funktoren und Prädikate; hinzu kommen als logische Symbole Konnektoren und Quantoren. Konstanten werden durch Folgen von Kleinbuchstaben oder durch Ziffernfolgen symbolisiert, Folgen von Großbuchstaben stellen Variablen dar. Als Funktoren- und Prädikatensymbole finden ebenfalls Folgen von Kleinbuchstaben Verwendung. Generell wird in Buchstabenfolgen der Unterstrich zur Trennung von Wörtern und damit zur Erleichterung der Lesbarkeit zugelassen. Funktorensymbole sind außerdem die mathematischen Operatoren +, – , /, ·; die Operatoren =, <, >, ≤, ≥ bezeichnen Prädikate.[15] Funktoren und Prädikate besitzen jeweils eine bestimmte Anzahl von Argumenten, die grundsätzlich in Klammern hinter dem zugehörigen Symbol angegeben werden (Präfixnotation). Die Argumente von Funktoren sind in runde, diejenigen von Prädikaten in eckige Klammern eingefaßt. Dies dient lediglich der leichteren Unterscheidbarkeit und besitzt ansonsten keine Bedeutung. Mathematische Operatoren, die Funktoren- oder Prädikatensymbolen entsprechen, werden nicht als Präfix, sondern als Infix, d.h. zwischen den Argumenten, notiert.

Grundlegend für das Verständnis des formalen Aufbaus der Prädikatenlogik 1. Ordnung sind die Begriffe Term und Formel. Ein *Term* der Prädikatenlogik 1. Ordnung ist entweder ein Konstantensymbol, ein Variablensymbol oder ein Funktorensymbol mit einer der Stelligkeit des zugehörigen Funktors entsprechenden Anzahl von Termen als Argumente. Die Rekursivität dieser Definition läßt es zu, beliebig verschachtelte Terme zu bilden. Eine *atomare Formel* ist ein Prädikatensymbol mit einer korrekten Anzahl von Termen als Argumente. Atomare Formeln werden im folgenden verkürzt durch griechische Kleinbuchstaben aus der ersten Hälfte des Alphabets, Formeln allgemein durch griechische Kleinbuchstaben aus der zweiten Hälfte des Alphabets bezeichnet. Formelmengen werden durch griechische Großbuchstaben symbolisiert.

---

[14] Der hier skizzierte Aufbau der Prädikatenlogik 1. Ordnung findet sich in Hilbert/Ackermann (1959), S. 65ff.; Carnap (1960), S. 4ff.; Mendelson (1964), S. 45ff.; Smullyan (1968), S. 43ff.; Nilsson (1982), S. 131ff.; Stegmüller (1983), S. 44ff.; Delahaye (1987), S. 66ff.; Genesereth/Nilsson (1989), S. 19ff.

[15] Die Berücksichtigung des Prädikatensymbols = allein beinhaltet keine Erweiterung der Prädikatenlogik 1. Ordnung zur Identitätslogik.

Atomare Formeln sind das Instrument, mit dem die in die Konzeptualisierung eingegangenen Einflußfaktoren abgebildet werden. Abbildung 7 zeigt Beispiele:

Quantitative Einflußfaktoren

werden z.B. mit Hilfe des Prädikats = beschrieben.

Bsp.: materialaufwand(unternehmung,1986)=2,5 Mio.

Qualitative Einflußfaktoren

werden z.B. mit Hilfe einstelliger Prädikate beschrieben.

Bsp.:
branche[giesserei]
produkt[hydraulikpumpen]
verfahren[maskenguss]

Strukturelle Einflußfaktoren

werden mit Hilfe mehrstelliger Prädikate beschrieben.

Bsp.: Wertkettenverflechtungen von Geschäftsbereichen

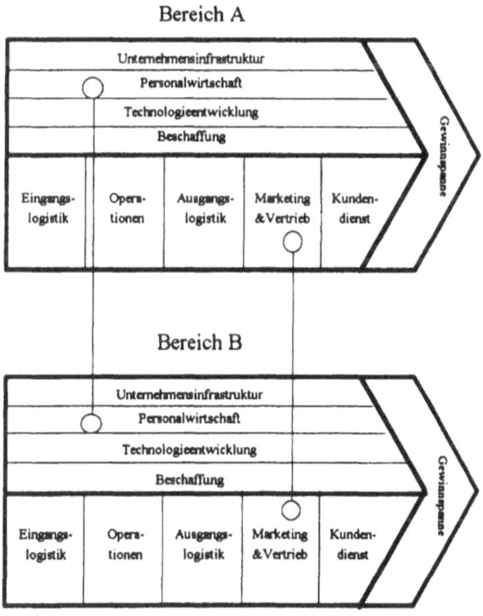

infrastrukturverflechtung
[bereich_a,bereich_b,
personalentwicklung]

marktverflechtung
[bereich_a,bereich_b,
gekoppelter_verkauf]

Abb. 7: Atomare Formeln zur Repräsentation von Einflußfaktoren

Aus atomaren Formeln lassen sich unter Verwendung logischer Symbole komplexe und quantifizierte Formeln bilden.
Komplexe Formeln entstehen durch die Verknüpfung atomarer Formeln mittels der Konnektoren $\neg$ (Negation), $\vee$ (Disjunktion, logisches Oder), $\wedge$ (Konjunktion, logisches Und), $\rightarrow$ (Konditional) und $\leftrightarrow$ (Bikonditional). Werden komplexe Formeln unter Verwendung mehrerer Konnektoren gebildet, so wird die Reihenfolge der Verknüpfung durch Klammern verdeutlicht. Damit dabei nicht ein undurchschaubares Gewirr von Klammern entsteht, werden Konventionen in bezug auf die Präzedenz der Konnektoren eingeführt, wobei die Negation die höchste Priorität erhält, gefolgt von der Konjunktion, der Disjunktion, dem Konditional und dem Bikonditional.
Quantifizierte Formeln enthalten zumindest einen Allquantor $\forall$ oder einen Existenzquantor $\exists$. Zur Quantifizierung einer atomaren oder komplexen Formel wird diese in Klammern gesetzt und ein Quantor, gefolgt von dem betroffenen Variablensymbol, vorangestellt. Von Interesse für die Repräsentation prognoserelevanten Wissens sind lediglich geschlossene Formeln, bei denen alle Variablensymbole innerhalb der Reichweite eines Quantors stehen. Im folgenden ist deshalb immer von geschlossenen Formeln die Rede, auch wenn dies nicht gesondert vermerkt wird.

Wie prognoserelevantes Wissen mit Hilfe der syntaktischen Möglichkeiten der Prädikatenlogik 1. Ordnung repräsentiert werden kann, soll anhand der Erfahrungskurvenhypothese verdeutlicht werden. Ballwieser formuliert diese Hypothese so:

> "Nach der Erfahrungskurve nehmen die in der Wertschöpfung eines Produktes enthaltenen, geldwertkonstanten Stückkosten mit jeder Verdoppelung der kumulierten Produktionsmenge, ..., um einen festen Prozentsatz ab."[16]

Dies läßt sich als prädikatenlogische Formel z.B. folgendermaßen darstellen:

```
∀ PRODUKT [∃ PROZENTSATZ [
     verdoppelung[produktionsmenge(PRODUKT)] →
          abnahme[stückkosten(PRODUKT),PROZENTSATZ] ] ]
```

Die Verbindung zwischen den sprachlichen Ausdrücken und der Diskurswelt sowie der funktionalen und der relationalen Basismenge schafft die Semantik der Prädikatenlogik 1. Ordnung. Im Vordergrund steht in diesem Zu-

---

[16] Ballwieser (1990), S. 128.

sammenhang die Interpretation der verwendeten Symbole. Formal handelt es sich um eine Funktion $\mathcal{I}$, die die Konstanten-, Funktoren- und Prädikatensymbole auf die Objekte der Diskurswelt bzw. die berücksichtigten Funktionen und Relationen abbildet:[17]

1) Ist konstante ein Konstantensymbol, so gilt:

$$\mathcal{I}(\text{konstante}) \in \mathcal{B}$$

2) Ist funktor ein Symbol für einen n-stelligen Funktor, so gilt:

$$\mathcal{I}(\text{funktor}) \in \mathcal{F} \quad \text{mit} \quad \mathcal{I}(\text{funktor}): \mathcal{B}^n \longrightarrow \mathcal{B}$$

3) Ist prädikat ein Symbol für ein m-stelliges Prädikat, so gilt:

$$\mathcal{I}(\text{prädikat}) \in \mathcal{R} \quad \text{mit} \quad \mathcal{I}(\text{prädikat}) \subseteq \mathcal{B}^m$$

Durch die Interpretation wird eine atomare Formel zu einer Aussage, von der beurteilt werden kann, ob sie der Realität entspricht oder nicht. Dementsprechend wird der Formel der Wahrheitswert "wahr" oder "falsch" zugewiesen. Bei unterschiedlicher Interpretation kann ein und dieselbe Formel einmal in eine wahre und einmal in eine falsche Aussage übergehen. Nimmt eine Formel ϕ oder nehmen alle Formeln einer Formelmenge Φ für eine Interpretation $\mathcal{I}$ den Wahrheitswert "wahr" ein - man spricht auch davon, daß die Formel bzw. Formelmenge durch die Interpretation $\mathcal{I}$ erfüllt wird -, so wird dies folgendermaßen symbolisiert:[18]

$$\models_{\mathcal{I}} \phi \qquad \text{bzw.} \qquad \models_{\mathcal{I}} \Phi$$

$\mathcal{I}$ wird dann auch als Modell von ϕ bzw. Φ bezeichnet.

Ob eine atomare Formel von einer Interpretation erfüllt wird, richtet sich allein nach der gewählten Interpretation. Bei komplexen Formeln hängt dies darüber hinaus von den verwendeten Konnektoren ab; die Konnektoren heißen deshalb auch Wahrheitsfunktionen[19]. Der Wahrheitswert einer komplexen Formel in Abhängigkeit von den Wahrheitswerten der in dieser Formel vorkommenden atomaren Formeln ergibt sich nach folgenden Regeln:[20]

---

[17] Vgl. Mendelson (1964), S. 50f.; Lloyd (1987), S. 12; Cordes et al. (1988), S. 28; Genesereth/Nilsson (1989), S. 31.

[18] Um Verwirrungen zu vermeiden, sei darauf hingewiesen, daß es sich bei den Symbolen $\mathcal{I}$ und $\models$ um metasprachliche Symbole handelt, die nicht mit Symbolen der Objektsprache verwechselt werden dürfen. Insbesondere ist der Unterschied zwischen $\rightarrow$ und $\models$ zu beachten.

[19] Z.B. in Stegmüller (1983), S. 45.

[20] Vgl. hierzu und zum folgenden Genesereth/Nilsson (1989), S. 35.

$\models_{\mathcal{J}} \neg\alpha$	gdw	$\not\models_{\mathcal{J}} \alpha$
$\models_{\mathcal{J}} \alpha \wedge \beta$	gdw	$\models_{\mathcal{J}} \alpha$ und $\models_{\mathcal{J}} \beta$
$\models_{\mathcal{J}} \alpha \vee \beta$	gdw	$\models_{\mathcal{J}} \alpha$ oder $\models_{\mathcal{J}} \beta$
$\models_{\mathcal{J}} \alpha \rightarrow \beta$	gdw	$\not\models_{\mathcal{J}} \alpha$ oder $\models_{\mathcal{J}} \beta$
$\models_{\mathcal{J}} \alpha \leftrightarrow \beta$	gdw	$\models_{\mathcal{J}} \alpha \rightarrow \beta$ und $\models_{\mathcal{J}} \beta \rightarrow \alpha$

Die Auswertung der Quantoren erfolgt in der Weise, daß einer all- oder existenzquantifizierten Formel genau dann der Wahrheitswert "wahr" zugeordnet wird, wenn die eingebettete atomare oder komplexe Formel unter der gegebenen Interpretation für jede bzw. für mindestens eine mögliche Zuordnung der quantifizierten Variablen zu den Objekten der Diskurswelt den Wahrheitswert "wahr" einnimmt.

Von Bedeutung für das vorgestellte Prognoseverfahren ist schließlich der Begriff der logischen Implikation. Eine Formelmenge Φ impliziert eine Formel ϕ genau dann, wenn jede Interpretation, die die Formelmenge Φ erfüllt, auch die Formel ϕ erfüllt:[21]

$$\Phi \models \phi$$

Die für diese Arbeit wichtigsten Charakteristika der Syntax und der Semantik der Prädikatenlogik 1. Ordnung sind damit beschrieben. Ein Vergleich der Konzeptualisierung des prognoserelevanten Wissens, wie sie in Abschnitt IV.A. skizziert worden war, und der geschilderten syntaktischen und semantischen Grundlagen zeigt, daß die sprachlichen Ausdrucksmöglichkeiten der Prädikatenlogik 1. Ordnung zur Abbildung des konzeptualisierten prognoserelevanten Wissens ausreichen, wenn man zunächst von der Notwendigkeit zur Darstellung unsicheren Wissens absieht. Dies bestätigt die Aussage, daß die Prädikatenlogik 1. Ordnung unter epistemologischen Gesichtspunkten einen guten Ausgangspunkt für die Abbildung prognoserelevanten Wissens darstellt. Abgesehen von den aus epistemologischen Gründen noch vorzunehmenden Modifikationen ist die bisher vorgestellte Grundform der Prädikatenlogik 1. Ordnung aber auch unter heuristischen Aspekten zum Einsatz in einem wissensbasierten Prognosesystems zur Unternehmungsbewertung noch recht ungeeignet. Zunächst wird deshalb eine modifizierte Form prädikatenlogischer Formeln erläutert, die kaum Einschränkungen der Ausdrucksstärke mit sich bringt, dem Erfordernis der heuristischen Adäquatheit aber eher gerecht wird.

---

21 Vgl. Mendelson (1964), S. 54.

2. *Hornklauselmengen zur Abbildung prognoserelevanten Wissens und fallspezifischer Informationen*

Die heuristische Inadäquatheit der Prädikatenlogik 1. Ordnung zur Repräsentation prognoserelevanten Wissens im Rahmen des vorgestellten Prognoseverfahrens resultiert vor allem aus der Vielfalt und Komplexität möglicher prädikatenlogischer Formeln. Zwar existieren Verfahren, die eine Verarbeitung jeder syntaktisch korrekten prädikatenlogischen Formel erlauben; die Erstellung von Prognosen auf der Grundlage entsprechend repräsentierten prognoserelevanten Wissens und fallspezifischer Informationen wäre also prinzipiell möglich[22], wenn auch in bezug auf die resultierende Verarbeitungsdauer und den notwendigen Ressourceneinsatz nicht akzeptabel. Jedoch ist kein Verfahren des Maschinellen Lernens ersichtlich, mit dessen Hilfe Wissen in Form von Formelmengen der Prädikatenlogik 1. Ordnung generiert wird. Soweit diese Verfahren auf einer logikbasierten Repräsentationssprache aufbauen, arbeiten sie mit Klauselmengen, einer syntaktisch vereinfachten Variante von Formelmengen der Prädikatenlogik 1. Ordnung.

Bei einer Klausel handelt es sich um eine Menge disjunktiv verknüpfter Literale, worunter atomare Formeln oder deren Negationen zu verstehen sind.[23] Eine Klauselmenge besteht aus Klauseln, die konjunktiv verknüpft sind; folgendes Beispiel für eine Klauselmenge verdeutlicht die Notationsweise:

$$\{\{\neg\alpha,\beta,\gamma,\delta\},\{\neg\beta,\neg\delta\},\{\gamma,\neg\beta\}\}$$

Alle Variablen, die in Klauseln Verwendung finden, gelten als allquantifiziert. Klauseln werden im folgenden wie Formeln allgemein durch griechische Kleinbuchstaben aus der zweiten Hälfte des Alphabets, Klauselmengen wie Formelmengen durch griechische Großbuchstaben symbolisiert.

Es läßt sich zeigen, daß jede prädikatenlogische Formel derart in eine Klauselmenge überführt werden kann, daß die Klauselmenge genau dann für eine Interpretation erfüllt ist, wenn dies auch für die zugrundeliegende prädikatenlogische Formel gilt:[24] Die Klauselmenge und die prädikatenlogische Formel,

---

22 Z.B. könnten alle Formeln zunächst in Klauseln umgewandelt und erst daran anschließend ausgewertet werden.

23 Zur Klauselform prädikatenlogischer Formeln siehe Nilsson (1982), S. 148; Rich (1983), S. 151; Stede (1984), S. 81; Niemann/Bunke (1987), S. 37; Genesereth/Nilsson (1989), S. 90; Schefe (1991), S. 126ff.

24 Vgl. Rich (1983), S. 149; Stede (1984), S. 79; Genesereth/Nilsson (1989), S. 90f. Wie die Umformung vonstatten geht, ist von untergeordnetem Interesse und wird deshalb hier nicht dargestellt.

aus der diese hervorgeht, sind logisch äquivalent.[25] Mit der Beschränkung auf prädikatenlogische Formeln in Klauselform geht daher kein Verlust an Ausdrucksstärke einher. Es macht folglich auch keinen Unterschied, ob das prognoserelevante Wissen und der Bedingungskomplex der Prognose mit Formelmengen oder mit Klauselmengen der Prädikatenlogik 1. Ordnung repräsentiert werden.

Ein Beispiel soll den Übergang prädikatenlogischer Formeln in Klauselform verdeutlichen. Die Aussage

> Nutzen zwei Unternehmenseinheiten einen gemeinsamen Markennamen und ist das Image der Produkte nicht unvereinbar, so besitzen diese Unternehmenseinheiten potentiell niedrigere Werbekosten.[26]

kann etwa in folgender Weise als prädikatenlogische Formel repräsentiert werden:[27]

```
∀ EINHEIT_A [ ∀ EINHEIT_B [
      marktverflechtung[EINHEIT_A,EINHEIT_B,markenname]
   ∧  produktimage[EINHEIT_A,EINHEIT_B,vereinbar]
   →  potentieller_kostenvorteil[EINHEIT_A,werbung]
   ∧  potentieller_kostenvorteil[EINHEIT_B,werbung]        ] ]
```

Bei Umformung in Klauselform resultiert folgende Klauselmenge:

```
{ {    potentieller_kostenvorteil[EINHEIT_A,werbung],
   ¬   marktverflechtung[EINHEIT_A,EINHEIT_B,markenname],
   ¬   produktimage[EINHEIT_A,EINHEIT_B,vereinbar]        } ,
  {    potentieller_kostenvorteil[EINHEIT_B,werbung],
   ¬   marktverflechtung[EINHEIT_A,EINHEIT_B,markenname],
   ¬   produktimage[EINHEIT_A,EINHEIT_B,vereinbar]        } }
```

Zur Repräsentation prognoserelevanten Wissens werden im folgenden lediglich Klauseln mit genau einem positiven[28] Literal zugelassen. Eine Klau-

---

25 Zum Begriff der logischen Äquivalenz siehe Mendelson (1964), S. 54; Genesereth/Nilsson (1989), S. 37.

26 Vgl. Porter (1986), S. 436.

27 Das Prädikat marktverflechtung muß dabei auch die Ungleichheit der aufgeführten Unternehmungseinheiten symbolisieren.

28 Ein positives Literal ist eine nicht negierte atomare Formel; unter einem negativen Literal wird eine negierte atomare Formel verstanden.

sel, die diese Anforderung erfüllt, heißt Hornklausel.[29] Hornklauselmengen als Wissensrepräsentationssprache liegen der logikorientierten Programmiersprache PROLOG zugrunde. In PROLOG-Notation stellen sich die im obigen Beispiel angeführten Klauseln, bei denen es sich um Hornklauseln handelt, wie folgt dar:[30]

```
potentieller_kostenvorteil[EINHEIT_A,werbung]            ⇐
        marktverflechtung[EINHEIT_A,EINHEIT_B,markenname],
        produktimage[EINHEIT_A,EINHEIT_B,vereinbar]

potentieller_kostenvorteil[EINHEIT_B,werbung]            ⇐
        marktverflechtung[EINHEIT_A,EINHEIT_B,markenname],
        produktimage[EINHEIT_A,EINHEIT_B,vereinbar]
```

Nicht jede Formelmenge der Prädikatenlogik 1. Ordnung läßt sich in eine logisch äquivalente Hornklauselmenge überführen. Hieraus resultiert jedoch keine wesentliche Beeinträchtigung der Ausdrucksskraft der zum Einsatz kommenden Wissensrepräsentationssprache; denn es ist fast immer möglich, die verwendete Sprache durch Umbenennung von Prädikaten so zu modifizieren, daß der in Frage stehende prognoserelevante Sachverhalt durch Hornklauseln repräsentiert werden kann[31].

Die oben schon angesprochene Verwandtschaft zwischen logikbasierter und regelbasierter Wissensrepräsentation zeigt sich darin, daß die PROLOG-Notation von Hornklauseln sehr an diejenige von Produktionsregeln erinnert. Dementsprechend wird das positive Literal einer Hornklausel auch als Konsequens bezeichnet, die negativen Literale bilden das Antezedens der Hornklausel.[32] Ob ein wissensbasiertes System als logikbasiert oder als regelbasiert angesehen wird, hängt aber weniger von den syntaktischen Gegebenheiten als von der Semantik ab. Charakteristisch für logikbasierte Wissensrepräsentation ist die oben behandelte deklarative Semantik, bei der es um die inhaltlichen Aspekte sprachlicher Ausdrücke geht. Steht dagegen die mögliche Verwendung der sprachlichen Ausdrücke im Mittelpunkt, so liegt eine prozedurale Sichtweise vor, wie sie für regelbasierte Wissensrepräsentation typisch ist.

---

[29] Zur Hornklauselform prädikatenlogischer Formeln siehe Delahaye (1987), S. 138; Cordes et al. (1988), S. 35; Puppe (1991), S. 19f.; Schefe (1991), S. 150.

[30] Die PROLOG-Notation wird verständlicher, wenn man sich folgende Beziehung veranschaulicht: $\models_J (\alpha \vee \neg\beta \vee \neg\gamma \vee \neg\delta)$ gdw $\models_J (\alpha \leftarrow \beta \wedge \gamma \wedge \delta)$. Eine Hornklausel kann demnach auch als Konditional verstanden werden, wie es die PROLOG-Notation intuitiv andeutet.

[31] Vgl. Delahaye (1987), S. 147 und 152; Niemann/Bunke (1987), S. 58.

[32] Z.B. in Schefe (1991), S. 150.

Die Verwendung von Hornklauselmengen zur Repräsentation des prognoserelevanten Wissens bietet die Möglichkeit, die Vorteile deklarativer Semantik zu wahren, gleichzeitig aber gewisse Vorzüge einer prozeduralen Sichtweise zu nutzen.[33] Insbesondere erlaubt sie die Zuordnung prozeduraler Auswertungen - z.B. der Berechnung arithmetischer Ausdrücke -, was im Rahmen einer ausschließlich deklarativen Semantik nicht möglich wäre.[34] Prozedurale Auswertungen sind sinnvoller Bestandteil eines wissensbasierten Prognosesystems zur Unternehmungsbewertung, weisen in diesem Zusammenhang aber keinerlei Besonderheiten auf. Im folgenden stehen daher weiterhin die deklarativen Aspekte der Semantik im Vordergrund.

Mit Hilfe von Hornklauselmengen repräsentiertes prognoserelevantes Wissen läßt sich in eingängiger Weise durch Einflußfaktorennetze visualisieren.[35] Es handelt sich dabei um Netzwerke gerichteter Graphen, in denen Knoten Einflußfaktoren, repräsentiert durch Literale, und Kanten Abhängigkeitsbeziehungen darstellen. Abbildung 8 stellt das mit der ersten der oben angeführten Hornklauseln korrespondierende Einflußfaktorennetz dar:

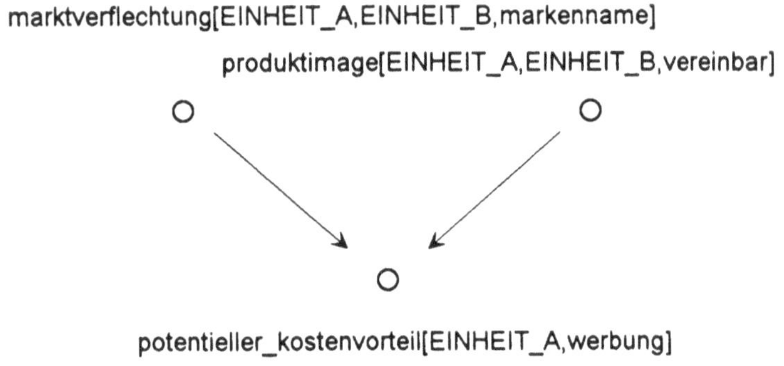

Abb. 8: Ein Beispiel für ein Einflußfaktorennetz

---

33 Zum Verhältnis deklarativer Semantik zu prozeduraler Sichtweise siehe v.Zelewski (1985), S. 193f. und S. 345.

34 Die Einbeziehung prozeduraler Auswertungen in Hornklauseln behandeln Nilsson (1982), S. 173f.; Rich (1983), S. 143ff.; v.Zelewski (1985), S. 353f.; Genesereth/Nilsson (1989), S. 104ff.

35 Die Verwendung von Graphen zum Zwecke der Veranschaulichung ist in der Künstlichen Intelligenz sehr gebräuchlich. Einflußfaktorennetze entsprechen weitgehend den Veranschaulichungsformen, die im Zusammenhang mit der Behandlung von Fragen der probabilistischen Inferenz verwendet werden; sie werden dort - mit teilweise leicht unterschiedlicher Bedeutung - mit den Begriffen "belief network", "Bayesian network", "influence diagram" oder "causal network" bezeichnet; siehe Pearl (1986a), S. 246; Pearl (1986b), S. 257; Holtzman/Brese (1986), S. 343ff. Unter der Bezeichnung Inferenznetze findet man des weiteren Graphen, die in erster Linie der Veranschaulichung von Inferenzverfahren dienen; siehe z.B. Dudah/Hart/Nilsson (1976), S. 1076; Harmon/King (1989), S. 64; Genesereth/Nilsson (1989), S. 266.

Den bei der Erstellung von Prognosen zu betrachtenden Einflußfaktorennetzen ist gemeinsam, daß sie letztlich in einen Knoten münden, der eine Ausprägung des bewertungsrelevanten Ergebnisses verkörpert. Von dieser Gemeinsamkeit abgesehen können Einflußfaktorennetze unterschiedliche Strukturen aufweisen, die es aus später zu erläuternden Gründen zu unterscheiden gilt. Stehen zwei Einflußfaktoren direkt oder indirekt in gegenseitiger Abhängigkeit voneinander, so handelt es sich um ein zyklisches Einflußfaktorennetz. Prognoserelevantes Wissen, das zyklische Einflußfaktorennetze widerspiegelt, bereitet aus verschiedenen, später zu erläuternden Gründen bei der Ableitung von Prognosen mittels Inferenzverfahren Schwierigkeiten. Einflußfaktorennetze, bei denen keine gegenseitigen Abhängigkeitsverhältnisse bestehen, werden als azyklisch bezeichnet. Sind zwei Einflußfaktoren stets nur auf einem Wege miteinander verbunden, so liegt eine Baumstruktur vor. Folgende Abbildung verdeutlicht die möglichen Strukturen:[36]

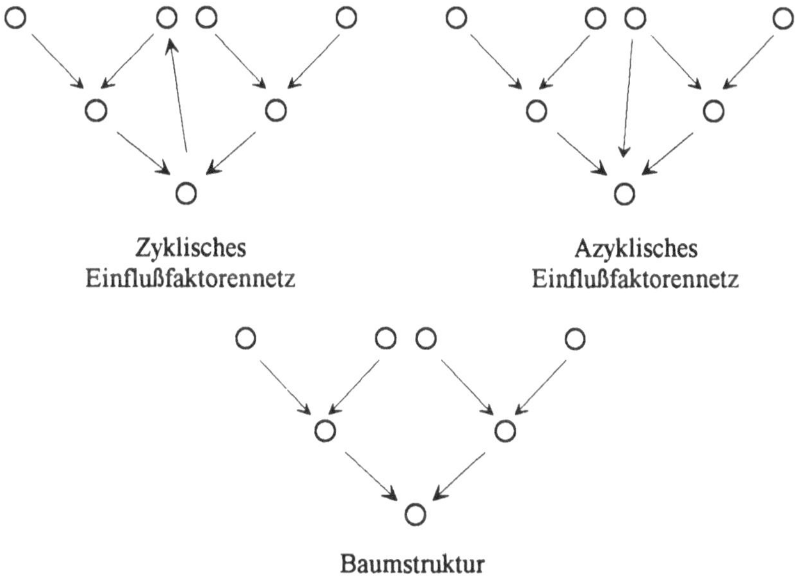

Abb. 9: Topologie von Einflußfaktorennetzen

[36] Unter einem Graphen mit Baumstruktur wird manchmal auch ein gerichteter Graph verstanden, der einen Knoten ohne Vorgänger aufweist und in dem von diesem Knoten zu einem beliebigen anderen genau eine Verbindung besteht; siehe Bronstein/Semendjajew (1991), S. 157. Folgt man dieser Definition, so besitzt der dritte Graph in der Abbildung sozusagen eine "umgekehrte" Baumstruktur. In der Literatur zur Künstlichen Intelligenz werden aber auch solche Graphen als gerichtete Bäume bezeichnet; vgl. z.B. Duda/Reboh (1985), S. 118.

D. Erweiterung der Prädikatenlogik 1. Ordnung zur probabilistischen Logik

1. Von Wahrheitswerten zu Wahrscheinlichkeiten

Hornklauselmengen der Prädikatenlogik 1. Ordnung wären nur dann zur Repräsentation des prognoserelevanten Wissens geeignet, wenn die Prognose künftiger Unternehmungsentwicklungen auf der Grundlage sicheren Wissens in bezug auf den Zusammenhang zwischen dem Bedingungskomplex der Prognose und dem Eintritt des zu prognostizierenden Ereignisses erfolgen könnte und wenn auch die fallbezogenen Informationen, die den Bedingungskomplex der Prognose ausmachen, stets mit Sicherheit bekannt wären. Wie die grundlegenden Überlegungen zum Prognoseproblem bei der Unternehmungsbewertung in Abschnitt II.C. zeigen, ist beides nicht der Fall. Soll das vorgestellte Prognoseverfahren dieser Tatsache Rechnung tragen, so muß die verwendete Wissensrepräsentationssprache die Möglichkeit zur Repräsentation und Verarbeitung unsicheren Wissens bieten.

In der Literatur zur Künstlichen Intelligenz findet sich zur Repräsentation unsicheren Wissens eine Fülle von Vorschlägen[37], die von der Anwendung der Wahrscheinlichkeitstheorie oder vereinfachter Formalismen[38] über den Einsatz der Evidenztheorie von Dempster/Shafer[39] bis hin zur Anwendung der Fuzzy Logic[40] reichen. Die Diskussion darüber, welches der geeignetste Weg zur Abbildung unsicheren Wissens ist, dauert noch an. Es ist zu vermuten, daß sich am Ende nicht ein bestimmter Formalismus durchsetzen wird, sondern die Auffassung, daß die jeweils beste Alternative von der konkreten Anwendung abhängt. Hinweise hierfür zeigen sich z.B. im Rahmen der Kontroverse

---

37 Einen Überblick geben Martin-Clouaire/Prade (1985); Bonissone/Tong (1985), S. 244ff.; Bhatnagar/Kanal (1986); Spiegelhalter (1986a), S. 17ff.; Karras/Kredel/Pape (1987), S. 47ff.; Zimmermann (1988); Puppe (1991), S. 43ff.

38 Unter den der Wahrscheinlichkeitstheorie angenäherten Ansätzen sind vor allem die in den "klassischen" wissensbasierten Systemen PROSPECTOR und MYCIN verwendeten Repräsentationsschemata von Bedeutung. Die Repräsentationssprache im System PROSPECTOR behandeln Duda/Reboh (1985); Waterman (1986), S. 49ff.; Yaddrick/Perrin/Vaughan (1988). Ausführliche Darstellungen der Behandlung unsicheren Wissens im System MYCIN enthalten Buchanan/Shortliffe (1984), S. 209ff.; Adams (1984), S. 263ff.; Shortliffe/Buchanan (1984), S. 239ff.; Heckerman (1986); Wise (1988); Harmon/King (1989), S. 48ff.

39 Eine Einführung bieten Shafer (1986); Zimmermann (1988), S. 179f.; Puppe (1991), S. 47ff. Einen Vergleich mit der Wahrscheinlichkeitstheorie enthalten Kyburg (1987); Smets (1988).

40 Zur Fuzzy Logic siehe z.B. Zadeh (1975); Turner (1984), S. 101ff.; Whalen/Schott (1985); Zimmermann (1988), S. 181ff.

Wahrscheinlichkeitstheorie versus Fuzzy Logic, die von den jeweiligen Vertretern mit großem Engagement geführt wird[41], obwohl beide Formalismen ursprünglich für unterschiedliche Aufgabenstellungen konzipiert wurden.

Um festzustellen, welche Repräsentationsform zur Darstellung unsicheren prognoserelevanten Wissens im Rahmen dieser Arbeit herangezogen werden sollte, brauchen die genannten Alternativen nicht im einzelnen auf ihre Eignung hin untersucht zu werden. Die Entscheidung resultiert vielmehr direkt aus den grundsätzlich zum Prognoseproblem bei der Unternehmungsbewertung angestellten Überlegungen; denn wenn - wie in Kapitel II.C.2. dargestellt worden war - in das Prognoseargument aus methodologischen Gründen ausschließlich subjektive Wahrscheinlichkeiten einfließen können, kommt auch zur Repräsentation unsicheren Wissens im Rahmen eines wissensbasierten Prognosesystems einzig der Einsatz subjektiver Wahrscheinlichkeiten in Frage. Dieses Ergebnis liegt auf der Linie derjenigen Forscher der Künstlichen Intelligenz, die subjektive Wahrscheinlichkeiten für den in überzeugendster Weise axiomatisch unterlegten Formalismus zur Repräsentation unsicheren Wissens halten.[42]

Der Übergang von der Prädikatenlogik 1. Ordnung zur probabilistischen Logik vollzieht sich durch eine Modifikation der Semantik.[43] Die Semantik der herkömmlichen Prädikatenlogik 1. Ordnung beinhaltet - wie dargestellt - eine Interpretation der verwendeten Symbole, durch die eine syntaktisch korrekte atomare Formel in eine Aussage über die reale Welt übergeht. Da über die Beschaffenheit der Welt, zu der die Interpretation einen Bezug herstellt, annahmegemäß kein Zweifel besteht, kann auch mit Sicherheit beurteilt werden, ob diese Aussage richtig oder falsch ist. Dementsprechend wird der For-

---

41 Siehe Zadeh (1986); Cheeseman (1986).

42 Eine Vorreiterrolle nimmt hier Cheeseman ein, der sich in seinem richtungweisenden Aufsatz "In Defense of Probability" mit den von den Gegnern der Wahrscheinlichkeitstheorie vorgebrachten Argumenten auseinandersetzt; Cheeseman (1985). Eine Auflistung dieser Argumente enthalten Spiegelhalter (1986a), S. 31ff.; Nutter (1987); Henrion (1987), S. 109. Die Überlegenheit der Wahrscheinlichkeitstheorie gerade im Zusammenhang mit entscheidungstheoretischen Fragestellungen betonen Holtzman/Brese (1986), S. 339ff.; Henrion (1987). Von Statistikern werden die im Rahmen der Künstliche Intelligenz-Forschung vorgeschlagenen alternativen Konzepte zur Repräsentation unsicheren Wissens ohnehin als "currently fashionable ad-hoc quantitative mumbo-jumbo" abgetan; Smith in Spiegelhalter/Knill-Jones (1984), S. 61.

43 Die folgende Darstellung des Übergangs von der Prädikatenlogik 1. Ordnung zur probabilistischen Logik orientiert sich an Nilsson (1986); siehe auch Guggenheimer/Freedman (1987); Genesereth/Nilsson (1989), S. 249ff. Die Idee einer Modifikation der Semantik der Prädikatenlogik 1. Ordnung zum Zwecke der Abbildung unsicheren Wissens scheint inzwischen in Mode zu kommen. Z.B. enthält S. Chen (1988) eine Anpassung der Semantik der Prädikatenlogik 1. Ordnung, die auf eine Verknüpfung mit der Evidenztheorie von Dempster/Shafer hinausläuft. Vgl. Kruse/Schwecke/Heinsohn (1991), S. 449.

mel der Wahrheitswert "wahr" oder "falsch" zugeordnet. Ist nun die Beschaffenheit der realen Welt nicht mehr mit Sicherheit bekannt, so kann die Zuordnung nicht mehr zweifelsfrei erfolgen. Es sind verschiedene Welten denkbar, wobei die betrachtete Formel in einigen möglichen Welten eine wahre, in anderen möglichen Welten eine falsche Aussage darstellt.[44] So mag etwa in der Menge möglicher Welten $\mathcal{W}_1$ die Formel

umsatzrendite(xyz_ag,1999) = 8%

für die intendierte Interpretation den Wahrheitswert "wahr", in der Menge möglicher Welten $\mathcal{W}_2$ den Wahrheitswert "falsch" einnehmen. Die Mengen $\mathcal{W}_1$ und $\mathcal{W}_2$ sind notwendigerweise disjunkt; es sei angenommen, daß sie gemeinsam alle möglichen Welten beinhalten. Folglich muß auch die tatsächliche, der Realität entsprechende Welt einer dieser Mengen angehören. Die Unsicherheit über die Wahrheit der durch die Formel ausgedrückten Aussage in der realen Welt läßt sich dann durch eine subjektive Wahrscheinlichkeit ω_1 dafür beschreiben, daß die tatsächliche Welt in der Menge möglicher Welten $\mathcal{W}_1$ enthalten ist. Die Feststellung, daß sich die reale Welt mit der subjektiven Wahrscheinlichkeit ω_1 bzw. ω_2 in der Menge $\mathcal{W}_1$ bzw. $\mathcal{W}_2$ befindet, ist dann gleichbedeutend mit der Feststellung, daß die subjektive Wahrscheinlichkeit dafür, daß der betrachteten Formel der Wahrheitswert "wahr" bzw. "falsch" in der tatsächlichen Welt zukommt, ω_1 bzw. ω_2 beträgt. Da sich die Wahrscheinlichkeiten[45] für die Wahrheitswerte "wahr" und "falsch" stets zu eins addieren, reicht es aus, lediglich die Wahrscheinlichkeit für den Wahrheitswert "wahr" zu betrachten. In diesem Sinne ist es zu verstehen, wenn im folgenden verkürzt von der Wahrscheinlichkeit P einer Formel ϕ unter einer bestimmten Interpretation oder - noch mehr verkürzt - von der Wahrscheinlichkeit P einer Formel ϕ die Rede ist.

Betrachtet man mehrere Formeln der probabilistischen Logik, so müssen auch mehrere Mengen möglicher Welten unterschieden werden. Die Wahrscheinlichkeit einer Formel unter einer bestimmten Interpretation entspricht dann der Summe der Wahrscheinlichkeiten derjenigen Mengen möglicher Welten, in denen diese Formel den Wahrheitswert "wahr" einnimmt. Bezeichnet i den Index der Mengen möglicher Welten (i=1,..,I), j den Index der betrachteten Formeln (j=1,..,J), ω_i die Wahrscheinlichkeit dafür, daß sich die reale Welt in der Menge $\mathcal{W}_i$ möglicher Welten befindet, und v_{ij} den Wahr-

---

44 Das Konzept möglicher Welten ist eigentlich eine Anleihe der modalen Logik; vgl. Turner (1984), S. 18ff. Die Semantik möglicher Welten geht zurück auf Kripke; siehe Kripke (1963), S. 69ff.

45 Im folgenden ist stets von subjektiven Wahrscheinlichkeiten die Rede, auch wenn dies nicht gesondert vermerkt wird.

heitswert 1 oder 0 (entsprechend "wahr" oder "falsch") der Formel ϕ_j in der Menge Ψ_i möglicher Welten, so errechnet sich die Wahrscheinlichkeit P_j der Formel ϕ_j aus:[46]

$$\sum_{i=1}^{I} v_{ij}\, \omega_i = P_j$$

Sind die Wahrscheinlichkeiten der Mengen möglicher Welten bekannt, so läßt sich die Wahrscheinlichkeit einer Formel unter Zuhilfenahme dieses Zusammenhangs problemlos ermitteln. Meist werden aber nicht die Wahrscheinlichkeiten der Mengen möglicher Welten, sondern die Wahrscheinlichkeiten der zur Wissensrepräsentation herangezogenen Formeln der probabilistischen Logik gegeben sein. Es stellt sich dann die Frage nach der Konsistenz dieser Wahrscheinlichkeiten; denn wie es widersprüchliche Wahrheitswertbelegungen für prädikatenlogische Formeln gibt, so gibt es inkonsistente Wahrscheinlichkeitsbelegungen für Formeln der probabilistischen Logik.[47] Eine Wahrscheinlichkeitsbelegung ist inkonsistent, wenn die dieser zugrundeliegenden Wahrscheinlichkeiten der Mengen möglicher Welten im Widerspruch zu den Axiomen der Wahrscheinlichkeitstheorie stehen. Dies ist der Fall, wenn das lineare Gleichungssystem

$$\sum_{i=1}^{I} v_{ij}\, \omega_i = P_j \qquad \text{für alle } j$$

$$\sum_{i=1}^{I} \omega_i = 1$$

keine zulässige Lösung ($0 \leq \omega_i \leq 1$ für alle i) besitzt.[48]

Die geschilderten Grundlagen der probabilistischen Logik seien an einem Beispiel erläutert, bevor im nächsten Abschnitt einige letzte Anpassungen der Repräsentationssprache behandelt werden. Im Zusammenhang mit der Aussage

---

46 Vgl. Nilsson (1986), S. 72ff.; Genesereth/Nilsson (1989), S. 271ff.

47 Zur Konsistenz der Wahrscheinlichkeiten von Formeln der probabilistischen Logik siehe Nilsson (1986), S. 77ff.; Genesereth/Nilsson (1989), S. 279ff.

48 Freilich ist die Möglichkeit, das entsprechende Gleichungssystem aufzustellen bzw. die Wahrheitswerte v_{ij} zu ermitteln, aufgrund der Semi-Entscheidbarkeit von Kalkülen der Prädikatenlogik 1. Ordnung nicht gewährleistet; vgl. Bacchus (1990), S. 220.

> Wenn die ABC Maschinenbau AG die allgemeine Kostenführerschaft für sich gewinnen und behaupten kann, wird sie auch in ihrer Branche überdurchschnittliche Ergebnisse erzielen.[49]

lassen sich folgende Formeln der probabilistischen Logik bilden:

α kostenführer[abc_maschinenbau_ag,maschinenbau]

β rendite(abc_maschinenbau_ag) > branchenrendite(maschinenbau)

$\alpha \rightarrow \beta$ kostenführer[abc_maschinenbau_ag,maschinenbau] $\rightarrow$ rendite(abc_maschinenbau_ag) > branchenrendite(maschinenbau)

Die möglichen konsistenten Wahrheitswertbelegungen entsprechend den Mengen möglicher Welten enthält das Tableau:

	W_1	W_2	W_3	W_4	P
α	1	1	0	0	$\omega_1 + \omega_2$
β	1	0	1	0	$\omega_1 + \omega_3$
$\alpha \rightarrow \beta$	1	0	1	1	$\omega_1 + \omega_3 + \omega_4$

Besitzen die Mengen möglicher Welten im Rahmen der intendierten Interpretation z.B. die Wahrscheinlichkeiten (0,1;0,4;0,3;0,2), so ergeben sich folgende Wahrscheinlichkeiten für die betrachteten Formeln: $P(\alpha) = 0{,}5$, $P(\alpha \rightarrow \beta) = 0{,}6$ und $P(\beta) = 0{,}4$. Umgekehrt können durch Lösung eines entsprechenden linearen Gleichungssystems die mit dieser Wahrscheinlichkeitsbelegung korrespondierenden Wahrscheinlichkeiten der Mengen möglicher Welten ermittelt werden.

2. Anpassung der Semantik von Hornklauselmengen

Formeln der probabilistischen Logik können auf syntaktischer Ebene wie Formeln der Prädikatenlogik 1. Ordnung in Klauselform[50] überführt werden. Die subjektiven Wahrscheinlichkeiten der resultierenden Klauseln lassen sich

---

49 Vgl. Porter (1986), S. 33.

50 Da sich die Begriffe Klausel und Hornklausel lediglich auf syntaktische Aspekte beziehen, steht einer Anwendung im Rahmen der probabilistischen Logik nichts entgegen. Dies gilt auch im folgenden, weil die vorgenommenen Anpassungen ausschließlich semantische Aspekte betreffen.

ermitteln, indem man diese der ursprünglichen Formelmenge hinzufügt, die Wahrscheinlichkeiten der Mengen möglicher Welten errechnet und für jede Klausel die Wahrscheinlichkeiten derjenigen Mengen möglicher Welten aufsummiert, in denen die Klausel den Wahrheitswert "wahr" einnimmt. Die Eindeutigkeit der so hergeleiteten Wahrscheinlichkeitsbelegung ist allerdings nur gewährleistet, wenn das bei der Ermittlung der Wahrscheinlichkeiten der Mengen möglicher Welten zu lösende lineare Gleichungssystem nicht unterbestimmt ist.[51] Ebenso wie im deterministischen Fall werden im folgenden ausschließlich Hornklauseln betrachtet.

Das Problem, ein auch unter heuristischen Gesichtspunkten geeignetes Instrument zur Repräsentation prognoserelevanten Wissens zu finden, ist damit aber anders als bei der Wissensrepräsentation auf der Grundlage der herkömmlichen Prädikatenlogik 1. Ordnung noch nicht zufriedenstellend gelöst. Zwei Schwierigkeiten stellen sich der Verarbeitung und der Gewinnung entsprechend repräsentierten prognoserelevanten Wissens in den Weg: Erstens ist die Wahrscheinlichkeit einer allquantifizierten Klausel nach der bisherigen Darstellung als die Wahrscheinlichkeit einer Konjunktion mit potentiell unendlich vielen Gliedern aufzufassen. Hieraus erwachsen Probleme, weil bei der Instantiierung einer Klausel über die Wahrscheinlichkeit der Instanz nichts ausgesagt werden kann. Zweitens ändern sich durch die Heranziehung fallspezifischer Informationen im Verlaufe des Prognoseprozesses die Wahrscheinlichkeiten der Mengen möglicher Welten, was zur Folge hat, daß auch die Wahrscheinlichkeiten der in der Wissensbasis vorgehaltenen Hornklauseln modifiziert werden müssen. Das eigentliche Ziel bei der Lösung des Prognoseproblems, die Ermittlung der Wahrscheinlichkeitsverteilung des bewertungsrelevanten Ergebnisses nach Zugang der den Bedingungskomplex der Prognose ausmachenden Informationen, kann deshalb erst im Anschluß an die Ermittlung der a posteriori Wahrscheinlichkeiten der Mengen möglicher Welten und der hieraus resultierenden a posteriori Wahrscheinlichkeiten der das prognoserelevante Wissen repräsentierenden Hornklauseln in Angriff genommen werden.[52]

Die zur Lösung der aufgezeigten Probleme vorgeschlagenen Ansätze zielen in (mindestens) drei verschiedene Richtungen: Erstens wird versucht, den in der Wahrscheinlichkeitstheorie gebräuchlichen Bedingtheitsoperator | in das geschilderte Gerüst der Syntax und Semantik der Prädikatenlogik 1. Ordnung

---

[51] Zu den Beschränkungen, die sich aus der Semi-Entscheidbarkeit von Kalkülen der Prädikatenlogik 1. Ordnung ergeben, siehe Fn. 48 auf S. 97.

[52] Dies ist im Kern die von Nilsson vorgeschlagene Vorgehensweise; siehe Nilsson (1986), S. 84ff.; Genesereth/Nilsson (1989), S. 291ff.

einzuordnen.[53] Zweitens werden Überlegungen angestellt, wie die Semantik möglicher Welten so ergänzt werden kann, daß die Wahrscheinlichkeit einer allquantifizierten Formel oder Klausel als die Wahrscheinlichkeit einer Instanz bei Substitution eines Terms zu deuten ist, der ein zufällig gewähltes Objekt der Diskurswelt repräsentiert.[54] Drittens steht die Einführung eines Allquantors zur Diskussion, mittels dessen eine auf jede Instanz einer quantifizierten Formel oder Klausel zutreffende Wahrscheinlichkeit spezifiziert werden kann.[55]

Die Repräsentation des prognoserelevanten Wissens und der fallspezifischen Informationen orientiert sich im Rahmen des vorgestellten Prognoseverfahrens vor allem an den letztgenannten Überlegungen. Drei Anpassungen der bisher erläuterten Repräsentationssprache werden vorgenommen: Erstens, um Schlußfolgerungen über die Wahrscheinlichkeit einer Instanz einer allquantifizierten Klausel zu ermöglichen, wird angenommen, daß die Wahrscheinlichkeit einer Klausel mit Variablen für jede Instanz dieser Klausel gilt. Die der Hornklausel {a[X]} zugeordnete Wahrscheinlichkeit P^* ergibt sich folglich nicht aus

$$P^* = P(\forall X[a[X]]),$$

sondern aus

$$\forall X[P^* = P(a[X])].$$

Zweitens werden den Hornklauseln, die auch negative Literale enthalten, bedingte Wahrscheinlichkeiten zugeordnet, um die umständliche Anpassung der Wahrscheinlichkeitsbelegung nach Zugang der fallspezifischen Informationen zu umgehen. Die einer Hornklausel $\alpha \Leftarrow \beta$ zugeordnete Wahrscheinlichkeit P^* entspricht also nicht

$$P^* = P(\alpha \Leftarrow \beta),$$

sondern

$$P^* = P(\alpha \mid \beta).$$

53 Eine Einführung in die Problematik enthält Calabrese (1987), S. 187. Aus den auftretenden Schwierigkeiten folgern Dubois/Prade: "As a consequence, reasoning theories based on conditional probabilities are not easily related to classical logic."; Dubois/Prade (1988), S. 401.

54 Siehe Halpern (1989), S. 1378ff.

55 Vgl. Bacchus (1990), S. 222f.

Die Verwendung bedingter Wahrscheinlichkeiten ist bei regelbasierter Wissensrepräsentation schon lange gebräuchlich[56] und insofern einleuchtend. Drittens wird unterstellt, daß sich die Antezedenzien von Hornklauseln mit gleichem Konsequens unter der intendierten Interpretation mit Wahrscheinlichkeit eins paarweise gegenseitig ausschließen. Dies muß auch für die Instanzen quantifizierter Hornklauseln gelten, wenn diese das gleiche Konsequens aufweisen. Die Einhaltung dieser Restriktion kann durch die Einfügung zusätzlicher Literale in die Antezedenzien der Hornklauseln erreicht werden, wobei allerdings die Einführung neuer Sprachelemente notwendig werden mag.

Durch die aufgeführten Anpassungen der Repräsentationssprache werden die syntaktischen Möglichkeiten der Prädikatenlogik 1. Ordnung zur Bildung atomarer Formeln und die semantische Zuordnung der sprachlichen Symbole zu Objekten, Relationen und Funktionen in der Realität zum Instrument, Propositionen in bezug auf die Ausprägungen von Einflußfaktoren zu formulieren, an denen wahrscheinlichkeitstheoretische Überlegungen anknüpfen können. Die Ausdruckskraft der Repräsentationssprache wird dadurch einerseits größer, weil nun auch Aussagen derart möglich sind, daß jedes Objekt der Diskurswelt mit einer bestimmten Wahrscheinlichkeit eine Eigenschaft besitzt. Dem steht andererseits eine Verminderung der Ausdruckskraft gegenüber, da keine Aussagen mehr über die Wahrscheinlichkeit dafür getroffen werden können, daß alle Objekte der Diskurswelt eine Eigenschaft gemeinsam haben.

Die Konsistenz der zugeordneten bedingten Wahrscheinlichkeiten läßt sich anhand relativ einfacher Kriterien überprüfen, wenn die zur Repräsentation des prognoserelevanten Wissens dienende Hornklauselmenge azyklische Einflußfaktorennetze widerspiegelt. Die Kriterien lauten:

1) Alle bedingten Wahrscheinlichkeiten und die unbedingten Wahrscheinlichkeiten von Hornklauseln mit nur einem positiven Literal liegen im geschlossenen Intervall von null bis eins.
2) Die Summe der Wahrscheinlichkeiten von Hornklauseln mit gleichem Antezedens und einander ausschließendem Konsequens ist kleiner oder gleich eins.

---

56 Siehe hierzu Kruse/Schwecke/Heinsohn (1991), S. 299ff. Häufig - z.B. im System PROSPECTOR - kommen anstelle bedingter Wahrscheinlichkeiten auch Quotienten bedingter Wahrscheinlichkeiten zur Anwendung; siehe Dudah/Hart/Nilsson (1976), S. 1076ff.; Dudah/Reboh (1985), S. 114ff.; Vaughan et al. (1986); Yadrick/Perrin/Vaughan (1988), S. 78ff. Eine Zuordnung bedingter Wahrscheinlichkeiten zu Hornklauseln findet sich in Wen (1990), S. 110ff.

Da sich die Antezedenzien von Hornklauseln mit gleichem Konsequens unter der intendierten Interpretation mit Wahrscheinlichkeit eins paarweise gegenseitig ausschließen, ist bei Geltung dieser Bedingungen gewährleistet, daß alle mit Hilfe des Multiplikationssatzes der Wahrscheinlichkeitstheorie zu ermittelnden Wahrscheinlichkeiten von Konjunktionen atomarer Formeln kleiner oder gleich eins sind und daß sich diese Wahrscheinlichkeiten zu höchstens eins addieren. Damit ist sichergestellt, daß die Wahrscheinlichkeitsbelegung der Mengen möglicher Welten in Übereinstimmung mit den Axiomen der Wahrscheinlichkeitstheorie steht.[57] Die Konsistenz der Wahrscheinlichkeitszuordnung ist dagegen nicht gewährleistet, wenn die Hornklauselmenge zyklische Einflußfaktorennetze widerspiegelt. In diesem Fall kann es nämlich für die Ermittlung der Wahrscheinlichkeit einer Konjunktion atomarer Formeln mehrere Möglichkeiten geben, die zu unterschiedlichen Resultaten führen.

Die vorgenommenen Anpassungen der Repräsentationssprache ermöglichen es, einen Zusammenhang zwischen der Struktur von Einflußfaktorennetzen und den bei der Repräsentation des prognoserelevanten Wissens erfaßten stochastischen Abhängigkeiten zwischen den prognostisch bedeutsamen Einflußfaktoren herzustellen.[58] Folgende Abbildung verdeutlicht dies:

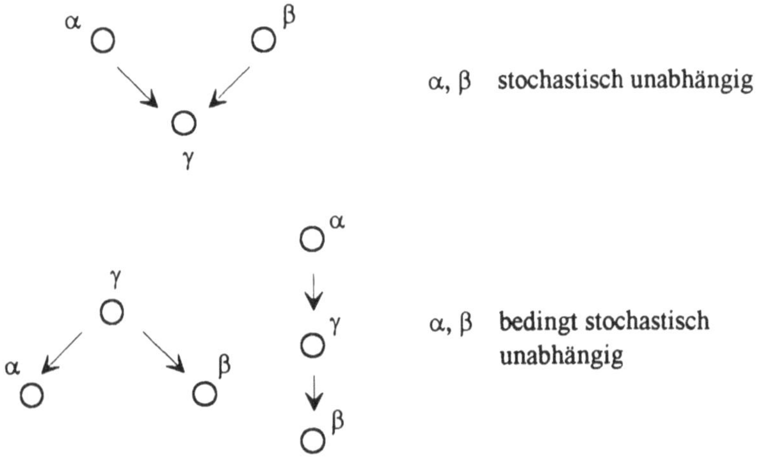

Abb. 10: Topologie von Einflußfaktorennetzen und stochastische Unabhängigkeit

---

[57] Zu dem Zusammenhang siehe Bacchus (1990), S. 219f.

[58] Eine ausführlichere Darstellung enthalten Pearl (1986a), S. 247ff.; Pearl (1986b), S. 358f.; Shachter (1986), S. 373ff. Siehe auch Geiger/Pearl (1990).

Abschließend zu den Überlegungen zur Wissensrepräsentation in einem wissensbasierten Prognosesystem zur Unternehmungsbewertung soll ein etwas umfangreicheres Beispiel die Darstellung prognoserelevanten Wissens demonstrieren. Auf der Grundlage der Zitate

> "Die Ausdehnung der Branchengröße bedeutet weiterhin, daß Lieferanten größere Produktmengen an die Branche verkaufen ... . (...) Die Verhandlungsstärke von ... Lieferanten wird ... steigen..."[59],

> "Selbst die Macht großer, einflußreicher Lieferanten kann im Zaum gehalten werden, wenn sie mit Ersatzprodukten in Wettbewerb stehen."[60] und

> "Die meiste Aufmerksamkeit verdienen Ersatzprodukte, a) deren Preis/Leistungs-Verhältnis sich gegenüber dem Produkt ... tendenziell verbessert und b) deren Hersteller große Gewinne erzielen."[61]

könnten etwa folgende Hornklauseln formuliert werden:

```
0.2: künftige_lieferantenstärke[groß,BRANCHE]                              ⇐
        absatzmengenausweitung[zulieferer(BRANCHE)],
        bedrohung_ersatzprodukte[zunehmend,zulieferer(BRANCHE)]

0.8: künftige_lieferantenstärke[gering,BRANCHE]                            ⇐
        absatzmengenausweitung[zulieferer(BRANCHE)],
        bedrohung_ersatzprodukte[zunehmend,zulieferer(BRANCHE)]

0.7: künftige_lieferantenstärke[groß,BRANCHE]                              ⇐
        absatzmengenausweitung[zulieferer(BRANCHE)],
        bedrohung_ersatzprodukte[konstant,zulieferer(BRANCHE)]

0.3: künftige_lieferantenstärke[gering,BRANCHE]                            ⇐
        bedrohung_ersatzprodukte[konstant,zulieferer(BRANCHE)]

1.0: absatzmengenausweitung[zulieferer(BRANCHE)]                           ⇐
        künftiges_volumen(BRANCHE) >
              derzeitiges_volumen(BRANCHE)
        absatzmengenausweitung[zulieferer(BRANCHE)],
```

59 Porter (1988), S. 231.
60 Porter (1988), S. 54.
61 Porter (1988), S. 50.

0.8: bedrohung_ersatzprodukte[zunehmend,zulieferer(BRANCHE)] ⇐
  preis_leistungsverhältnis[tendenziell_besser,ersatzprodukt(
    zulieferer(BRANCHE)),produkt(zulieferer(BRANCHE))],
  ergebnissituation[positiv,produzenten(
    ersatzprodukt(zulieferer(BRANCHE)))]

0.2: bedrohung_ersatzprodukte[konstant,zulieferer(BRANCHE)] ⇐
  preis_leistungsverhältnis[tendenziell_besser,ersatzprodukt(
    zulieferer(BRANCHE)),produkt(zulieferer(BRANCHE))],
  ergebnissituation[positiv,produzenten(
    ersatzprodukt(zulieferer(BRANCHE)))]

Die den Hornklauseln zugeordneten bedingten Wahrscheinlichkeiten sind jeweils vor der Klausel notiert. Ein zugehöriges Einflußfaktorennetz zeigt Abbildung 11:

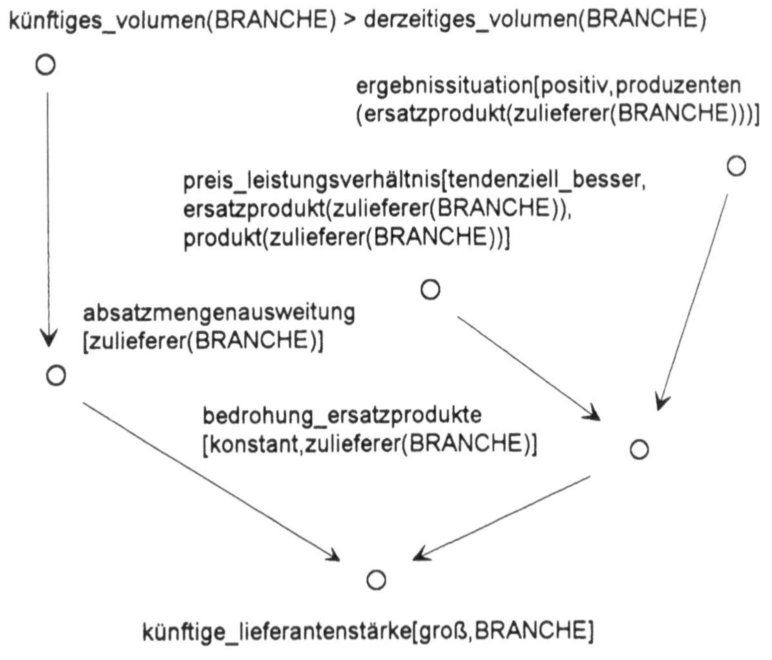

Abb. 11: Ein Einflußfaktorennetz zur Ableitung der künftigen Lieferantenstärke in einer Branche

Wie zu ersehen ist, wird im Beispiel davon ausgegangen, daß die Stärke der Lieferanten einer Branche direkt lediglich von der Absatzsituation und der künftigen Bedrohung durch Ersatzprodukte in der Zulieferbranche abhängt. Die künftige Lieferantenstärke ist mit anderen Worten bedingt stochastisch unabhängig von der Entwicklung des Branchenvolumens, vom Preis-/ Leistungsverhältnis der Ersatzprodukte in der Zulieferbranche sowie von der Ergebnissituation der Hersteller dieser Ersatzprodukte. Es wird ferner unterstellt, daß die Bedrohung durch Ersatzprodukte in der Zulieferbranche keinen Einfluß auf die Absatzsituation der Lieferanten besitzt - eine sicherlich kritische Annahme. Ebenso gelten die künftige Entwicklung des Branchenvolumens, das Preis/Leistungsverhältnis der Ersatzprodukte in der Zulieferbranche und die Ergebnissituation der Hersteller dieser Ersatzprodukte als stochastisch unabhängig voneinander.

V. Ableitung von Prognosen mit Hilfe von Inferenzverfahren

A. Deterministische Inferenz

1. Resolution als grundlegende Inferenzregel

Die Erstellung von Prognosen auf der Grundlage prognoserelevanten Wissens und fallspezifischer Informationen erfordert den Einsatz von Inferenzverfahren. Dies gilt unabhängig von der Art der Wissensrepräsentation; wie in Kapitel III.B. am Beispiel der Regressionsanalyse gezeigt wurde gilt es in gewisser Weise sogar dann, wenn ein gänzlich anderes Prognoseverfahren zur Anwendung kommt. In diesem und im folgenden Abschnitt wird zunächst unterstellt, die Repräsentation des prognoserelevanten Wissens und des Bedingungskomplexes der Prognose könne mit Hilfe von Hornklauseln der Prädikatenlogik 1. Ordnung erfolgen. Träfe dies zu, so könnten die gesuchten Aussagen über die künftige Entwicklung der bewertungsrelevanten Ergebnisse mit Hilfe der geordneten Input-Resolution mit Tiefensuche gewonnen werden. Die Darstellung dieses Verfahrens dient als Einstieg in die Inferenzproblematik; gleichzeitig werden dabei Konzepte geschildert, die auch im Rahmen der anschließend untersuchten Verfahren der probabilistischen Inferenz Verwendung finden.

Ziel des Einsatzes eines Inferenzverfahrens zur Prognoseerstellung ist die Ableitung einer Klausel, die von dem prognoserelevanten Wissen und den fallspezifischen Informationen logisch impliziert wird und unter der intendierten Interpretation die gesuchte Prognose repräsentiert. Ob die Ableitung einer Klausel aus einer Klauselmenge gelingt, ist im Gegensatz zu der Frage, ob eine Klausel durch eine Klauselmenge logisch impliziert wird, völlig unabhängig von der Interpretation der vorkommenden Symbole, richtet sich also allein nach den syntaktischen Gegebenheiten. Ableitungen werden durch das Zeichen $\vdash$ symbolisiert:[1] $\Phi \vdash \phi$ besagt, daß die Formel oder Klausel ϕ aus der

---

[1] Zum Begriff der Ableitung und zur Symbolik siehe Mendelson (1964), S. 30; Cohen/Feigenbaum (1982), S. 86; Stegmüller (1983), S. 86; Delahaye (1987), S. 39f.; Schefe (1991), S. 109f.

Formel- bzw. Klauselmenge Φ abgeleitet werden kann. Der Ableitungs- oder Inferenzprozeß beinhaltet die Anwendung von Inferenzregeln, mit deren Hilfe Klauseln nach Maßgabe einer Kontrollstrategie verknüpft werden. Eine Menge von Inferenzregeln und eine Kontrollstrategie konstituieren ein Inferenzverfahren.

Einzige Inferenzregel der geordneten Input-Resolution mit Tiefensuche ist die Resolution.[2] Durch Resolution zweier Klauseln, der sogenannten Elternklauseln, wird eine dritte Klausel abgeleitet, die sogenannte Resolvente. Betrachtet man zunächst den einfachen Fall zweier Klauseln ϕ und φ, deren Literale keine Variablen enthalten, so ergibt sich die Resolvente nach folgender Regel:[3]

$$\{\phi,\varphi\} \quad |\!- \quad \phi \setminus \{\alpha\} \cup \varphi \setminus \{\neg\alpha\} \quad \text{mit}\ \alpha \in \phi\,,\ \neg\alpha \in \varphi$$

Z.B. wird durch Resolution der Klauseln

{¬produkt[kurbelwellen] , verfahren[maskenguss]}
{¬verfahren[maskenguss] , rohstoff[gusseisen]}

die Klausel

{¬produkt[kurbelwellen] , rohstoff[gusseisen]}

abgeleitet.

Etwas komplizierter ist die Resolution, wenn die zu resolvierenden Klauseln Variablen enthalten. Ein einfacher syntaktischer Vergleich der vorkommenden Symbole reicht in diesem Fall zur Feststellung der Resolvierbarkeit nicht aus. Vielmehr sind zunächst die in den Klauseln vorkommenden Variablen in einer Weise durch Terme zu substituieren, die die nachfolgende Anwendung des Resolutionsprinzips ermöglicht. Eine solche Variablensubstitution wird als Menge der Form $\{X_1|t_1,X_2|t_2,\dots,X_N|t_N\}$ notiert, wobei die X_i mit i=1,..,N die zu substituierenden Variablen und die t_i die substituierten Terme darstellen. Die Elemente $X_i|t_i$ dieser Menge heißen Bindungen. Mit ϕ_γ wird diejenige Klausel bezeichnet, die man nach Anwendung der Substitution γ auf die Klausel ϕ erhält. Wird eine Menge von Literalen durch eine Variablensubstitution unifiziert, d.h. ineinander überführt, so nennt man die Substitution einen Unifikator, den Substitutionsvorgang Unifikation. Der allgemeinste

---

[2] Die Resolution wurde 1965 von Robinson vorgestellt; in Robinson (1965). Zur Resolution allgemein siehe Nilsson (1982), S. 145ff.; Cohen/Feigenbaum (1982), S. 86ff.; Rich (1983), S. 148ff.; Stickel (1986), S. 76ff.; Winston (1989), S. 232ff.; Delahaye (1987), S. 107ff.; Cordes et al. (1988), S. 37ff.; Genesereth/Nilsson (1989), S. 97ff.; Schefe (1991), S. 115ff.

[3] Zur Schreibweise vgl. Genesereth/Nilsson (1989), S. 98.

Unifikator einer Menge von Literalen zeichnet sich dadurch aus, daß er mit einer minimalen Anzahl von Bindungen auskommt.[4] Er ist abgesehen von möglichen Umbenennungen der Variablen eindeutig bestimmt und kann durch einen deterministischen Algorithmus ermittelt werden.[5] Unter Zuhilfenahme des Konzepts des allgemeinsten Unifikators ergibt sich die Resolvente zweier Klauseln mit Variablen nach folgender Regel:[6]

$$\{\phi,\varphi\} \ \vdash \ (\phi\setminus\{\alpha\} \cup \varphi\setminus\{\neg\beta\})_{\gamma} \qquad \text{mit } \alpha \in \phi,\ \neg\beta \in \varphi \text{ und } \alpha_{\gamma} = \beta_{\gamma}$$

Dabei bezeichnet γ den allgemeinsten Unifikator der Literale α und β.

Betrachtet man z.B. die Klauseln

I) {nachfragezuwachs[automobile,1986]}
II) {auslastung(produzenten(automobile),1986) > 85%}
III) {¬nachfragezuwachs[PRODUKT,T] ,
¬auslastung(produzenten(PRODUKT),T) > 85% ,
renditezuwachs[produzenten(PRODUKT),T]}

so resolvieren zunächst die Klauseln I) und III). Der allgemeinste Unifikator ist γ = {PRODUKT|automobile,T|1986}; die Resolvente lautet:

IV) {¬auslastung(produzenten(automobile),1986) > 85% ,
renditezuwachs[produzenten(automobile),1986]}

Schließlich können die Klauseln II) und IV) miteinander verknüpft werden; man erhält:

V) {renditezuwachs[produzenten(automobile),1986]}

---

4 Vgl. Schefe (1991), S. 133. Genauer gesagt handelt es sich bei einem Unifikator γ dann um den allgemeinsten Unifikator, wenn es zu jedem anderen Unifikator f eine Variablensubstitution h dergestalt gibt, daß der Unifikator f durch Hintereinanderschaltung des Unifikators γ und der Substitution h gewonnen werden kann; vgl. Nilsson (1982), S. 142; Lloyd (1987), S. 22f.; Delahaye (1987), S. 115; Cordes et al. (1988), S. 40; Genesereth/Nilsson (1989), S. 95.

5 Auch der Unifikationsalgorithmus geht zurück auf Robinson (1965). Er findet sich in verschiedenen Spielarten in Nilsson (1982), S. 142f.; Rich (1983), S. 156f.; Lloyd (1987), S. 24; Delahaye (1987), S. 116f.; Cordes et al. (1988), S. 40; Genesereth/Nilsson (1989), S. 96. Erwähnenswert, weil oftmals vernachlässigt, ist der sogenannte Occur Check, d.h. die im Rahmen dieses Algorithmus notwendige Überprüfung, ob die zu substituierende Variable als Argument einer Funktion in dem potentiell substituierten Term vorkommt. Wird auf den Occur Check verzichtet, so kann dies zu inkorrekten Ergebnissen führen; vgl. Lloyd (1987), S. 44ff.

6 Vgl. Nilsson (1982), S 151; Genesereth/Nilsson (1989), S. 99. Am Rande sei bemerkt, daß die Resolution zweier Klauseln problematisch sein kann, wenn die Klauseln gleiche Variablensymbole enthalten. Vor der Durchführung der Resolution sind deshalb die in den Elternklauseln vorkommenden Variablen so umzubenennen, daß kein Variablensymbol gleichzeitig in beiden Klauseln Verwendung findet; vgl. Rich (1983), S. 161f.; Delahaye (1987), S. 118.

Zwei Eigenschaften der Resolution begründen deren Eignung für den Einsatz in wissensbasierten Systemen auf der Grundlage einer logikbasierten Repräsentationssprache:

1) Die Resolution ist inferentiell korrekt: Jede Klausel ϕ, die durch Resolution aus einer Klauselmenge Φ abgeleitet werden kann, wird von dieser logisch impliziert:[7]

$$\Phi \models \phi \quad \text{wenn} \quad \Phi \vdash \phi$$

2) Die Resolution umfaßt als Spezialfälle eine Vielzahl anderer Inferenzregeln, z.B. den Modus Ponens und den Modus Tollens. Dies erlaubt es in den meisten Fällen, auf den Einsatz weiterer Inferenzregeln zu verzichten.

2. *Geordnete Input-Resolution mit Tiefensuche*

Unter Verwendung des Begriffs der Ableitung kann das im Zuge der Prognoseerstellung zu lösende Inferenzproblem in folgender Weise präzisiert werden: Gesucht ist eine inferentiell korrekte Ableitung, die nachweist, daß eine Klausel, die unter der intendierten Interpretation die gesuchte Aussage in bezug auf die künftige Unternehmungsentwicklung darstellt, vom prognoserelevanten Wissen und den fallspezifischen Informationen logisch impliziert wird, daß also gilt:

$$\Gamma \cup \Delta \models \{\zeta\}$$

Dabei bezeichnen Γ und Δ die Hornklauselmengen, die das prognoserelevante Wissen bzw. den Bedingungskomplex der Prognose repräsentieren. ζ symbolisiert das Literal, das unter der intendierten Interpretation die Prognose verkörpert. Im folgenden wird davon ausgegangen, daß ζ keine Variablensymbole enthält.

Prinzipiell stehen für den geforderten Nachweis zwei Möglichkeiten zur Verfügung:
Erstens kann mit Hilfe einer oder mehrerer (korrekter) Inferenzregeln eine direkte Ableitung $\Gamma \cup \Delta \vdash \{\zeta\}$ erfolgen. Die Parallele zu dem in Kapitel II.C.2. angeführten Prognoseargument auf der Grundlage deterministischer nomologischer Hypothesen ist offensichtlich. Das Gelingen dieser Ableitung für den

---

[7] Zur Eigenschaft der Korrektheit von Inferenzregeln siehe Mendelson (1964), S. 62ff. Ein Beweis der inferentiellen Korrektheit der Resolution findet sich in Genesereth/Nilsson (1989), S. 121.

Fall, daß es sich bei $\{\zeta\}$ tatsächlich um eine logische Konsequenz des prognoserelevanten Wissens und der fallspezifischen Informationen handelt, ist allerdings nur dann gewährleistet, wenn das zur Anwendung kommende Inferenzverfahren vollständig ist. Als vollständig wird ein Inferenzverfahren bezeichnet, wenn es die Ableitung jeder von einer Formel- oder Klauselmenge logisch implizierten Formel bzw. Klausel ermöglicht. Bezogen auf das Prognoseproblem muß also gelten:[8]

$$\Gamma \cup \Delta \vdash \{\zeta\} \quad \text{wenn} \quad \Gamma \cup \Delta \models \{\zeta\}$$

Es läßt sich zeigen, daß kein Inferenzverfahren auf der Basis der Resolution als einziger Inferenzregel existiert, das diese Anforderung erfüllt.[9] Eine direkte Ableitung der die Prognose verkörpernden Klausel $\{\zeta\}$ scheidet folglich aus, will man an der Resolution als grundlegender Inferenzregel festhalten. Zweitens kann der Nachweis, daß es sich bei der Klausel $\{\zeta\}$ um eine logische Konsequenz des prognoserelevanten Wissens und der fallspezifischen Informationen handelt, indirekt durch Nachweis der Unerfüllbarkeit der um die Klausel $\{\neg\zeta\}$ erweiterten Klauselmenge $\Gamma \cup \Delta$ geführt werden. Eine Klausel ist nämlich genau dann logische Konsequenz einer (erfüllbaren) Klauselmenge[10], wenn die Klauselmenge zuzüglich der negierten Klausel[11] unerfüllbar ist.[12] Angewendet auf das Prognoseproblem bedeutet dies:

$$\Gamma \cup \Delta \models \{\zeta\} \quad \text{gdw} \quad \not\models \{\neg\zeta\} \cup \Gamma \cup \Delta$$

Weiterhin läßt sich zeigen, daß aus einer unerfüllbaren Klauselmenge mit Hilfe der Resolution stets die leere Klausel[13] abgeleitet werden kann und daß

---

[8] Zur Eigenschaft der Vollständigkeit von Inferenzverfahren siehe Mendelson (1964), S. 67ff.; Nilsson (1982), S. 145; Delahaye (1987), S. 79.

[9] Z.B. können Tautologien der Form $\{\alpha, \neg\alpha\}$, die von jeder erfüllbaren Klauselmenge logisch impliziert werden, allein mit Hilfe der Resolution nicht abgeleitet werden. Zur mangelnden Vollständigkeit von Inferenzverfahren auf der Grundlage der Resolution als einziger Inferenzregel siehe z.B. Genesereth/Nilsson (1989), S. 121.

[10] Hornklauselmengen der Prädikatenlogik 1. Ordnung sind immer erfüllbar; vgl. Delahaye (1987), S. 147.

[11] Natürlich kann eine Klausel nicht wie eine Formel negiert werden. Unter einer negierten Klausel ist diejenige Klausel zu verstehen, die sich ergibt, wenn man die der ursprünglichen Klausel entsprechende prädikatenlogische Formel negiert und in Klauselform überführt.

[12] Vgl. Nilsson (1982), S. 161; Cordes et al. (1988), S. 30; Stickel(1986), S. 78. Ein Beweis dieses Satzes findet sich in Lloyd (1987), S. 15; Delahaye (1987), S. 77f.

[13] Daß die Ableitung der leeren Klausel tatsächlich auf einen Widerspruch hinweist, läßt sich leicht an einem Beispiel verdeutlichen: Die leere Klausel ist z.B. Resolvente der Klauselmenge $\{\{\alpha\},\{\neg\alpha\}\}$; notiert man diese Klauselmenge als prädikatenlogische Formel, so erhält man $\alpha \wedge \neg\alpha$, also einen offensichtlichen Widerspruch.

umgekehrt die Ableitung der leeren Klausel ein sicheres Indiz für die Unerfüllbarkeit der Ausgangsklauselmenge darstellt.[14] Es gilt folglich:

$$\not\models \{\neg\zeta\} \cup \Gamma \cup \Delta \quad \text{gdw} \quad \{\neg\zeta\} \cup \Gamma \cup \Delta \vdash \{\}$$

Aufgrund dieser als Widerlegungsvollständigkeit bezeichneten Eigenschaft bedienen sich Inferenzverfahren mit der Resolution als einziger Inferenzregel der Technik des Widerspruchsbeweises. Nicht alle diese Inferenzverfahren sind aber tatsächlich widerlegungsvollständig; ob die Ableitung der leeren Klausel aus einer unerfüllbaren Klauselmenge im Einzelfall gewährleistet ist, hängt entscheidend von der zur Anwendung gelangenden Kontrollstrategie ab.

Die Kontrollstrategie der geordneten Input-Resolution mit Tiefensuche[15] ist bezogen auf das Prognoseproblem dadurch gekennzeichnet, daß ausgehend von der Anfrageklausel $\{\neg\zeta\}$ die jeweils abgeleitete Resolvente stets wieder als Elternklausel beim nächsten Inferenzschritt fungiert; die zweite Elternklausel ist immer eine Klausel aus der Hornklauselmenge $\Gamma \cup \Delta$. Die verbleibenden Literale dieser Klausel werden an vorderer Stelle der Resolventen, daran anschließend diejenigen der Resolventen des letzten Inferenzschrittes notiert. Wie bei der PROLOG-Notation wird davon ausgegangen, daß das positive Literal aller Hornklauseln aus der Klauselmenge $\Gamma \cup \Delta$ am Anfang steht. Existieren für die Resolution mehrere Möglichkeiten, weil verschiedene Klauseln der Hornklauselmenge $\Gamma \cup \Delta$ mit der Resolventen des letzten Inferenzschrittes verknüpft werden können, so wird ein Backtracking Punkt gesetzt, von dem aus bei Scheitern des verfolgten Ableitungspfads eine alternative Ableitung der leeren Klausel versucht wird. Die Reihenfolge, in der die Hornklauseln der Klauselmenge $\Gamma \cup \Delta$ dabei zur Anwendung gelangen, richtet sich nach ihrer Anordnung in der Wissensbasis.

Die geordnete Input-Resolution mit Tiefensuche ist im allgemeinen nicht widerlegungsvollständig: Selbst bei Existenz einer Ableitung der leeren Klausel ist deren Auffinden nicht gewährleistet.[16] Aus der Hornklauselmenge

$$\{\{\neg\alpha\},\{\alpha,\neg\beta\},\{\beta,\neg\alpha\},\{\alpha\}\}$$

---

[14] Vgl. Nilsson (1982), S. 161; Lloyd (1987), S. 43f.; Stickel (1986), S. 79; Delahaye (1987), S. 120; Genesereth/Nilsson (1989), S. 126; einen Beweis enthält Robinson (1965), S. 30.

[15] Auf der Basis der geordneten Input-Resolution mit Tiefensuche arbeiten heute die meisten wissensbasierten Systeme auf der Grundlage einer logikbasierten Repräsentationssprache, insbesondere alle Systeme, die mit Hilfe der Programmiersprache PROLOG realisiert wurden. Erläuterungen zu diesem Inferenzverfahren finden sich in Nilsson (1982), S. 169f.; Stickel (1986), S. 89; Delahaye (1987), S. 140f.; Cordes et al. (1988), S. 46ff.

[16] Vgl. Lloyd (1987), S. 59; Delahaye (1987), S. 141.

etwa kann die leere Klausel mit Hilfe der geordneten Input-Resolution mit Tiefensuche nicht abgeleitet werden, obwohl sie sich unmittelbar durch Resolution der ersten und der letzten Klausel ergibt. Die Ableitung scheitert, weil der Inferenzprozeß in eine Schleife gerät: Auf die Resolution der ersten und der zweiten Klausel folgt die Verknüpfung der Resolventen mit der dritten Klausel, gefolgt wiederum von der Resolution mit der zweiten Klausel, dann der dritten und so fort. Mit solchen Schleifen im Inferenzprozeß korrespondieren zyklische Einflußfaktorennetze in der graphischen Darstellung. Schließt man die Möglichkeit der Schleifenbildung aus, indem man sich bei der Wissensrepräsentation auf Hornklauselmengen beschränkt, die ausschließlich azyklische Einflußfaktorennetze widerspiegeln, so kann mit Hilfe der geordneten Input-Resolution mit Tiefensuche aus einer unerfüllbaren Klauselmenge stets die leere Klausel abgeleitet werden. Bezogen auf solche Hornklauselmengen ist die geordnete Input-Resolution mit Tiefensuche folglich widerlegungsvollständig.[17]

Die Eignung der geordneten Input-Resolution mit Tiefensuche für den Einsatz im Rahmen eines wissensbasierten Prognosesystems zur Unternehmungsbewertung resultiert in erster Linie aus der Laufzeiteffizienz, die mit Hilfe dieses Inferenzverfahrens erreicht werden kann. Diese wiederum wird vor allem durch die Beschränkung auf Hornklauselmengen bei der Wissensrepräsentation ermöglicht. Handelt es sich bei allen Klauseln der Klauselmenge $\Gamma \cup \Delta$ um Hornklauseln, so besteht nämlich immer nur eine Möglichkeit, zwei Klauseln zu resolvieren, weil die eine Elternklausel - die Resolvente des letzten Inferenzschrittes - nur negative Literale, die andere - aus der Hornklauselmenge $\Gamma \cup \Delta$ stammende - nur ein positives Literal aufweist. Ließe man dagegen beliebige Klauseln zur Wissensrepräsentation zu, so könnten jeweils mehrere Möglichkeiten zur Resolution zweier Klauseln bestehen. Die Kontrollstrategie müßte dann auch diese zusätzlichen Resolutionsmöglichkeiten zu berücksichtigen erlauben. Die Nachteile, die hieraus erwachsen würden, bilden die nachträgliche Erklärung für die Beschränkung auf Hornklauselmengen zur Repräsentation des prognoserelevanten Wissens und der fallspezifischen Informationen.

Wie die geordnete Input-Resolution mit Tiefensuche im Rahmen eines wissensbasierten Prognosesystems zur Unternehmungsbewertung unter den getroffenen Annahmen praktisch eingesetzt werden könnte, soll anhand eines Beispiels demonstriert werden. Es sei angenommen, das zur Prognose der

---

[17] Vgl. Delahaye (1987), S. 137ff.

künftigen Branchenrendite benötigte prognoserelevante Wissen könne durch folgende Hornklauselmenge Γ in PROLOG-Notation repräsentiert werden:[18]

```
I)     branchenrendite[T,6]                        ⇐
            konjunkturelle_situation[T,wachstum],
            lebenszyklusphase[T-1,einführung]

II)    branchenrendite[T,5]                        ⇐
            konjunkturelle_situation[T,stagnation],
            lebenszyklusphase[T-1,einführung]

III)   branchenrendite[T,12]                       ⇐
            lebenszyklusphase[T-1,wachstum]

IV)    branchenrendite[T,9]                        ⇐
            konjunkturelle_situation[T,wachstum],
            lebenszyklusphase[T-1,reife]

V)     branchenrendite[T,6]                        ⇐
            konjunkturelle_situation[T,stagnation],
            lebenszyklusphase[T-1,reife]

VI)    branchenrendite[T,5]                        ⇐
            konjunkturelle_situation[T,wachstum],
            lebenszyklusphase[T-1,rückgang]

VII)   branchenrendite[T,3]                        ⇐
            konjunkturelle_situation[T,stagnation],
            lebenszyklusphase[T-1,rückgang]

VIII)  lebenszyklusphase[T,einführung]             ⇐
            kapazitätsauslastung(T) < 85%,
            produktdifferenzierung[T,hoch]

IX)    lebenszyklusphase[T,wachstum]               ⇐
            kapazitätsauslastung(T) ≥ 85%,
            produktdifferenzierung[T,hoch]
```

18 Natürlich wird nicht behauptet, daß das Beispiel alle relevanten Einflußfaktoren auf die künftige Branchenrendite erfaßt oder daß die angegebenen Branchenrenditen in den jeweiligen Konstellationen tatsächlich zu erwarten sind. Die prinzipiellen Zusammenhänge sind entnommen Porter (1988), S. 211ff.

X) lebenszyklusphase[T,reife] ⇐
kapazitätsauslastung(T) > 80%,
produktdifferenzierung[T,gering]

XI) lebenszyklusphase[T,rückgang] ⇐
kapazitätsauslastung(T) ≤ 80%,
produktdifferenzierung[T,gering]

Gewünscht sei eine Prognose der Branchenrendite für das Jahr 1996. Der Hornklauselmenge $\Gamma \cup \Delta$ (Δ enthält zu diesem Zeitpunkt noch keine Elemente) wird dazu die Anfrageklausel {¬branchenrendite[1996,X]} oder in PROLOG-Notation

⇐ branchenrendite[1996,X]

hinzugefügt. Der erste Inferenzschritt beinhaltet die Resolution der Anfrageklausel mit Klausel I). Der allgemeinste Unifikator ist {T|1996,X|6}; die Resolvente lautet:[19]

1) ⇐ konjunkturelle_situation[1996,wachstum],
lebenszyklusphase[1995,einführung]

Im Zuge der Verknüpfung der beiden Klauseln wird ein Backtracking Punkt gesetzt, der auf die alternativen Resolutionsmöglichkeiten mit den Klauseln II) bis VII) hinweist.

Da keines der Elemente von $\Gamma \cup \Delta$ mit der Resolventen verknüpft werden kann, erfolgt im nächsten Inferenzschritt über die Dialogkomponente eine Anfrage an den Benutzer bezüglich der für das Jahr 1996 erwarteten konjunkturellen Situation. Wir nehmen an, der Benutzer sei in bezug auf die konjunkturelle Entwicklung pessimistisch. Die Antwort wird in eine Klausel

A) konjunkturelle_situation[1996,stagnation] ⇐

---

19 Die Berechnung 1995 = 1996 - 1 ist selbst nicht Bestandteil der Resolution, sondern erfolgt im Rahmen einer prozeduralen Auswertung der Funktion T-1. Die hier gewählte Notationsweise impliziert, daß diese prozedurale Auswertung in den Unifikationsalgorithmus eingepaßt wurde. Tatsächlich ist ein solches Vorgehen jedoch die Ausnahme. In PROLOG etwa werden prozedurale Auswertungen ausschließlich im Zusammenhang mit den Prädikatensymbolen = , < , > , ≤ und ≥ vorgenommen. Klausel I) z.B. müßte in PROLOG folgendermaßen notiert werden:

branchenrendite[T,6] ⇐ konjunkturelle_situation[T,wachstum],
T1 = T - 1,
lebenszyklusphase[T1,einführung]

Siehe Delahaye (1987), S. 179ff.; Genesereth/Nilsson (1989), S. 104ff.

transformiert und als Hornklausel A) der Klauselmenge Δ, die den Bedingungskomplex der Prognose repräsentiert, in die Wissensbasis aufgenommen. Da auch diese Klausel nicht mit der Resolventen des letzten Inferenzschrittes verknüpft werden kann, ist der verfolgte Ableitungspfad als gescheitert anzusehen. Es erfolgt das schon angesprochene Backtracking, wobei auch die Variablensubstitution {T|1996,X|6} wieder rückgängig gemacht wird.

Im nächsten Inferenzschritt, der einen erneuten Versuch zur Ableitung der leeren Klausel einleitet, resolviert die Anfrageklausel mit Klausel II). Der allgemeinste Unifikator ist {T|1996,X|5}; die Resolution führt zu der Klausel

2) ⇐ konjunkturelle_situation[1996,stagnation],
lebenszyklusphase[1995,einführung]

Im nächsten Schritt wird diese Klausel mit Klausel A) der Klauselmenge Δ verknüpft. Die Resolvente ist:

3) ⇐ lebenszyklusphase[1995,einführung]

Es folgen die Resolution mit Klausel VIII) und eine Anfrage an den Benutzer bezüglich der Kapazitätsauslastung der Branchenunternehmungen im Jahre 1995. Je nach Antwort schließt sich ein erneutes Backtracking oder eine weitere Anfrage über die Dialogkomponente an.

Auch ohne diesen und die folgenden Inferenzschritte im Detail zu erläutern, sollte die Vorgehensweise bei der geordneten Input-Resolution mit Tiefensuche deutlich geworden sein. Nimmt man z.B. an, im Wege des Dialogs mit dem Benutzer wäre folgende Hornklauselmenge Δ der Wissensbasis hinzugefügt worden

A) konjunkturelle_situation[1996,stagnation] ⇐

B) kapazitätsauslastung(1995) > 80% ⇐

C) produktdifferenzierung[1995,gering] ⇐ ,

so gelingt die Ableitung der leeren Klausel unter Heranziehung der Klauseln V) und X). Damit ist gezeigt, daß die Klausel

branchenrendite[1996,X] ⇐

bei Substitution der Konstanten 6 für die Variable X von der Klauselmenge Γ ∪ Δ logisch impliziert wird. Die gewünschte Prognose lautet also dahingehend, daß im Jahre 1996 mit einer Branchenrendite von 6% zu rechnen ist.

Abbildung 12 zeigt das zu dieser Ableitung gehörige Einflußfaktorennetz:

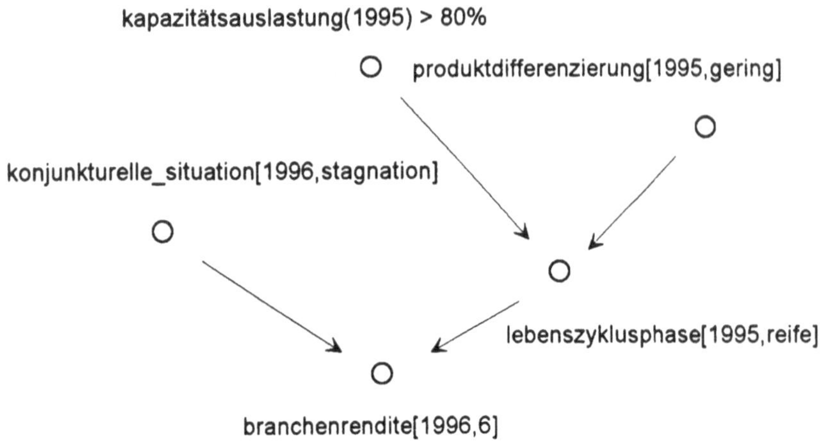

Abb. 12: Ein Einflußfaktorennetz zur Prognose der Branchenrendite

Anhand der Darstellung läßt sich die Vorgehensweise bei der geordneten Input-Resolution mit Tiefensuche gut nachvollziehen: Die die Abhängigkeitsbeziehungen zwischen den Einflußfaktoren symbolisierenden Graphen werden von links nach rechts jeweils bis zu den Endpunkten verfolgt. An diesen Endpunkten erfolgen Anfragen an den Benutzer. Erweist sich der verfolgte Ableitungspfad als Sackgasse, weil die Klauseln, die den Bedingungskomplex der Prognose verkörpern, nicht mit der Resolventen des letzten Inferenzschrittes resolvieren, so wird im Wege des Backtracking bis zu derjenigen Stelle des Ableitungspfades zurückgegangen, an dem eine alternative Ableitung der leeren Klausel auf der Basis eines zumindest partiell unterschiedlichen Einflußfaktorennetzes versucht werden kann.

Die graphische Darstellung legt des weiteren eine etwas andere Interpretation des Inferenzprozesses nahe: Zunächst wird eine Hornklausel gesucht, deren Konsequens mit dem Literal ζ unifiziert. Danach wird versucht, das Antezedens dieser Klausel durch sukzessive Heranziehung anderer Hornklauseln oder durch Befragung des Benutzers zu beweisen. Gelingt der Beweis des Antezedens einer Hornklausel, so kann mittels Modus Ponens auf das jeweilige Konsequens und schließlich auf das die Prognose verkörpernde Literal geschlossen werden.[20] Diese Vorgehensweise ist typisch für regelbasierte Syste-

20 Die Inferenzregel Modus Ponens ist dabei um eine der Unifikation bei der Resolution vergleichbare Komponente zu erweitern.

me und wird in diesem Zusammenhang als Backward Chaining bezeichnet.[21] Die Interpretation des geschilderten Inferenzverfahrens als Backward Chaining ist auch für das Verständnis der im folgenden behandelten Verfahren der probabilistischen Inferenz nützlich.

B. Probabilistische Inferenz

1. Das Ideal der probabilistischen Inferenz

Das in den letzten beiden Abschnitten dargestellte Inferenzverfahren zur Auswertung von Hornklauselmengen der Prädikatenlogik 1. Ordnung ist theoretisch gut fundiert und praktisch bewährt. Für den Einsatz im Rahmen eines wissensbasierten Prognosesystems zur Unternehmungsbewertung ist es gleichwohl ungeeignet, weil Hornklauselmengen der Prädikatenlogik 1. Ordnung kein adäquates Instrument zur Repräsentation des prognoserelevanten Wissens und der fallspezifischen Informationen darstellen. Die Gründe hierfür wurden im Zusammenhang mit den Überlegungen zur Auswahl einer grundlegenden Wissensrepräsentationssprache und der Einführung der Semantik möglicher Welten dargelegt. Folglich muß entweder das geschilderte Inferenzverfahren modifiziert oder ein gänzlich andersartiges Inferenzverfahren gefunden werden, das mit der in Kapitel IV.C.2. erläuterten Repräsentationssprache korrespondiert.

Die im weiteren erörterten Lösungsansätze unterscheiden sich in einigen Punkten recht deutlich von denjenigen, die in den meisten Veröffentlichungen zum Problem der Inferenz bei unsicherem Wissen zu finden sind. Soweit diese Veröffentlichungen von einer Wissensrepräsentation auf der Basis anderer als wahrscheinlichkeitstheoretischer Unsicherheitsmaße ausgehen, ist die Verschiedenartigkeit der Lösungsansätze zwangsläufig. Die Inferenz in einem wissensbasierten Prognosesystem zur Unternehmungsbewertung kann nicht auf Inferenzverfahren basieren, die auf entsprechende Kennzahlen zugeschnitten sind, weil deren Verwendung im Zusammenhang mit Prognosen aus methodologischen Gründen nicht in Betracht kommt. Unterschiede ergeben sich aber auch im Vergleich zu den üblicherweise angeführten probabilistischen

---

21 Vgl. Barr/Feigenbaum (1981), S. 198; Charniak/McDermott (1986), S. 351ff.; Winston (1989), S. 198f.; Niemann/Bunke (1987), S. 104ff.; Harmon/King (1989), S. 62f.; Puppe (1991), S. 24f.

Inferenzverfahren auf der Grundlage des Bayes-Theorems.[22] Das Bayes-Theorem kommt - wie auch bei regressionsanalytisch fundierten Prognosen - beim später zu erläuternden Erwerb prognoserelevanten Wissens mit Hilfe von Methoden des Maschinellen Lernens zum Einsatz. Die im folgenden erörterten Inferenzverfahren gründen auf der Regel von Jeffrey.

Geht man davon aus, daß die Repräsentation des prognoserelevanten Wissens und der fallspezifischen Informationen in der beschriebenen Weise erfolgt, so dient der Einsatz eines Inferenzverfahrens der Ermittlung der subjektiven Wahrscheinlichkeiten von Klauseln, die unter der intendierten Interpretation Aussagen über die künftige Entwicklung der bewertungsrelevanten Ergebnisse repräsentieren. Prinzipiell entspricht diese Aufgabenstellung derjenigen im Rahmen der deterministischen Inferenz: Ging es dort um die Ableitung von Wahrheitswerten, so geht es jetzt um die Ableitung subjektiver Wahrscheinlichkeiten. Ein Unterschied ergibt sich daraus, daß die Einbeziehung der fallspezifischen Informationen in den Prognoseprozeß in aller Regel zu einer Modifikation der Wahrscheinlichkeiten möglicher Welten und folglich auch zu einer Änderung der Wahrscheinlichkeiten der das prognoserelevante Wissen repräsentierenden Hornklauseln führt, während bei deterministischer Inferenz die Wahrheitswerte dieser Klauseln unter der intendierten Interpretation ein für allemal feststehen. Den Problemen, die hieraus erwachsen, wurde durch die Zuordnung bedingter Wahrscheinlichkeiten zu den zur Wissensrepräsentation herangezogenen Hornklauseln Sorge getragen.

Ideal wäre es, wenn alle prognostisch relevanten Beziehungen zwischen dem bewertungsrelevanten Ergebnis und den darauf einwirkenden Einflußfaktoren mit Hilfe einer Hornklauselmenge repräsentiert werden könnten und wenn sich die Wahrscheinlichkeit jeder durch diese Hornklauselmenge implizierten Klausel nach Zugang der den Bedingungskomplex der Prognose ausmachenden Informationen wahrscheinlichkeitstheoretisch korrekt ableiten ließe. Die Verwirklichung dieses Ideals dürfte jedoch ein Traum bleiben. Ganz abgesehen von der Frage, wie die Inferenz in einem solchen System gestaltet werden sollte, scheitert schon die Repräsentation des prognoserelevanten Wissens an der kombinatorischen Explosion möglicher Einflußfaktorenkonstellationen: Wollte man z.B. 14 Einflußfaktoren auf die künftige Entwicklung des

---

[22] Das wohl bekannteste System, bei dem die Inferenz auf dem Bayes-Theorem beruht, ist PROSPECTOR. Etwas vereinfacht wird in PROSPECTOR die a posteriori Wahrscheinlichkeit $P(h|e)$ einer Hypothese h bei Evidenz e mit Hilfe der Beziehung $P(h|e) = \lambda\ p(h)$ ermittelt, wobei $\lambda = \frac{P(e|h)}{P(e)}$. Der Faktor λ ist der Regel WENN e, DANN h zugeordnet. Zur Inferenz in PROSPECTOR siehe Dudah/Hart/Nilsson (1976), S. 1076ff.; Dudah/Reboh (1985), S. 119ff.; Yadrick/Perrin/Vaughan (1988), S. 80f.

bewertungsrelevanten Ergebnisses berücksichtigen und besitzt jeder dieser Einflußfaktoren 2 verschiedene Ausprägungen, so existieren $2^{14} = 16.384$ mögliche Einflußfaktorenkonstellationen. Kann ferner die zu prognostizierende Größe zwei Ausprägungen annehmen, so erfordert die Repräsentation des prognoserelevanten Wissens maximal 2^{15} Hornklauseln. Dies gilt zunächst auch dann, wenn Hornklauseln der Prädikatenlogik 1. Ordnung zur Wissensrepräsentation dienen. Der in diesem Fall aber regelmäßig bestehenden Möglichkeit, das prognoserelevante Wissen mit Hilfe einer wesentlich weniger mächtigen Hornklauselmenge zu repräsentieren, steht bei probabilistischer Wissensrepräsentation meist die Vielzahl vorhandener stochastischer Abhängigkeiten entgegen. Letztlich kommt hierin zum Ausdruck, daß eine Formel der Prädikatenlogik 1. Ordnung nur einen von zwei Wahrheitswerten, eine Formel der probabilistischen Logik dagegen prinzipiell unendlich viele Wahrscheinlichkeiten einnehmen kann.

Um trotzdem zu einer praktikablen und zugleich sinnvollen Lösung zu gelangen, werden in den meisten bisher vorgestellten Systemen auf der Basis probabilistischer Wissensrepräsentation und Inferenz weniger bedeutsame Abhängigkeitsbeziehungen zwischen den betrachteten Faktoren im Wege der Einführung von Unabhängigkeitsannahmen vernachlässigt.[23] Auf derartigen Annahmen gründen auch die folgenden Überlegungen zur Inferenz in einem wissensbasierten Prognosesystem zur Unternehmungsbewertung. Konkret wird unterstellt, daß das prognoserelevante Wissen ausschließlich Einflußfaktorennetze mit Baumstruktur widerspiegelt. Welche Unabhängigkeitsannahmen damit im Einzelfall verbunden sind, ergibt sich aus dem an früherer Stelle geschilderten Zusammenhang zwischen der Topologie von Einflußfaktorennetzen und den stochastischen Abhängigkeiten der darin abgebildeten Faktoren.

2. Probabilistische Inferenz auf der Basis von Unabhängigkeitsannahmen

Kann man in dem geschilderten Fall davon ausgehen, daß die 14 Einflußfaktoren und das bewertungsrelevante Ergebnis in einer Weise stochastisch

---

[23] Zu Unabhängigkeitsannahmen allgemein siehe White (1984); Spiegelhalter (1986b), S. 48ff.; Pearl (1986a), S. 247ff.; Pearl (1986b), S. 358ff. Eine Diskussion der Auswirkungen von Unabhängigkeitsannahmen enthalten Pednault/Zucker/Muresan (1981); Glymour (1985); Johnson (1986). In PROSPECTOR z.B. wird von der bedingten Unabhängigkeit $P(e_1,e_2|h) = P(e_1|h) \cdot P(e_2|h)$ ausgegangen. Dadurch wird erreicht, daß die a posteriori Wahrscheinlichkeit $P(h|e_1,e_2)$ durch sukzessive Heranziehung zweier Regeln WENN e_1, DANN h und WENN e_2, DANN h ermittelt werden kann.

unabhängig bzw. bedingt stochastisch unabhängig voneinander sind, die den Abhängigkeitsverhältnissen in Abbildung 13[24] entspricht,

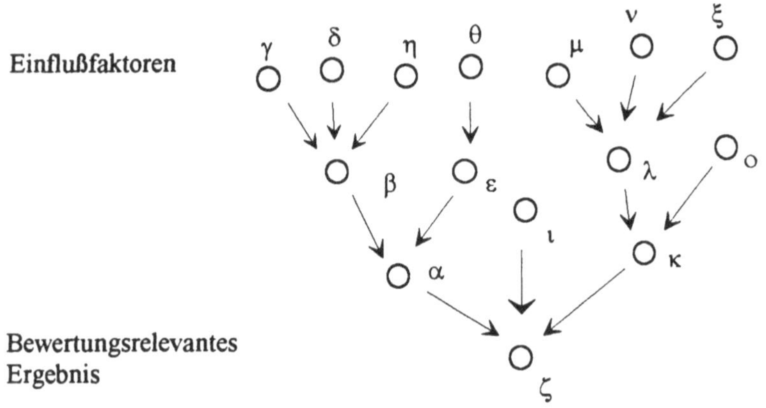

Abb. 13: Ein Einflußfaktorennetz mit Baumstruktur bei Berücksichtigung von 14 Einflußfaktoren

so werden zur Repräsentation des prognoserelevanten Wissens anstelle von 2^{15} nur noch maximal 68 Hornklauseln benötigt. Zusammen mit den 18 unbedingten Wahrscheinlichkeiten, die in den Bedingungskomplex der Prognose eingehen, determinieren die diesen zugeordneten 68 bedingten Wahrscheinlichkeiten die gemeinsame Wahrscheinlichkeitsverteilung der 14 Einflußfaktoren und des bewertungsrelevanten Ergebnisses.

Das Beispiel macht deutlich, daß durch Unabhängigkeitsannahmen eine drastische Reduzierung der zur Wissensrepräsentation notwendigen Anzahl von Hornklauseln erreicht werden kann. Bildet die zur Repräsentation des prognoserelevanten Wissens herangezogene Hornklauselmenge ausschließlich Einflußfaktorennetze mit Baumstruktur ab, so ermöglichen die damit korrespondierenden Unabhängigkeitsannahmen auch den Einsatz eines Inferenzverfahrens, das auf der im letzten Kapitel geschilderten geordneten Input-Resolution mit Tiefensuche aufbaut.[25] Zur Anpassung an die veränderte

---

24 Abweichend von der sonstigen Symbolik werden in dieser Abbildung atomare Formeln auch mit griechischen Kleinbuchstaben aus der zweiten Hälfte des Alphabets bezeichnet.

25 Zu der eng verwandten Fragestellung, wie Wahrscheinlichkeiten durch sogenannte Bayesian Networks propagiert werden können, siehe Pearl (1986a), S. 250ff.; Pearl (1986b), S. 360ff.; Spiegelhalter (1986b), S. 53ff. Während dort üblicherweise davon ausgegangen wird, daß Informationen in

Problemstellung sind lediglich die Einfügung von Berechnungen zur Ableitung der subjektiven Wahrscheinlichkeiten von Literalen und eine Modifikation der Kontrollstrategie erforderlich.

Die Ableitung der Wahrscheinlichkeit eines Literals erfolgt mit Hilfe der Regel von Jeffrey[26]. Bezogen auf die vorliegende Problemstellung lautet diese Regel:

$$P(\alpha) = \sum_{i=1}^{I} P(\alpha|\phi_i)\, P(\phi_i)$$

ϕ_i bezeichnet das Antezedens der i-ten Hornklausel (i=1,..,I) mit Konsequens α.[27] Da die Literale, die dieses Antezedens bilden, konjunktiv verknüpft und annahmegemäß stochastisch unabhängig voneinander sind, kann die Wahrscheinlichkeit $P(\phi_i)$ durch Multiplikation der entsprechenden Wahrscheinlichkeiten ermittelt werden.[28] Die Wahrscheinlichkeit $P(\alpha)$ ergibt sich, indem man für jede Hornklausel mit Konsequens α die zugeordnete bedingte Wahrscheinlichkeit mit der Wahrscheinlichkeit des Antezedens multipliziert und die jeweiligen Produkte aufsummiert. Die Kontrollstrategie der geordneten Input-Resolution mit Tiefensuche ist dazu so abzuändern, daß sukzessive alle Hornklauseln herangezogen werden, die sich mit der Resolventen eines Inferenzschrittes verknüpfen lassen. Dies ist nicht dahingehend mißzuverstehen,

---

Form von Wahrscheinlichkeiten in alle Richtungen durch das Netz propagiert werden müssen, erfordert die Lösung des Prognoseproblems bei der Unternehmungsbewertung das Propagieren von Wahrscheinlichkeiten nur in eine Richtung, nämlich vom Bedingungskomplex der Prognose zu den Knoten, die die jeweilige Ausprägung des bewertungsrelevanten Ergebnisses repräsentieren.

26 Man beachte die Parallele zu dem in Kapitel II.C.2. angeführten Prognoseargument unter Verwendung subjektiver Wahrscheinlichkeiten. Der formale Zusammenhang, den die Regel von Jeffrey beschreibt, ist in der Wahrscheinlichkeitstheorie als Satz von der totalen Wahrscheinlichkeit bekannt. Jeffrey kommt das Verdienst zu, die Bedeutung dieses Satzes für Zwecke der Inferenz in entscheidungstheoretischen Kontexten erkannt zu haben; siehe Jeffrey (1967), S. 208ff. und 214ff., vgl. auch Stegmüller (1973b), S. 330ff. Um diesen Hintergrund zu verdeutlichen, ist hier von der Regel von Jeffrey anstatt vom Satz von der totalen Wahrscheinlichkeit die Rede; vgl. Pearl (1986a), S. 263; Kyburg (1987), S. 276.

27 Gemeint ist hier und im folgenden das Antezedens und das Konsequens, wie es sich nach den im Verlaufe des Inferenzprozesses erfolgenden Variablensubstitutionen darstellt. Es wird davon ausgegangen, daß alle Variablen bei der Ableitung der leeren Klausel durch Terme ohne Variablen substituiert werden.

28 Eine andere Möglichkeit zur Errechnung der Wahrscheinlichkeit des Antezedens bildet die Anwendung der aus der Fuzzy-Logik stammenden Regel P(a,b)=Min[P(a),P(b)]; vgl. z.B. Dudah/Reboh (1985), S. 120; zu den Implikationen siehe Quinlan (1983), S. 258; Grosof (1986), S. 270. Für den Verfasser ist nicht ersichtlich, inwiefern die Verwendung einer unter wahrscheinlichkeitstheoretischen Aspekten derart willkürliche Verknüpfungsregel gegenüber der Unabhängigkeitsannahme von Vorteil sein soll.

daß nun eine Breitensuche anstelle einer Tiefensuche zum Einsatz kommt: Die Inferenz richtet sich nach wie vor zunächst in die Tiefe. Erst wenn die Ableitung der leeren Klausel gelungen ist - natürlich auch dann, wenn der verfolgte Ableitungspfad scheitert -, werden im Wege des Backtracking weitere Klauseln herangezogen, die mit der Resolventen des jeweils vorhergehenden Inferenzschrittes verknüpft werden können.

Der Inferenzprozeß wird anhand eines Beispiels erläutert. Die das prognoserelevante Wissen verkörpernde Hornklauselmenge Γ sei:[29]

I) 0.8: künftige_brancheneträge[BRANCHE,überdurchschnittlich] ⇐
markteintrittsbarrieren[BRANCHE,hoch],
konkurrenzform[BRANCHE,qualitätswettbewerb]

II) 0.2: künftige_brancheneträge[BRANCHE,unterdurchschnittlich] ⇐
markteintrittsbarrieren[BRACHE,gering]
konkurrenzform[BRANCHE,qualitätswettbewerb]

III) 0.6: künftige_brancheneträge[BRANCHE,überdurchschnittlich] ⇐
markteintrittsbarrieren[BRANCHE,niedrig],
konkurrenzform[BRANCHE,qualitätswettbewerb]

IV) 0.4: künftige_brancheneträge[BRANCHE,unterdurchschnittlich] ⇐
markteintrittsbarrieren[BRANCHE,niedrig],
konkurrenzform[BRANCHE,qualitätswettbewerb]

V) 0.4: künftige_brancheneträge[BRANCHE,überdurchschnittlich] ⇐
markteintrittsbarrieren[BRANCHE,hoch],
konkurrenzform[BRANCHE,preiswettbewerb]

VI) 0.6: künftige_brancheneträge[BRANCHE,unterdurchschnittlich] ⇐
markteintrittsbarrieren[BRANCHE,hoch],
konkurrenzform[BRANCHE,preiswettbewerb]

VII) 0.2: künftige_brancheneträge[BRANCHE,überdurchschnittlich] ⇐
markteintrittsbarrieren[BRANCHE,niedrig],
konkurrenzform[BRANCHE,preiswettbewerb]

VIII) 0.8: künftige_brancheneträge[BRANCHE,unterdurchschnittlich] ⇐
markteintrittsbarrieren[BRANCHE,niedrig],
konkurrenzform[BRANCHE,preiswettbewerb]

---

29 Vgl. Porter (1988), S. 29ff. und S. 42.

IX) 0.9: markteintrittsbarrieren[BRANCHE,hoch] ⇐
produktdifferenzierung[BRANCHE,ausgeprägt],
kapitalbedarf[BRANCHE,groß]

X) 0.1: markteintrittsbarrieren[BRANCHE,niedrig] ⇐
produktdifferenzierung[BRANCHE,ausgeprägt],
kapitalbedarf[BRANCHE,groß]

XI) 0.7: markteintrittsbarrieren[BRANCHE,hoch] ⇐
produktdifferenzierung[BRANCHE,schwach],
kapitalbedarf[BRANCHE,groß]

XII) 0.3: markteintrittsbarrieren[BRANCHE,niedrig] ⇐
produktdifferenzierung[BRANCHE,schwach],
kapitalbedarf[BRANCHE,groß]

XIII) 0.4: markteintrittsbarrieren[BRANCHE,hoch] ⇐
produktdifferenzierung[BRANCHE,ausgeprägt],
kapitalbedarf[BRANCHE,gering]

XIV) 0.6: markteintrittsbarrieren[BRANCHE,niedrig] ⇐
produktdifferenzierung[BRANCHE,ausgeprägt],
kapitalbedarf[BRANCHE,gering]

XV) 0.2: markteintrittsbarrieren[BRANCHE,hoch] ⇐
produktdifferenzierung[BRANCHE,schwach],
kapitalbedarf[BRANCHE,gering]

XVI) 0.8: markteintrittsbarrieren[BRANCHE,niedrig] ⇐
produktdifferenzierung[BRANCHE,schwach],
kapitalbedarf[BRANCHE,hoch],

Gewünscht sei eine Prognose in bezug auf die künftige Ertragssituation in der Maschinenbaubranche. Hierzu wird der Hornklauselmenge die Anfrageklausel

⇐ künftige_branchenerträge[maschinenbau,ERTRÄGE]

hinzugefügt. Der Inferenzprozeß verläuft dann zunächst in den gewohnten Bahnen. Die Anfrageklausel resolviert im ersten Inferenzschritt mit Hornklausel I). Der allgemeinste Unifikator ist {BRANCHE|maschinenbau,ERTRÄGE| überdurchschnittlich}; die Resolvente lautet:

1) ⇐ markteintrittsbarrieren[maschinenbau,hoch],
konkurrenzform[maschinenbau,qualitätswettbewerb]

Im nächsten Inferenzschritt schließt sich die Resolution mit Klausel IX) an.

2) ⇐ produktdifferenzierung[maschinenbau,ausgeprägt],
kapitalbedarf[maschinenbau,groß],
konkurrenzform[maschinenbau,qualitätswettbewerb]

Es folgen drei Benutzeranfragen in bezug auf den Differenzierungsgrad, den Kapitalbedarf und die Art der Konkurrenz in der Maschinenbaubranche. Auf der Grundlage der Antworten des Benutzers werden folgende Klauseln in die Klauselmenge Δ aufgenommen, die die fallspezifischen Informationen repräsentiert:

A) 0.7: produktdifferenzierung[maschinenbau,ausgeprägt] ⇐

B) 0.3: produktdifferenzierung[maschinenbau,schwach] ⇐

C) 0.8: kapitalbedarf[maschinenbau,groß] ⇐

D) 0.2: kapitalbedarf[maschinenbau,gering] ⇐

E) 0.9: konkurrenzform[maschinenbau,qualitätswettbewerb] ⇐

F) 0.1: konkurrenzform[maschinenbau,preiswettbewerb] ⇐

Die Verknüpfung der Klauseln A), C) und E) mit der Resolventen des jeweils letzten Inferenzschrittes führt zu

3) ⇐ kapitalbedarf[maschinenbau,groß],
konkurrenzform[maschinenbau,qualitätswettbewerb],

4) ⇐ konkurrenzform[maschinenbau,qualitätswettbewerb]

und schließlich zur leeren Klausel.

Bis dahin entsprach der Inferenzprozeß völlig demjenigen bei der gewöhnlichen geordneten Input-Resolution mit Tiefensuche. An dieser Stelle nun kommt die vorgenommene Modifikation der Kontrollstrategie zum Tragen. Das Backtracking zu den Resolventen 4), 3) und 2) bleibt ohne Erfolg, weil außer den in Klauselform transformierten Antworten des Benutzers keine weiteren Klauseln zur Verfügung stehen, die mit 4), 3) oder 2) resolvieren. Mit Resolvente 1) jedoch lassen sich außer Klausel IX) auch die Klauseln XI), XIII) und XV) verknüpfen. Die dabei durchzuführenden Inferenzschritte sind im einzelnen leicht nachzuvollziehen. Mit Hilfe der Regel von Jeffrey errechnet sich insgesamt eine Wahrscheinlichkeit von 0,504 + 0,168 + 0,056 + 0,012 = 0,74 dafür, daß dem Markteintritt in der Maschinenbaubranche große Widerstände entgegenstehen.

Damit sind auch die Wahrscheinlichkeiten der Literale des Antezedens von Klausel I) bekannt, so daß für das Konsequens dieser Klausel eine vorläufige

Wahrscheinlichkeit von 0,8 · 0,74 · 0,9 = 0,5328 errechnet werden kann. Die sich anschließende Resolution der Anfrageklausel mit den Klauseln III), V) und VII) führt insgesamt zu einer Wahrscheinlichkeit von 0,708 für die Annahme künftig überdurchschnittlicher Erträge in der Maschinenbaubranche. Entsprechend ergibt sich im Wege der Resolution der Anfrageklausel mit den Klauseln II), IV), VI) und VIII) eine Wahrscheinlichkeit von 0,292 für den Fall, daß die Unternehmungen der Maschinenbaubranche in Zukunft nur unterdurchschnittliche Erträge erwirtschaften werden. Im Beispiel addieren sich die ermittelten Wahrscheinlichkeiten für die möglichen Ausprägungen des interessierenden Sachverhalts also zu eins. Ist dies aufgrund von Unvollkommenheiten der Wissensrepräsentation nicht der Fall, so sind die ermittelten Wahrscheinlichkeiten als Wahrscheinlichkeitsuntergrenzen zu interpretieren, wie aus der Regel von Jeffrey zu ersehen ist.[30]

Neben der einfachen Implementierbarkeit besitzt das dargestellte Inferenzverfahren die wünschenswerte Eigenschaft, daß es genau in die geordnete Input-Resolution mit Tiefensuche übergeht, wenn allen Hornklauseln die Wahrscheinlichkeit eins zugeordnet wurde und wenn auch die vom Benutzer spezifizierten Wahrscheinlichkeiten entweder eins oder null sind. Der Schwachpunkt des Verfahrens liegt in der Beschränkung auf Hornklauselmengen, die ausschließlich Einflußfaktorennetze mit Baumstruktur repräsentieren. Jeder Versuch, diese Restriktion zu überwinden, d.h., das erläuterte Inferenzverfahren so anzupassen, daß auch azyklische Einflußfaktorennetze abgearbeitet werden können, stößt auf größte Schwierigkeiten. Kann nämlich die Wahrscheinlichkeit des Antezedens einer Hornklausel nicht mehr durch Multiplikation der (unbedingten) Wahrscheinlichkeiten der darin vorkommenden Literale ermittelt werden, so ist ein autonomes Propagieren von Wahrscheinlichkeiten an den Knoten des Einflußfaktorennetzes nicht mehr möglich. Sinnvoller als die Suche nach einem allgemeineren Inferenzverfahren scheint es deshalb, schon im Stadium des Wissenserwerbs darauf zu achten, daß das prognoserelevante Wissen ausschließlich Einflußfaktorennetze mit Baumstruktur widerspiegelt.[31]

---

30 Zur Behandlung von Wahrscheinlichkeitsintervallen bei der Lösung des Bewertungsproblems siehe Fn. 37 im nächsten Abschnitt.

31 Zu dieser Schlußfolgerung kommt auch Pearl (1986a), S. 268ff. Pearl vertritt die Auffassung, daß von Menschen eingeführte abstrakte Größen - wie z.B. elektromagnetische Felder - den Charakter von "Dummy"-Knoten besitzen, mittels derer komplexere Einflußfaktorennetze in solche mit Baumstruktur überführt werden, um Inferenzprozesse zu erleichtern.

3. Entropiemaximierende Inferenz

Befriedigend ist die damit in die Prognose einfließende Annahme, daß sich die wesentlichen Abhängigkeitsbeziehungen zwischen den betrachteten Einflußfaktoren und dem bewertungsrelevanten Ergebnis durch ein Einflußfaktorennetz mit Baumstruktur darstellen lassen, jedoch nicht. Zwischen der künftigen Entwicklung einer Unternehmung und manchen der darauf einwirkenden Einflußfaktoren bestehen nämlich ohne Zweifel auch Zusammenhänge, deren Repräsentation durch Einflußfaktorennetze mit Baumstruktur nicht ohne Vernachlässigung prognostisch wichtiger Beziehungen möglich oder praktikabel ist. Um auch für solche Zusammenhänge eine adäquate Behandlungsweise zu finden, ist es sinnvoll, noch einmal an den Ausgangspunkt der Überlegungen zurückzugehen, d.h., noch einmal über das Ziel des Einsatzes eines wissensbasierten Prognosesystems nachzudenken. Ziel von Prognosen allgemein ist es, die Ungewißheit über künftige Gegebenheiten zu reduzieren. Die methodologischen Überlegungen haben gezeigt, daß dies nur auf der Grundlage von Erfahrungswissen möglich ist, wie es sich in einer Hornklauselmenge widerspiegelt. Wenn nun dieses Erfahrungswissen nicht alle prognostisch relevanten Beziehungen zwischen den betrachteten Einflußfaktoren und dem bewertungsrelevanten Ergebnis abdeckt, weil die zur Wissensrepräsentation herangezogene Hornklauselmenge nur einen Teil der relevanten Abhängigkeitsbeziehungen umfaßt, so resultiert allein daraus zunächst kein Problem. Im Grunde ist es nämlich nicht von vordringlicher Bedeutung, daß man zu einer Prognose gelangt, die alle stochastischen Abhängigkeiten zwischen den betrachteten Faktoren berücksichtigt. Wichtig ist nur, daß die bekannten stochastischen Abhängigkeiten bei der Prognoseerstellung korrekt genutzt werden und daß die Unkenntnis stochastischer Abhängigkeiten in adäquater Weise behandelt wird. Die entscheidende Frage lautet natürlich, was dabei als adäquat bezeichnet werden kann. Einfach von der Unabhängigkeit von Einflußfaktoren auszugehen, wenn über deren stochastische Abhängigkeit nichts bekannt ist, ist sicherlich nicht als adäquate Vorgehensweise anzusehen.

Ein sinnvollerer Ansatzpunkt zur Behandlung unbekannter, d.h. nicht repräsentierter stochastischer Abhängigkeiten resultiert aus der Überlegung, daß Unkenntnis nicht zur Einbeziehung von tatsächlich nicht vorhandenem Wissen führen darf. Akzeptiert man diesen Gedanken, so ist der Prognoseerstellung diejenige gemeinsame Wahrscheinlichkeitsverteilung der betrachteten Einflußfaktoren und des bewertungsrelevanten Ergebnisses zugrunde zu legen, die den geringstmöglichen Wissensstand bzw. die größtmögliche Ungewißheit repräsentiert. Als Maß für die mit der gemeinsamen Wahrscheinlichkeitsverteilung verbundene Ungewißheit bietet sich die Entropie an, die bereits in

Kapitel II.C.3 erläutert worden war.[32] Die bekannten bedingten und unbedingten Wahrscheinlichkeiten bilden Restriktionen, die die der Prognoseerstellung zugrunde zu legende gemeinsame Wahrscheinlichkeitsverteilung mit maximaler Entropie erfüllen muß.

Der auf dieser Überlegung aufbauende Ansatz der entropiemaximierenden Inferenz[33] wird an einem Beispiel erläutert, um die Darstellung überschaubar zu halten. Das prognoserelevante Wissen sei durch Einflußfaktorennetze symbolisiert, die folgende Struktur aufweisen:

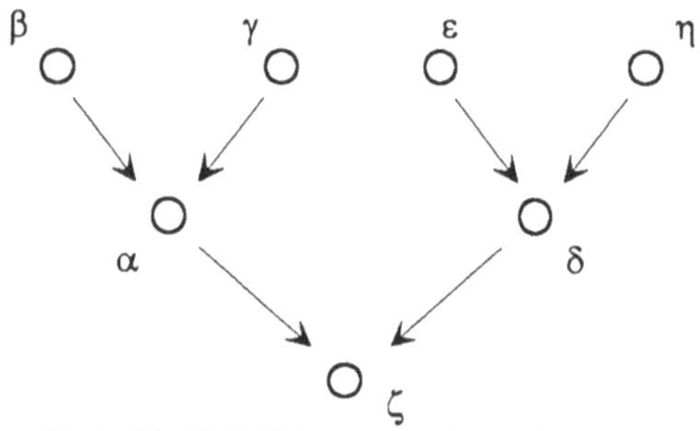

Abb. 14: Ein Einflußfaktorennetz mit 6 Einflußfaktoren

Die Entropie der gemeinsamen Wahrscheinlichkeitsverteilung des bewertungsrelevanten Ergebnisses und der betrachteten Einflußfaktoren ist:

$$H = - \sum_{i,j,k,l,m,n,o} P(\zeta_i, \alpha_j, \beta_k, \gamma_l, \delta_m, \varepsilon_n, \eta_o) \ln P(\zeta_i, \alpha_j, \beta_k, \gamma_l, \delta_m, \varepsilon_n, \eta_o)$$

Dabei bezeichnen die Indizes i,j,k,l,m,n und o die Ausprägungen der jeweiligen Einflußfaktoren; ihr Wertebereich kann im folgenden offen bleiben. Die aus den bekannten Wahrscheinlichkeiten resultierenden Nebenbedingungen lauten:

---

32 Siehe Cheeseman (1983), S. 198; Kritik an der Verwendung der Entropie als Maßstab für die mit einer Wahrscheinlichkeitsverteilung verbundene Ungewißheit in diesem Zusammenhang übt Hunter (1986), S. 203f.

33 Vgl. zur folgenden Darstellung Cheeseman (1983); siehe auch Genesereth/Nilsson (1989), S. 283ff. Ein anderes Verfahren zur Ermittlung einer entropiemaximalen Wahrscheinlichkeitsverteilung unter Nebenbedingungen findet sich in Goldman/Rivest (1988). Dem hier geschilderten Ansatz der entropiemaximierenden Inferenz verwandt sind Ansätze, die auf die Maximierung der relativen Entropie, d.h. auf die Minimierung des Informationszuwachses bei Bekanntwerden neuer Wahrscheinlichkeiten, abzielen; siehe dazu Shore (1986); Hunter (1986).

$$
\begin{aligned}
P(\zeta_i|\alpha_j,\delta_m) &= P_\zeta^{ijm}, \\
P(\alpha_j|\beta_k,\gamma_l) &= P_\alpha^{jkl}, \\
P(\delta_m|\varepsilon_n,\eta_o) &= P_\delta^{mno}, \\
P(\beta_k) &= P_\beta^{k}, \\
P(\gamma_l) &= P_\gamma^{l}, \\
P(\varepsilon_n) &= P_\varepsilon^{n} \quad \text{und} \\
P(\eta_o) &= P_\eta^{o}.
\end{aligned}
$$

Zur Maximierung der Entropie unter Beachtung der Nebenbedingungen dient die Lagrange-Funktion:

$$
\begin{aligned}
&L[P(\zeta_i,..,\eta_o)..,\lambda,\lambda_\zeta^{111},...,\lambda_\alpha^{111},...,\lambda_\delta^{111},...,\lambda_\beta^{1},...,\lambda_\gamma^{1},...,\lambda_\varepsilon^{1},...,\lambda_\eta^{1},...] = \\
&- \sum_{i,j,k,l,m,n,o} P(\zeta_i,..,\eta_o) \ln P(\zeta_i,..,\eta_o) \\
&- \lambda \left(\sum_{i,j,k,l,m,n,o} P(\zeta_i,..,\eta_o) - 1 \right) \\
&- \sum_{i,j,m} \lambda_\zeta^{ijm} \left(\sum_{k,l,n,o} P(\zeta_i,..,\eta_o) - P_\zeta^{ijm} \sum_{i,k,l,n,o} P(\zeta_i,..,\eta_o) \right) \\
&- \sum_{j,k,l} \lambda_\alpha^{jkl} \left(\sum_{i,m,n,o} P(\zeta_i,..,\eta_o) - P_\alpha^{jkl} \sum_{i,j,m,n,o} P(\zeta_i,..,\eta_o) \right) \\
&- \sum_{m,n,o} \lambda_\delta^{mno} \left(\sum_{i,j,k,l} P(\zeta_i,..,\eta_o) - P_\delta^{mno} \sum_{i,j,k,l,m} P(\zeta_i,..,\eta_o) \right) \\
&- \sum_{k} \lambda_\beta^{k} \left(\sum_{i,j,l,m,n,o} P(\zeta_i,..,\eta_o) - P_\beta^{k} \right) \\
&- \sum_{l} \lambda_\gamma^{l} \left(\sum_{i,j,k,m,n,o} P(\zeta_i,..,\eta_o) - P_\gamma^{l} \right) \\
&- \sum_{n} \lambda_\varepsilon^{n} \left(\sum_{i,j,k,l,m,o} P(\zeta_i,..,\eta_o) - P_\varepsilon^{n} \right) \\
&- \sum_{o} \lambda_\eta^{o} \left(\sum_{i,j,k,l,m,n} P(\zeta_i,..,\eta_o) - P_\eta^{o} \right)
\end{aligned}
$$

Aus den partiellen Ableitungen der Lagrange-Funktion nach $P(\zeta_{i*},..,\eta_{o*})$ ergeben sich folgende Bedingungen erster Ordnung für das Vorliegen eines relativen Extremums:

$$\frac{\delta L}{\delta P(\zeta_{i*},..,\eta_{o*})} = -1 - \ln P(\zeta_{i*},..,\eta_{o*}) - 1$$
$$- \lambda_\zeta{}^{i*j*m*} + \sum_i \lambda_\zeta{}^{ij*m*} P_\zeta{}^{ij*m*}$$
$$- \lambda_\alpha{}^{j*k*l*} + \sum_j \lambda_\alpha{}^{jk*l*} P_\alpha{}^{jk*l*}$$
$$- \lambda_\delta{}^{m*n*o*} + \sum_m \lambda_\delta{}^{mn*o*} P_\delta{}^{mn*o*}$$
$$- \lambda_\beta{}^{k*} - \lambda_\gamma{}^{l*} - \lambda_\varepsilon{}^{n*} - \lambda_\eta{}^{o*} \stackrel{!}{=} 0$$

für alle $P(\zeta_{i*},..,\eta_{o*})$

Die Substitutionen

$$e^{-1-\lambda} = X,$$
$$e^{-\lambda_\beta k*} = X_\beta{}^{k*},$$
$$e^{-\lambda_\gamma l*} = X_\gamma{}^{l*},$$
$$e^{-\lambda_\varepsilon n*} = X_\varepsilon{}^{n*},$$
$$e^{-\lambda_\eta o*} = X_\eta{}^{o*},$$
$$e^{-\lambda_\zeta i*j*m*} = X_\zeta{}^{i*j*m*} \quad ,$$
$$e^{-\lambda_\alpha j*k*l*} = X_\alpha{}^{j*k*l*} \quad \text{und}$$
$$e^{-\lambda_\delta m*n*o*} = X_\delta{}^{m*n*o*}$$

führen zu:

$$P(\zeta_{i*},..,\eta_{o*}) = X \; X_\zeta{}^{i*j*m*} \prod_i X_\zeta{}^{ij*m*\, -P_\zeta{}^{ij*m*}}$$
$$X_\alpha{}^{j*k*l*} \prod_j X_\alpha{}^{jk*l*\, -P_\alpha{}^{jk*l*}}$$
$$X_\delta{}^{m*n*o*} \prod_m X_\delta{}^{mn*o*\, -P_\delta{}^{mn*o*}}$$
$$X_\beta{}^{k*} X_\gamma{}^{l*} X_\varepsilon{}^{n*} X_\eta{}^{o*}$$

Die Faktoren dieses Produkts können mit Hilfe numerischer Techniken auf der Grundlage der übrigen Bedingungen erster Ordnung für das Vorliegen eines relativen Extremums ermittelt werden. Da die Entropie eine konkave bzw. von oben konvexe Funktion der einbezogenen Wahrscheinlichkeiten ist[34], muß es sich bei diesem Extremum um ein absolutes Maximum handeln.

Die Sterne, die zur näheren Bezeichnung der $P(\zeta_i,..,\eta_o)$ dienten, nach denen die Lagrange-Funktion abgeleitet wurde, entfallen im weiteren. Substituiert man

$$X = Q, \quad Q_\beta{}^k = X_\beta{}^k, \quad Q_\gamma{}^l = X_\gamma{}^l, \quad Q_\varepsilon{}^n = X_\varepsilon{}^n, \quad Q_\eta{}^o = X_\eta{}^o$$

sowie

$$Q_\zeta{}^{ijm} = X_\zeta{}^{ijm} \prod_i X_\zeta{}^{ijm\ -P_\zeta{}^{ijm}},$$

$$Q_\alpha{}^{jkl} = X_\alpha{}^{jkl} \prod_j X_\alpha{}^{jkl\ -P_\alpha{}^{jkl}} \text{ und}$$

$$Q_\delta{}^{mno} = X_\delta{}^{mno} \prod_m X_\delta{}^{mno\ -P_\delta{}^{mno}},$$

so ergibt sich die entropiemaximale gemeinsame Wahrscheinlichkeitsverteilung des bewertungsrelevanten Ergebnisses und der betrachteten Einflußfaktoren aus:

$$P(\zeta_i,..,\eta_o) = Q\ Q_\zeta{}^{ijm}\ Q_\alpha{}^{jkl}\ Q_\delta{}^{mno}\ Q_\beta{}^k\ Q_\gamma{}^l\ Q_\varepsilon{}^n\ Q_\eta{}^o$$

Die im Rahmen der Prognoseerstellung gesuchten Wahrscheinlichkeiten $P(\zeta_i)$ sind dann:

$$P(\zeta_i) = Q \sum_{j,m} Q_\zeta{}^{ijm} \sum_{k,l} Q_\alpha{}^{jkl}\ Q_\beta{}^k\ Q_\gamma{}^l \sum_{n,o} Q_\delta{}^{mno}\ Q_\varepsilon{}^n\ Q_\eta{}^o$$

Ein Vergleich dieser Formel mit der Rechenvorschrift zur Ermittlung der gleichen Wahrscheinlichkeit auf der Basis von Unabhängigkeitsannahmen zeigt, daß die Berechnung demselben Schema folgt. Das im letzten Abschnitt erläuterte Inferenzverfahren kann folglich auch zur entropiemaximierenden Inferenz verwendet werden. Hierzu ist es lediglich erforderlich, den Hornklauseln anstelle der bedingten Wahrscheinlichkeiten $P_\zeta{}^{ijm}$, $P_\alpha{}^{jkl}$ und $P_\delta{}^{mno}$ die "generalisierten Wahrscheinlichkeiten"[35] $Q_\zeta{}^{ijm}$, $Q_\alpha{}^{jkl}$ und $Q_\delta{}^{mno}$ zuzuordnen und die ermittelten Wahrscheinlichkeiten mit Hilfe des Faktors Q zu normalisieren. Die Berechnung der generalisierten Wahrscheinlichkeiten ist zwar sehr komplex, hieraus resultiert aber kein wesentlicher Einwand gegen den

---

[34] Vgl. Jaglom/Jaglom (1965), S. 163ff.

[35] Der Begriff "generalisierte Wahrscheinlichkeiten" geht zurück auf den Titel des bereits genannten Aufsatzes von Cheeseman (1983).

Ansatz der entropiemaximierenden Inferenz, da sie nur einmal für beliebige Wahrscheinlichkeiten $P_{\beta}{}^{k}$, $P_{\gamma}{}^{l}$, $P_{\varepsilon}{}^{n}$ und $P_{\eta}{}^{o}$ erfolgen muß. Wird vom Benutzer im Laufe einer Konsultation z.B. die Wahrscheinlichkeitsverteilung $P^*(\beta_k)$ spezifiziert, so ergeben sich die generalisierten Wahrscheinlichkeiten $Q^*_{\beta}{}^{k}$ aus:[36]

$$Q^*_{\beta}{}^{k} = P^*(\beta_k)\,\frac{Q_{\beta}{}^{k}}{P_{\beta}{}^{k}}$$

Speichert man den zweiten Faktor auf der rechten Seite für jede alternative Ausprägung der Einflußfaktoren, die den Bedingungskomplex der Prognose ausmachen, so lassen sich die für den weiteren Inferenzprozeß benötigten generalisierten Wahrscheinlichkeit $Q^*_{\beta}{}^{k}$ durch Multiplikation mit den vom Benutzer angegebenen Wahrscheinlichkeiten $P^*(\beta_k)$ ermitteln, ohne daß die übrigen generalisierten Wahrscheinlichkeiten erneut berechnet werden müssen.

Das Ausmaß, in dem sich die mit Hilfe des Ansatzes der entropiemaximierenden Inferenz ermittelten Wahrscheinlichkeiten von denjenigen unterscheiden, die sich auf der Basis von Unabhängigkeitsannahmen ergeben, hängt vom Einzelfall ab. In dem Beispiel im letzten Abschnitt errechnet sich eine Wahrscheinlichkeit von 0,297 (0,292) für künftig unterdurchschnittliche und eine Wahrscheinlichkeit von 0,703 (0,708) für künftig überdurchschnittliche Erträge in der Maschinenbaubranche. Ein Vergleich mit den in Klammern aufgeführten, auf der Grundlage von Unabhängigkeitsannahmen berechneten Wahrscheinlichkeiten zeigt, daß die prognostizierte Verteilung eine geringfügig größere Entropie aufweist. Hierin spiegelt sich die mit der Prognose verbundene größere Ungewißheit wider, die aus der Zugrundelegung der entropiemaximalen gemeinsamen Wahrscheinlichkeitsverteilung des bewertungsrelevanten Ergebnisses und der darauf einwirkenden Einflußfaktoren bei der Prognoseerstellung resultiert.

Der Ansatz der entropiemaximierenden Inferenz stellt für die Behandlung komplexer Abhängigkeitsbeziehungen gegenüber der Inferenz unter Unabhängigkeitsannahmen einen wesentlichen Fortschritt dar, weil er auf einer sinnvollen Überlegung darüber aufbaut, wie die nicht repräsentierten stochastischen Abhängigkeiten zwischen den betrachteten Faktoren behandelt werden sollten. Der Ansatz ist darüber hinaus relativ einfach handhabbar und läßt sich wie die Inferenz auf der Basis von Unabhängigkeitsannahmen problemlos in die geordnete Input-Resolution mit Tiefensuche einbinden. Vom theoretischen Standpunkt scheint insbesondere die Möglichkeit einer Kopplung der entropiemaximierenden Inferenz mit der Inferenz unter Unabhängigkeitsan-

---

36 Vgl. Cheeseman (1983), S. 201.

nahmen dergestalt interessant, daß für Einflußfaktorenkomplexe mit vielfältigen und komplizierten Abhängigkeitsbeziehungen der eine, für solche mit wenigen und überschaubaren Beziehungen der andere Ansatz zur Anwendung gelangt.

4. Zur Verwendung von Wahrscheinlichkeitsintervallen

Neben der Ungewißheit, die sich in der Angabe von Wahrscheinlichkeiten für die möglichen Ausprägungen des bewertungsrelevanten Ergebnisses äußert, fließt in die erstellte Prognose noch eine andere Form der Ungewißheit ein, von der bisher ausschließlich im Zusammenhang mit den Überlegungen zur Qualität von Prognosen die Rede war. Quelle dieser Ungewißheit sind die bei der Ableitung der Prognose verwendeten subjektiven Wahrscheinlichkeitseinschätzungen, weil subjektive Wahrscheinlichkeiten - wie in Kapitel II.C.3. erläutert - selbst in unterschiedlichem Ausmaß vertrauenswürdig sein können. Auch diese Ungewißheit 2. Ordnung ist grundsätzlich bei der Lösung des Prognoseproblems aufzudecken, um sie nachfolgend bei der Lösung des Bewertungsproblems mit den Präferenzen des Bewertungssubjekts konfrontieren zu können.[37] Erfolgt dies nicht, so wird dem Bewertungssubjekt eine tatsächlich nicht vorhandene, trügerische Sicherheit in bezug auf die in den subjektiven Wahrscheinlichkeiten zum Ausdruck kommende Ungewißheit vorgegaukelt, die leicht zu Fehleinschätzungen führen kann. Das Unwohlsein, das Bewertungstheoretiker aus diesem Grund bei der Angabe subjektiver Wahrscheinlichkeiten ohne Hinweis auf deren Vertrauenswürdigkeit empfinden, umschreibt Bretzke mit der provokanten Frage: "Kann man unsichere Erwartungen sicher erwarten?"[38]

---

[37] Verfügt man bei der Lösung des Bewertungsproblems lediglich über Bandbreiteninformationen für die Wahrscheinlichkeiten der relevanten künftigen Ergebnisse, so sind zunächst die zulässigen Wahrscheinlichkeitsverteilungen durch Lösung des Ungleichungssystems

$$\Sigma_i P_i = 1$$

$$P^u_i \leq P_i \leq P^o_i \qquad \text{für alle } i$$

zu ermitteln. Dabei bezeichnen P^u_i und P^o_i die untere und die obere Wahrscheinlichkeitsgrenze der i-ten Ausprägung des bewertungsrelevanten Ergebnisses. Für jede zulässige Wahrscheinlichkeitsverteilung läßt sich dann mittels der Präferenzen des Bewertungssubjekts der Handlungsmöglichkeit mit Unternehmungstransaktion eine Nutzengröße zuordnen. Dem sich hieran anschließenden Alternativenvergleich ist eine Entscheidungsregel für Unsicherheitssituationen, etwa das Mini-Max-Kriterium, zugrunde zu legen. Siehe zu dieser Vorgehensweise Ballwieser (1990), S. 179ff. Mit der Verwendung von Wahrscheinlichkeitsintervallen bei der Lösung von Entscheidungsproblemen beschäftigen sich neuerdings auch einige Forscher der Künstlichen Intelligenz, was den interdisziplinären Ansatz der Künstlichen Intelligenz unterstreicht; siehe z.B. Loui (1986).

[38] Bretzke (1988), S. 816ff.

Eine Möglichkeit, die mit der Verwendung subjektiver Wahrscheinlichkeiten einhergehende Ungewißheit 2. Ordnung transparent zu machen, nämlich die Verwendung von Wahrscheinlichkeitsintervallen anstelle von Punktwahrscheinlichkeiten, wurde bereits in Kapitel II.C.3. erläutert. Den Hintergrund der dort angestellten Überlegungen bildete das Repräsentationstheorem von de Finetti, nach dem sich subjektive Wahrscheinlichkeiten als gewogenes Mittel Bernoullischer Wahrscheinlichkeitsmaße verstehen lassen, wobei die Gewichtungsfaktoren selbst als Wahrscheinlichkeiten gedeutet werden können. Aus der Konvergenz subjektiver Wahrscheinlichkeiten bei zunehmender Einbeziehung von Erfahrungen ergab sich, daß subjektive Wahrscheinlichkeitsurteile um so vertrauenswürdiger sind, je kleiner das (Wahrscheinlichkeits-)Intervall ist, in dem sich ein vorgegebener Prozentsatz der Dichte dieser Wahrscheinlichkeiten konzentriert.

Die Notwendigkeit, die durch die Verwendung subjektiver Wahrscheinlichkeitseinschätzungen in die Prognose einfließende Ungewißheit 2. Ordnung aufzudecken, läßt es sinnvoll erscheinen, derartige Wahrscheinlichkeitsintervalle anstelle von Punktwahrscheinlichkeiten in einem wissensbasierten Prognosesystems zur Unternehmungsbewertung zu verwenden.[39] Bei Verwendung des im vorletzten Abschnitt erläuterten Inferenzverfahrens bereitet dies keinerlei Schwierigkeiten: Anstatt einer Punktwahrscheinlichkeit sind den Hornklauseln jeweils eine obere und eine untere Wahrscheinlichkeitsgrenze zuzuordnen, und anstelle einer Punktwahrscheinlichkeit sind Wahrscheinlichkeitsgrenzen durch das Einflußfaktorennetz zu propagieren. Dabei ist lediglich darauf zu achten, daß die für die einzelnen Literale abgeleiteten Wahrscheinlichkeitsobergrenzen nicht größer als eins werden, was ohne Schwierigkeiten durch die Einfügung einer entsprechenden Vergleichsoperation zu bewerkstelligen ist. Dem Benutzer eines derartigen Systems steht es offen, Wahrscheinlichkeitsintervalle anstelle von Punktwahrscheinlichkeiten im Verlaufe der Spezifizierung des Bedingungskomplexes der Prognose anzugeben und damit dem Grad der Sicherheit, den er mit seinen subjektiven Wahrscheinlichkeitseinschätzungen verbindet, Ausdruck zu verleihen.

---

39 Die Verwendung zweier Kennzahlen zur Beschreibung der mit einer Proposition verbundenen Ungewißheit hat in der Künstlichen Intelligenz lange Tradition; ein prominentes Beispiel ist das System MYCIN, in dem jeweils die Evidenz für und diejenige gegen eine bestimmte Hypothese getrennt behandelt werden; vgl. z.B. Shortliffe/Buchanan (1984), S. 247ff. Erwähnt sei auch die Evidenztheorie von Dempster/Shafer, die ebenfalls jeweils zwei Kennzahlen zur Beschreibung der mit einer Proposition verbundenen Ungewißheit vorsieht; siehe Puppe (1991), S. 47ff. Wahrscheinlichkeitsintervalle werden z.B. von Quinlan in seinem System INFERNO verwendet. Siehe Quinlan (1983); eine Diskussion enthält Liu/Gammermann (1986).

Die Verwendung von Wahrscheinlichkeitsintervallen eröffnet prinzipiell auch die Möglichkeit, mit Hilfe des im vorletzten Abschnitt erläuterten Inferenzverfahrens Prognosen auf der Grundlage von Hornklauselmengen zu erstellen, die azyklische Einflußfaktorennetze widerspiegeln. Basis der Vorgehensweise ist dabei die Beziehung

$$\begin{aligned} &\mathrm{Max}[\,0\,;\,1-(\,1-P(\alpha)\,)-(\,1-P(\beta)\,)-\ldots-(\,1-P(\gamma)\,)\,] \\ &\qquad\leq\ P(\alpha,\beta,..,\gamma)\ \leq \\ &\qquad\qquad \mathrm{Min}[\,P(\alpha)\,,\,P(\beta)\,,\,\ldots\,,\,P(\gamma)\,], \end{aligned}$$

die es ermöglicht, Wahrscheinlichkeitsgrenzen für das Antezedens einer Hornklausel auf der Basis unbedingter Wahrscheinlichkeiten zu berechnen, wenn die abgebildeten Einflußfaktoren stochastisch abhängig sind.[40] Ein derartiges Inferenzverfahren kommt jedoch für die Inferenz in einem wissensbasierten Prognosesystem zur Unternehmungsbewertung kaum in Frage, weil die Wahrscheinlichkeitsintervalle im Verlaufe des Inferenzprozesses zu schnell zu groß werden.[41]

Auch wenn man von der Nutzung dieser Ungleichungen absieht, ist mit der Verwendung von Wahrscheinlichkeitsintervallen ein schwerwiegender Nachteil verbunden. Sie läßt sich nämlich nicht mit dem Ansatz der entropiemaximierenden Inferenz vereinbaren. Zwar ist es prinzipiell möglich, einen Ansatz der Nichtlinearen Programmierung zu formulieren, mittels dessen die Entropie der gemeinsamen Wahrscheinlichkeitsverteilung des bewertungsrelevanten Ergebnisses und der darauf einwirkenden Einflußfaktoren unter den aus den gegebenen Wahrscheinlichkeitsintervallen resultierenden Nebenbedingungen maximiert wird. Aus den Kuhn-Tucker-Bedingungen für ein absolutes Maximum (konvexes Problem mit konkaver Zielfunktion) kann auch eine Charakterisierung der gemeinsamen Wahrscheinlichkeiten als Produkte generalisierter Wahrscheinlichkeiten hergeleitet werden. Diese generalisierten Wahrscheinlichkeiten müssen jedoch alle neu berechnet werden, sobald sich auch nur ein Wahrscheinlichkeitsintervall ändert. Für praktische Anwendungen ist dies nicht akzeptabel. Ob die Offenlegung der Ungewißheit 2. Ordnung im Wege der Verwendung von Wahrscheinlichkeitsintervallen damit letztlich den Vorteil der besser fundierten Behandlung unbekannter stochastischer Abhängigkeiten bei der entropiemaximierenden Inferenz aufwiegt, hängt von der Vertrauenswürdigkeit der verwendeten subjektiven Wahrscheinlichkeitseinschätzungen und der Komplexität der repräsentierten Zusammenhänge ab und muß daher der Beurteilung im Einzelfall vorbehalten bleiben.

---

[40] Dies macht sich z.B. das System INFERNO zunutze; vgl. Quinlan (1983), S. 260ff.
[41] Vgl. Kruse/Schwecke/Heinsohn (1991), S. 257.

VI. Automatisierter Erwerb prognoserelevanten Wissens aus Beispielen für Unternehmungsentwicklungen

A. Ermittlung deterministischer Zusammenhänge

1. Wissenserwerb als Suche nach konsistenten und vollständigen empirischen Generalisierungen

Wären deterministische oder stochastische nomologische Hypothesen bekannt, auf deren Grundlage man Unternehmungsentwicklungen prognostizieren könnte, und wären diese als Hornklauselmenge der Prädikatenlogik 1. Ordnung bzw. mit Hilfe der probabilistischen Logik (unter Verwendung eines objektiven Wahrscheinlichkeitsbegriffs) darstellbar, so könnte die vorliegende Arbeit an dieser Stelle abgeschlossen werden. Die prognoserelevanten Zusammenhänge müßten lediglich zusammengetragen, als Hornklauselmenge repräsentiert sowie in die Wissensbasis eines wissensbasierten Prognosesystems zur Unternehmungsbewertung eingebracht werden und ließen sich dann mit Hilfe der geschilderten Inferenzverfahren nutzbar machen. Die Sammlung und Transformation des prognoserelevanten Wissens wäre zwar ohne Zweifel mühselig, abgesehen von dem damit verbundenen Arbeitsaufwand stünden der Wissensakquisition aber keine Schwierigkeiten im Wege.

Nun stehen jedoch nomologische Hypothesen in den Wirtschaftswissenschaften nicht oder nicht in ausreichendem Maße zur Verfügung, weshalb die Prognose der bewertungsrelevanten künftigen Ergebnisse auf empirischen Generalisierungen (unter Verwendung eines subjektiven Wahrscheinlichkeitsbegriffs) aufbauen muß. Empirische Generalisierungen sind zu verstehen als aus Einzelfällen gewonnene, verallgemeinerte Aussagen über den Zusammenhang zwischen der Zugehörigkeit zu einer in bestimmter Weise charakterisierten Klasse von Unternehmungsentwicklungen und der zu erwartenden Ausprägung des bewertungsrelevanten Ergebnisses. Wurden z.B. mehrere Fälle beobachtet, in denen auf einen scharfen Anstieg der Zinsaufwendungen eine Insolvenz folgte[1], so könnte hieraus die Generalisierung abgeleitet wer-

[1] Vgl. Hauschildt (1988), S. 3.

den, daß bei jeder Unternehmung, die einen starken Anstieg der Zinsaufwendungen ausweist, eine Insolvenz bevorsteht. Natürlich würde man dieser Aussage keinen gesetzesartigen Charakter zugestehen. Gleichwohl kann man sie zu Prognosezwecken nutzen, indem man von einem plötzlichen Anstieg der Zinsaufwendungen auf eine möglicherweise bevorstehende Insolvenz schließt. Wie aus den in Kapitel II.C. angestellten Überlegungen zu folgern war und in Abschnitt III.B. am Beispiel regressionsanalytisch fundierter Prognosen gezeigt wurde, lassen sich alle derzeit angewendeten Verfahren zur Prognose von Unternehmungsentwicklungen auf die Verwendung empirischer Generalisierungen zurückführen.

Mit der Frage, wie empirische Generalisierungen aus Einzelfällen abgeleitet werden können, beschäftigen sich verschiedene Disziplinen. Am erfolgreichsten ist dabei sicherlich die Statistik, deren Verfahren von einer Beschreibung der zu generalisierenden Einzelfälle durch numerische Merkmalvektoren ausgehen. Im Rahmen der Künstlichen Intelligenz ist der Problemkreis dem Forschungsgebiet Maschinelles Lernen zuzuordnen.[2] Die Anfänge der Arbeiten hierzu datieren in den fünfziger Jahren; seit den achtziger Jahren werden mit einiger Regelmäßigkeit Erfolge erzielt, die zeigen, daß die Anwendung entsprechender Methoden zu fruchtbaren Ergebnissen führen kann.[3] Als Paradebeispiel hierfür dient das System META-DENDRAL[4], mittels dessen einige bis dahin nicht bekannte Regeln zur Auswertung von Massenspektrogrammen entwickelt wurden. Hervorzuheben sind auch die Systeme BACON[5] und AM[6], die zur "Wiederentdeckung" einer Reihe einfacher Naturgesetze bzw. einfacher Sätze der Zahlentheorie führten. Besonderer praktischer Erfolg wurde dem System AQ11[7] zuteil, mit dessen Hilfe Regeln zur Identifikation von Erkrankungen der Sojabohnenpflanze ermittelt wurden, die eine erheblich sicherere und genauere Diagnose als die bis dahin von Experten verwendeten Klassifikationsverfahren erlauben. Schließlich sei das System ID3[8] erwähnt,

---

2 Einen Überblick über das Forschungsgebiet Maschinelles Lernen geben Carbonell/Michalski/Mitchell (1984), S. 7ff.; Habel/Rollinger (1985), S. 257ff.

3 Zur Entwicklung des Forschungsgebietes Maschinelles Lernen siehe Carbonell/Michalski/Mitchell (1984), S. 14ff.

4 Das System META-DENDRAL beschreiben Buchanan/Mitchell (1978); Dietterich/Michalski (1981), S. 281ff.; Cohen/Feigenbaum (1982), S. 428ff.

5 Zu BACON siehe Langley/Bradshaw/Simon (1981); Langley/Bradshaw/Simon (1984); Langley et al. (1986).

6 Siehe Davis/Lenat (1982), S. 3ff.; Lenat/Brown (1984); Ritchie/Hanna (1984); Lenat (1984).

7 Siehe Cohen/Feigenbaum (1982), S. 423ff., insbesondere S. 427; Michie (1987), S. 146f.

8 Das System ID3 stellt eine Weiterentwicklung des Systems CLS von Hunt dar. Zu CLS, ID3 und den Nachfolgesystemen siehe O'Keefe (1983); Quinlan (1984); Hart (1984); Arbab/Michie (1985); Quinlan (1986); Shapiro (1987), S. 11ff.; Michie (1987), S. 147ff.; Quinlan et al. (1987), S. 160ff.; Mingers (1989); Clark/Niblett (1989).

dessen Lernalgorithmus den meisten heute kommerziell angebotenen Werkzeugen zum automatisierten Wissenserwerb zugrunde liegt.

Bei der hier mit den Methoden des Maschinellen Lernens zu lösenden Aufgabe geht es um die Ermittlung generalisierter Beschreibungen für mehrere, sich gegenseitig ausschließende Klassen von Unternehmungsentwicklungen, die durch bestimmte Ausprägungen des bewertungsrelevanten Ergebnisses gekennzeichnet sind (Multiple Concept Learning).[9] Da sich vermutlich nicht alle Unternehmungsentwicklungen, die zu einer Ergebnisausprägung führen, unter eine konjunktive, d.h. als Konjunktion von Beschreibungselementen darstellbare Generalisierung subsummieren lassen, muß die Möglichkeit bestehen, auch disjunktive Generalisierungen zu entwickeln. Die Lernaufgabe ist mit den Mitteln des Similarity-based Learning zu lösen, der Lernprozeß muß also an den Gemeinsamkeiten der Beispiele für Unternehmungsentwicklungen ansetzen, die einer Ergebnisklasse angehören. Die Entwicklung prognostisch verwertbarer empirischer Generalisierungen auf der Basis von Erklärungen darüber, warum eine beispielhafte Unternehmungsentwicklung zu den beobachteten Ergebnissen geführt hat (Explanation-based Learning[10]), scheidet aus, weil das zur Abgabe solcher Erklärungen notwendige Wissen nicht in erforderlichem Ausmaß vorhanden ist.[11] Dies bedeutet freilich nicht, daß bereits vorhandenes Wissen über ökonomische Zusammenhänge keine Verwendung findet. Im Gegenteil wird sich zeigen, daß der Erfolg des automatisierten Wissenserwerbs im Rahmen eines wissensbasierten Prognosesystems zur Unternehmungsbewertung entscheidend von der Möglichkeit abhängt, solches Wissen nutzbar zu machen.

In Anlehnung an die bisherige Vorgehensweise wird zunächst davon ausgegangen, daß für jede Ergebnisklasse mit dem aus der Konzeptualisierung des Systemwissens resultierenden Vokabular genau eine Generalisierung formuliert werden kann, die alle Unternehmungsentwicklungen abdeckt, die zu einer bestimmten Ergebnisausprägung führen, aber keine Unternehmungsentwicklung, die einer anderen Ergebnisklasse angehört. Diese Generalisierung sei als Disjunktion existenzquantifizierter Konjunktionen atomarer Formeln der Prädikatenlogik 1. Ordnung darstellbar. Wie sich später zeigen wird, führt dies unmittelbar zu der Annahme, daß die der Entwicklung von Unter-

---

9 Die Unterschiede zwischen Single Concept Learning und Multiple Concept Learning erörtern Cohen/Feigenbaum (1982), S. 420ff.; Michalski (1983), S. 120ff.

10 Zum Explanation-based Learning siehe einführend Mitchell/Kellar/Cedar-Kabelli (1986); Dejong/Mooney (1986). Einen Vergleich von Explanation-based Learning und Similarity-based Learning enthalten Kodratoff (1986), S. 165f.; Danyluk (1987), S. 274.

11 Daß in einem derartigen Fall Explanation-based Learning prinzipiell nicht möglich ist, betont Buchanan (1989), S. 252.

nehmungen zugrundeliegenden Zusammenhänge durch eine Hornklauselmenge der Prädikatenlogik 1. Ordnung repräsentiert werden können. Grundlage des Lernprozesses seien fehlerfreie und hinreichend ausführliche Beschreibungen beispielhafter Unternehmungsentwicklungen in Form existenzquantifizierter Konjunktionen atomarer Formeln der Prädikatenlogik 1. Ordnung. Die Beispiele werden im folgenden mit ξ, die Menge aller Beispiele, die der jeweils betrachteten Ergebnisklasse angehören, mit Ξ bezeichnet. Schließlich sei angenommen, daß der Systementwickler Vorwissen in bezug auf definitorische Beziehungen oder früher entwickelte Generalisierungen bereitstellt, das mit Θ symbolisiert wird.

Jede Generalisierung ψ, deren Anwendung für Prognosezwecke in Frage kommen soll, muß unter den getroffenen Annahmen bezüglich der vorhandenen Beispiele folgende Bedingungen erfüllen:[12]

1) Die Generalisierung ist konsistent, d.h., sie umfaßt ausschließlich Beispiele, die der jeweiligen Ergebnisklasse angehören:

$$\Theta \cup \{ \xi \} \not\models \psi \quad \text{für alle } \xi \notin \Xi$$

2) Die Generalisierung ist vollständig, d.h., sie deckt alle Beispiele ab, die der betrachteten Ergebnisklasse angehören:

$$\Theta \cup \{ \xi \} \models \psi \quad \text{für alle } \xi \in \Xi$$

Konsistente und vollständige Generalisierungen werden auch als zulässige Generalisierungen bezeichnet.

Ist davon auszugehen, daß eine hinreichend große Anzahl beispielhafter Unternehmungsentwicklungen zur Verfügung steht, so wird eine zulässige Generalisierung fast sicher der gesuchten, alle Unternehmungsentwicklungen korrekt klassifizierenden Generalisierung zumindest sehr ähnlich sein.[13] Unterstellt man im Grenzfall, daß die vorhandenen Beispiele alle denkbaren Unternehmungsentwicklungen umfassen, so muß es sich bei einer zulässigen Ge-

---

12 Die Terminologie ist in der Literatur recht unterschiedlich; siehe Mitchell (1982), S. 204; Michalski (1983), S. 119f.; Genesereth/Nilsson (1989), S. 226ff.

13 Die Untersuchungen von Valiant über die Frage, wieviele Beispiele benötigt werden, um zu einer "probably approximately correct identification" zu kommen, haben zur Entwicklung einer Komplexitätstheorie des Lernens geführt. Siehe dazu Valiant (1984); Valiant (1985); Angluin/Lard (1988); Hoffmann (1988); Hoffmann (1990); Kearns (1990); Laird (1990), S. 193ff. Kritik an den Überlegungen von Valiant übt Buntine (1989). Da im folgenden eine heuristisch gesteuerte Suche vorgeschlagen wird, sind die Ergebnisse der Komplexitätstheorie des Lernen für das vorgestellte Prognoseverfahren nicht von Interesse.

neralisierung um die gesuchte Generalisierungen handeln.[14] Aus der Tatsache, das eine Unternehmungsentwicklung unter diese Generalisierung fällt, kann dann mit Quasi-Sicherheit bzw. mit Sicherheit auf die Zugehörigkeit zu der entsprechenden Ergebnisklasse und damit auf die künftig zu erwartende Ergebnisausprägung geschlossen werden. Bezeichnet man die intendierte Interpretation mit $\mathcal{I}$, so gilt:

$$\models_{\mathcal{I}} \neg \psi \vee \zeta$$

Dabei symbolisiert die atomare Formel ζ die zu erwartende Ausprägung des bewertungsrelevanten Ergebnisses bzw. die entsprechende Ergebnisklasse. Handelt es sich bei ψ um eine rein konjunktive Generalisierung, so ergibt sich nach Überführung in Klauselform (PROLOG-Notation):

$$\zeta \Leftarrow \psi^*$$

Der Stern deutet darauf hin, daß eventuelle Existenzquantoren in ψ bei der Überführung in Klauselform durch Allquantoren ersetzt werden.[15] Bei einer disjunktiven Generalisierungen $\psi_1 \vee \psi_2$ folgt:[16]

$$\zeta \Leftarrow \psi^*_1 \qquad \text{und} \qquad \zeta \Leftarrow \psi^*_2$$

Gemeinsam mit dem als Hornklauselmenge repräsentierten Vorwissen Θ bilden die so gewonnenen Hornklauseln das prognoserelevante Wissen Γ.

Unter den getroffenen Annahmen ist das Problem des automatisierten Wissenserwerbs im Rahmen eines wissensbasierten Prognosesystems zur Unternehmungsbewertung folglich auf ein Suchproblem zurückzuführen: Gesucht werden diejenigen empirischen Generalisierungen, die hinsichtlich aller vorhandenen Beispiele für Unternehmungsentwicklungen konsistent und vollständig sind. Bevor im folgenden auf mögliche Vorgehensweisen bei dieser Suche eingegangen wird, ist zunächst darzustellen, wie empirische Generalisierungen aus Beispielen für Unternehmungsentwicklungen überhaupt gewonnen werden können.

---

[14] Die Vorgehensweise entspricht dann derjenigen bei der vollständigen Induktion; vgl. Genesereth/Nilsson (1989), S. 228.

[15] Vgl. Delahaye (1987), S. 91. Es sei daran erinnert, daß das Literal ζ annahmegemäß keine Variablensymbole enthält.

[16] Wegen $\neg(\psi_1 \vee \psi_2) \vee \zeta \models (\neg \psi_1 \vee \zeta) \wedge (\neg \psi_2 \vee \zeta)$.

2. Generalisierungs- und Spezialisierungsregeln

Die Entwicklung einer Generalisierung - im folgenden einfach die Generalisierung - beinhaltet die Veränderung einer Beschreibung dergestalt, daß die resultierende Beschreibung nicht mehr nur auf die ursprünglich abgedeckten Beispiele, sondern darüber hinaus auch auf andere tatsächlich vorhandene oder denkbare Beispiele zutrifft.[17] Der umgekehrte Prozeß wird als Spezialisierung bezeichnet. Formal handelt es sich bei der Generalisierung oder Spezialisierung um eine von der Interpretation der verwendeten sprachlichen Ausdrücke weitgehend unabhängige Umformung[18], die sich auf die Anwendung von Generalisierungs- bzw. Spezialisierungsregeln zurückführen läßt[19].

Zur Darstellung der unter Bezugnahme auf Generalisierungs- oder Spezialisierungsregeln definierten allgemeiner-als bzw. spezieller-als Relation zwischen zwei Formeln der Prädikatenlogik 1. Ordnung dienen die Symbole $|<$ bzw. $|>$.[20] $\phi \mathrel{|<} \varphi$ besagt, daß die Formel φ mit Hilfe einer Generalisierungsregel aus der Formel ϕ hergeleitet werden kann und insofern allgemeiner als ϕ ist. Umgekehrt bedeutet $\phi \mathrel{|>} \varphi$, daß die Formel φ mittels einer Spezialisierungsregel aus der Formel ϕ herzuleiten ist und folglich einen Spezialfall von ϕ darstellt. Die zur Lösung einer spezifischen Lernaufgabe heranzuziehenden Generalisierungs- und Spezialisierungsregeln hängen in erster Linie von der verwendeten Repräsentationssprache ab; vor allem muß gewährleistet sein, daß sie die Entwicklung jeder in dieser Sprache mit dem vorhandenen Vokabular formulierbaren Generalisierung aus einem beliebigen Beispiel erlauben. Tabelle 2 zeigt beispielhafte Generalisierungsregeln für Beschreibungen in Form existenzquantifizierter Konjunktionen der Prädikatenlogik 1. Ordnung und die durch deren Umkehrung gewonnenen Spezialisierungsregeln.[21]

---

17 Dies ist die einfachste und allgemein akzeptierte Deutung dessen, was unter Generalisierung zu verstehen ist; vgl. Mitchell (1982), S. 206; Kodratoff (1986), S. 170.

18 Daß es sich bei der Anwendung von Generalisierungs- und Spezialisierungsregeln um syntaktische Umformungen handelt, betonen Cohen/Feigenbaum (1982), S. 365.

19 Generalisierungs- und Spezialisierungsregeln können auch komplexe syntaktische Operationen beinhalten. Ein Beispiel ist die Technik des Structural Matching bei der Einfügung von Variablen; siehe dazu Kodratoff et al. (1985); Kodratoff/Ganascia/Bollinger (1985); Kodratoff/Ganascia (1986), S. 226.

20 Die Symbolik geht zurück auf Michalski (1983), S. 117.

21 Diese und ähnliche Generalisierungs- und Spezialisierungsregeln finden sich in Dietterich/Michalski (1981), S. 261ff.; Cohen/Feigenbaum (1982), S. 365ff.; Michalski (1983), S. 131ff.; Gemello/Mana (1988), S. 173. Spezielle Regeln zur Behandlung temporaler Entwicklungen behandelt K. Chen (1988), S. 119ff.

Weglassen von Konjunkten

Generalisierung:	$\alpha \wedge \beta$	|<	α
Spezialisierung:	α	|>	$\alpha \wedge \beta$

Einführung existenzquantifizierter Variablen

Generalisierung:	a[b]	|<	∃X [a[X]]
Spezialisierung:	∃X [a[X]]	|>	a[b]

Einfügung von Intervallen

Generalisierung:	$a = 4$	|<	$a \geq 3 \wedge a \leq 5$
Spezialisierung:	$a \geq 3 \wedge a \leq 5$	|>	$a = 4$

Erweiterung von Intervallen

Generalisierung:	$a \geq 3 \wedge a \leq 5$	|<	$a \geq 2 \wedge a \leq 6$
Spezialisierung:	$a \geq 2 \wedge a \leq 6$	|>	$a \geq 3 \wedge a \leq 5$

Einfügung allgemeinerer Beschreibungselemente

Generalisierung:	α	|<	β
Spezialisierung:	β	|>	α
wobei:	Θ	|=	$\alpha \rightarrow \beta$

Tab. 2: Generalisierungs- und Spezialisierungsregeln

Ein Beispiel soll die Anwendung dieser Generalisierungsregeln verdeutlichen. Nehmen wir an, eine Unternehmungsentwicklung, die etwa der Klasse aller Unternehmungsentwicklungen angehören könnte, die in den fünf auf den Betrachtungszeitpunkt folgenden Perioden eine durchschnittliche Umsatzsteigerung zwischen 5% und 8% aufweisen, sei folgendermaßen beschrieben:[22]

---

22 Die im folgenden verwendeten Abkürzungen KK, GB1 und GB2 stehen für die Variablensymbole KONKURRENT, GESCHÄFTSBEREICH_1 und GESCHÄFTSBEREICH_2. Zu dem Konzept der Konkurrentenverflechtung siehe Porter (1986), S. 449ff.

$$\begin{aligned}\exists\ KK\ [\ & \text{umsatzveränderung} = 4\% \wedge \\ & \text{branche[textilmaschinenbau]} \wedge \\ & \text{marktanteil} \geq 25\% \wedge \text{marktanteil} \leq 30\% \wedge \\ & \text{marktanteil(KK)} \geq 30\% \wedge \\ & \text{strategie[differenzierung,kundendienst]} \wedge \\ & \text{konkurrentenverflechtung[KK,industriemaschinen,} \\ & \qquad\qquad\qquad\qquad \text{haushaltsmaschinen]}\ ]\end{aligned}$$

Die das Vorwissen des Systementwicklers repräsentierende Hornklauselmenge Θ beinhalte folgende Elemente:

$$\text{branche[maschinenbau]} \Leftarrow \text{branche[textilmaschinenbau]}$$
$$\text{grundstrategie[differenzierung]} \Leftarrow \text{strategie[differenzierung,kundendienst]}$$

Durch sukzessive (teilweise zweimalige) Anwendung der angeführten Generalisierungsregeln können dann folgende Generalisierungen entwickelt werden:

1) Weglassen von Konjunkten

$$\begin{aligned}\exists\ KK\ [\ & \text{umsatzveränderung} = 4\% \wedge \\ & \text{branche[textilmaschinenbau]} \wedge \\ & \text{marktanteil} \geq 25\% \wedge \text{marktanteil} \leq 30\% \wedge \\ & \text{strategie[differenzierung,kundendienst]} \wedge \\ & \text{konkurrentenverflechtung[KK,industriemaschinen,} \\ & \qquad\qquad\qquad\qquad \text{haushaltsmaschinen]}\ ]\end{aligned}$$

2) Einführung existenzquantifizierter Variablen

$$\begin{aligned}\exists\ KK\ \exists\ GB1\ \exists\ GB2\ [\ & \text{umsatzveränderung} = 4\% \wedge \\ & \text{branche[textilmaschinenbau]} \wedge \\ & \text{marktanteil} \geq 25\% \wedge \text{marktanteil} \leq 30\% \wedge \\ & \text{strategie[differenzierung,kundendienst]} \wedge \\ & \text{konkurrentenverflechtung[KK,GB1,GB2]}\ ]\end{aligned}$$

3) Einfügung von Intervallen

$$\begin{aligned}\exists\ KK\ \exists\ GB1\ \exists\ GB2\ [\ & \text{umsatzveränderung} \geq 3\% \wedge \\ & \text{umsatzveränderung} \leq 5\% \wedge \\ & \text{branche[textilmaschinenbau]} \wedge \\ & \text{marktanteil} \geq 25\% \wedge \text{marktanteil} \leq 30\% \wedge \\ & \text{strategie[differenzierung,kundendienst]} \wedge \\ & \text{konkurrentenverflechtung[KK,GB1,GB2]}\ ]\end{aligned}$$

4) Erweiterung von Intervallen

∃ KK ∃ GB1 ∃ GB2 [umsatzveränderung ≥ 3% ∧
umsatzveränderung ≤ 5% ∧
branche[textilmaschinenbau] ∧
marktanteil ≥ 20% ∧ marktanteil ≤ 40% ∧
strategie[differenzierung,kundendienst] ∧
konkurrentenverflechtung[KK,GB1,GB2]]

5) Einfügung allgemeinerer Beschreibungselemente[23]

∃ KK ∃ GB1 ∃ GB2 [umsatzveränderung ≥ 3% ∧
umsatzveränderung ≤ 5% ∧
branche[textilmaschinenbau] ∧
marktanteil ≥ 20% ∧ marktanteil ≤ 40% ∧
grundstrategie[differenzierung] ∧
konkurrentenverflechtung[KK,GB1,GB2]]

Mit Hilfe von Spezialisierungsregeln läßt sich auf umgekehrtem Wege die Ausgangsbeschreibung herleiten.[24]

Zur Beurteilung und Auswahl von Generalisierungs- und Spezialisierungsregeln im Rahmen einer konkreten Anwendung wäre es nützlich, wenn man den Allgemeinheitsgrad zweier beliebiger Formeln auf der Grundlage einer adäquaten semantischen Interpretation der bislang rein syntaktisch definierten allgemeiner-als bzw. spezieller-als Relation vergleichen könnte. Dies stellt aber ein bislang ungelöstes Problem dar.[25] Zwar steht mit der Anzahl möglicher Modelle einer Formel, also der Anzahl denkbarer Interpretationen, für die die Formel erfüllt wird, ein prinzipiell sinnvoller Maßstab für den Allgemeinheitsgrad einer Formel zur Verfügung.[26] Eine auf diesem Maßstab beruhende Aussage darüber, ob eine Formel allgemeiner oder spezieller als eine andere ist, würde aber die Existenz eines Verfahrens voraussetzen, mittels dessen die Anzahl der Modelle einer Formel ermittelt werden kann. Ein solches Verfahren ist derzeit nicht bekannt.[27] Folglich muß die Auswahl von Generalisie-

---

23 Wie die Einführung allgemeinerer oder speziellerer Beschreibungselemente im Wege der Umkehrung eines Resolutionsschrittes vonstatten geht, erläutern Sammut/Banerji (1986), S. 170ff. und S. 174f.

24 Dies setzt natürlich voraus, daß mit der Generalisierung kein Informationsverlust in bezug auf die Ausprägung der betrachteten Einflußfaktoren einhergeht.

25 Vgl. Kodratoff (1986), S. 170ff.

26 Vgl. Genesereth/Nilsson (1989), S. 228f.

27 Das Problem einer exakten semantischen Explikation der Relationen allgemeiner-als und spezieller-als ist eng verwandt demjenigen der Messung des logischen Spielraums einer Formel im Rah-

rungs- und Spezialisierungsregeln mehr oder weniger auf Vermutungen darüber beruhen, in welchem Ausmaß deren Anwendung den Geltungsbereich einer Formel ausweitet bzw. einschränkt.

3. Strategien zur Suche nach konsistenten und vollständigen empirischen Generalisierungen

Die zwischen den Generalisierungen bestehenden, im folgenden stets syntaktisch interpretierten allgemeiner-als bzw. spezieller-als Relationen erlauben eine graphisch anschauliche Strukturierung des Raums möglicher Generalisierungen einer beispielhaften Unternehmungsentwicklung:

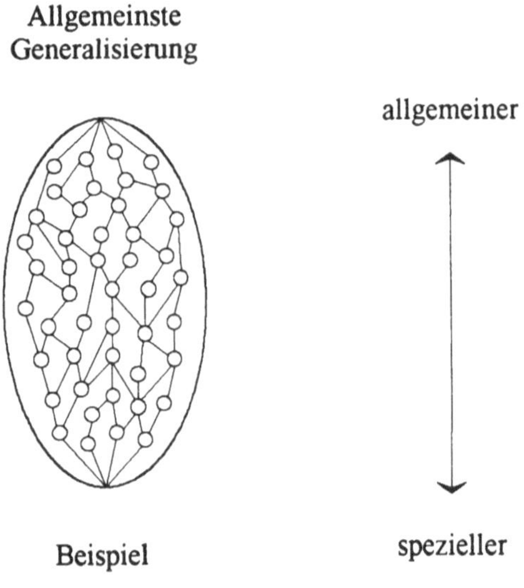

Abb. 15: Raum möglicher empirischer Generalisierungen

Das Oval symbolisiert den Raum möglicher Generalisierungen, der sich von der Beschreibung des in Frage stehenden Beispiels als der speziellsten Generalisierung bis zu der allgemeinsten, im Sinne von alle Unternehmungsent-

men der induktiven Wahrscheinlichkeitskonzeption. Siehe hierzu Carnap (1959), S. 143ff.; vgl. auch Kapitel II.C.2.

wicklungen umfassenden Generalisierung aufspannt. Die Generalisierungen innerhalb dieses Raums werden durch Knoten symbolisiert; die Kanten korrespondieren mit der Anwendung von Generalisierungs- bzw. Spezialisierungsregeln.

Die durch die allgemeiner-als bzw. spezieller-als Relationen konstituierte hierarchische Ordnung innerhalb des Raums möglicher Generalisierungen ermöglicht auch eine systematische Vorgehensweise bei der Suche nach prognostisch verwertbaren empirischen Generalisierungen, die hinsichtlich aller vorhandenen Beispiele für Unternehmungsentwicklungen konsistent und vollständig sind. Je nachdem, ob die Suche dabei von den Beispielen oder von dem Hintergrundwissen des Systementwicklers geleitet wird, unterscheidet man datengetriebene und modellbasierte Suchstrategien.[28] Datengetriebene Suchstrategien beinhalten eine inkrementelle Verbesserung der untersuchten Generalisierungen im Wege der sukzessiven Auswertung von Beispielen. Bei modellbasierten Suchstrategien werden die unter Einbeziehung des Hintergrundwissens entwickelten Generalisierungen stets gegenüber allen Beispielen getestet.

Von den datengetriebenen Suchstrategien kämen zur Ermittlung der gesuchten empirischen Generalisierungen prinzipiell die Tiefensuche, die Breitensuche und die Version-Space Strategie in Frage.[29] Wie alle datengetriebenen Suchstrategien sind diese grundsätzlich auf die Entwicklung von zulässigen Generalisierungen für nur eine Ergebnisklasse (Single Concept Learning) ausgelegt; Generalisierungen für mehrere einander ausschließende Ergebnisklassen (Multiple Concept Learning) können durch zeitlich aufeinanderfolgende Suchprozesse ermittelt werden, wobei zu gewährleisten ist, daß sich die gewonnenen Generalisierungen gegenseitig ausschließen[30]. Abbildung 16 verdeutlicht die jeweilige Vorgehensweise:

---

[28] Zu dieser nicht ganz scharfen Abgrenzung siehe Dietterich/Michalski (1981), S. 265f.; Cohen/Feigenbaum (1982), S. 369f.; Genesereth/Nilsson (1989), S. 246f.

[29] Einen Überblick über diese Strategien enthalten Mitchell (1982), S. 207ff.; Habel/Rollinger (1985), S. 275ff. In der erstgenannten Quelle ist auch ein Vergleich des Zeit- und Speicherplatzbedarfs datengetriebener Suchstrategien aufgeführt.

[30] Dies kann erreicht werden, indem die bereits ermittelten Generalisierungen bei nachfolgenden Suchprozessen anstelle der entsprechenden Beispiele berücksichtigt werden; vgl. Cohen/Feigenbaum (1982), S. 425. Das Wissen darüber, daß sich Generalisierungen gegenseitig ausschließen, wird dann selbst zum Gegenstand des Lernprozesses. Eine weitere Möglichkeit ist die Nutzbarmachung von Vorwissen in bezug auf einander ausschließende Beschreibungselemente.

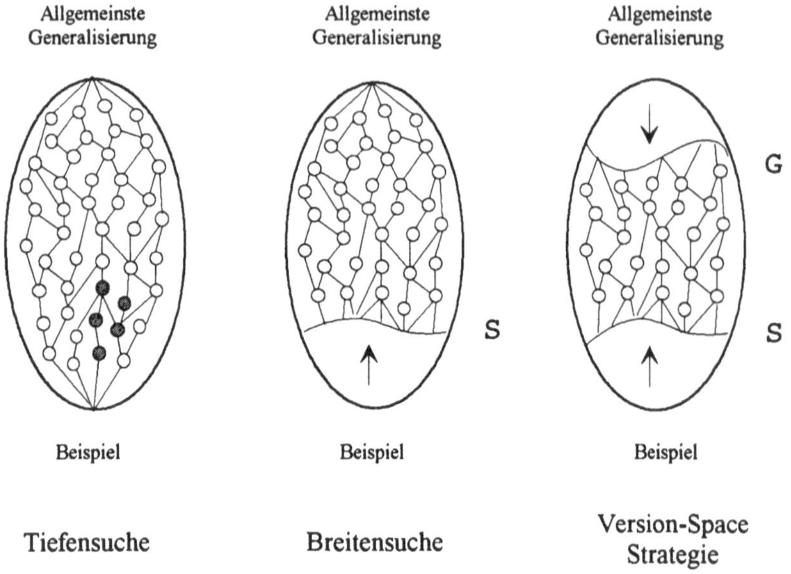

Abb. 16: Datengetriebene Strategien zur Suche nach empirischen Generalisierungen

Bei der Tiefensuche[31] wird ausgehend von dem zu generalisierenden Beispiel in jeder Phase des Suchprozesses genau eine Generalisierung untersucht. Diese bleibt unverändert, sofern sie ein Beispiel der betrachteten Ergebnisklasse korrekt zuordnet oder es als dieser nicht zugehörig identifiziert. Sie wird generalisiert oder spezialisiert, wenn das Beispiel nicht als der betrachteten Ergebnisklasse zugehörig erkannt bzw. dieser irrtümlich zugeordnet wird. Nach jeder Anwendung einer Generalisierungs- oder Spezialisierungsregel ist zu überprüfen, ob die entwickelte Generalisierung noch konsistent bzw. vollständig hinsichtlich der bis dahin ausgewerteten Beispiele ist. Ist keine Generalisierung bzw. Spezialisierung möglich, die dies gewährleistet, so erfolgt ein Backtracking zu einer vorgelagerten Stufe des Suchprozesses.

Die Notwendigkeit des Backtracking entfällt bei der Breitensuche[32], weil in jeder Phase des Suchprozesses alle Generalisierungen vorgehalten werden, die

---

31 Einer datengetriebenen Tiefensuche bediente sich Winston im Rahmen seiner Pionierarbeit zum Lernen struktureller Generalisierungen in Klötzchenwelten; siehe Winston (1985); vgl. auch Habel/Rollinger (1985), S. 280ff. Eine Weiterentwicklung beschreiben Loisel/Kodratoff (1981).

32 Auf einer Breitensuche basieren die Systeme SPROUTER von Hayes-Roth und TOTH von Vere; siehe dazu Dietterich/Michalski (1981), S. 276ff. Weiterentwicklungen des Systems TOTH schil-

erstens zulässig hinsichtlich der bis dahin ausgewerteten Beispiele sind und zweitens selbst nicht mehr spezialisiert werden können, ohne daß die Eigenschaft der Vollständigkeit verloren geht. Die Menge dieser sogenannten speziellsten zulässigen Generalisierungen wird mit S bezeichnet. Wird ein Beispiel beobachtet, das der betrachteten Ergebnisklasse angehört, so werden diejenigen Elemente aus S generalisiert, die dieses Beispiel nicht abdecken. Umgekehrt werden alle Generalisierungen aus S entfernt, die ein Beispiel irrtümlich als der betrachteten Ergebnisklasse zugehörig ausweisen. Wie bei der Tiefensuche muß nach jeder Anwendung einer Generalisierungsregel überprüft werden, ob die entwickelte Generalisierung noch konsistent hinsichtlich der bis dahin untersuchten Beispiele ist.

Ein Mangel sowohl der Tiefensuche als auch der Breitensuche besteht darin, daß nach jeder Generalisierung oder Spezialisierung alle bis dahin ausgewerteten Beispiele zum Zwecke der Überprüfung der Konsistenz bzw. der Vollständigkeit der entwickelten Generalisierung erneut herangezogen werden müssen. Bei Anwendung dieser Suchstrategien ist folglich stets zumindest eine Teilmenge der beobachteten Beispiele zu speichern. Abhilfe schafft hier die Version-Space Strategie[33], bei der zusätzlich zu der Menge S der speziellsten zulässigen Generalisierungen eine Menge G der allgemeinsten zulässigen Generalisierungen vorgehalten wird. G umfaßt alle Generalisierungen, die hinsichtlich der bis dahin ausgewerteten Beispiele zulässig sind und nicht mehr generalisiert werden können, ohne daß die dabei entwickelten Generalisierungen inkonsistent werden. Wird bei der Version-Space Strategie ein Beispiel beobachtet, das der betrachteten Ergebnisklasse angehört, so werden alle Elemente aus S generalisiert und alle Generalisierungen aus G entfernt, die dieses nicht abdecken. Umgekehrt werden im Falle eines Beispiels, das der betrachteten Ergebnisklasse nicht zuzuordnen ist, alle Generalisierungen aus G spezialisiert und alle Generalisierungen aus S gestrichen, die dieses umfassen. Die sukzessive Anpassung der Mengen S und G bewirkt, daß stets alle innerhalb des durch diese Mengen begrenzten Suchraums befindlichen Generalisierungen konsistent und vollständig hinsichtlich der bis dahin untersuchten Beispiele sind.

---

dem Vere (1978); Vere (1980). Nebenbei sei bemerkt, daß die Breitensuche natürlich nicht nur vom Speziellen zum Generellen, sondern auch vom Generellen zum Speziellen fortschreiten kann.

33 Ausführliche Erläuterungen zur Version-Space Strategie finden sich in Mitchell (1982), S. 212ff.; Cohen/Feigenbaum (1982), S. 385ff.; Genesereth/Nilsson (1989), S. 233ff. Eine Anwendung der Version-Space Strategie auf die Ermittlung struktureller Generalisierungen enthält Hoppe (1986). Die Version-Space Strategie kommt z.B. im System LEX von Mitchell zur Anwendung; siehe dazu Habel/Rollinger (1985), S. 313ff.

Alle drei erläuterten datengetriebenen Suchstrategien führen unter den getroffenen Annahmen zum Erfolg, d.h. zum Auffinden mindestens einer hinsichtlich der vorhandenen Beispiele zulässigen Generalisierung. Zur Suche nach prognostisch verwertbaren empirischen Generalisierungen aus Beispielen für Unternehmungsentwicklungen sind sie dennoch aus drei Gründen ungeeignet: Erstens, der Suchraum möglicher empirischer Generalisierungen von Unternehmungsentwicklungen ist für eine vollständige Suche, wie sie die datengetriebenen Suchstrategien vorsehen, viel zu groß. Selbst wenn man annimmt, daß sich die hierdurch verursachten technischen Probleme durch eine effiziente Organisation des Suchprozesses - etwa mittels der Version-Space Strategie - lösen lassen, würde doch die Zahl der zur Verfügung stehenden Beispiele für Unternehmungsentwicklungen kaum ausreichen, um aus der Menge möglicher Generalisierungen die prognostisch verwertbaren herauszufiltern.[34] Zweitens verursacht die Ermittlung disjunktiver empirischer Generalisierungen mittels rein datengetriebener Suchstrategien Probleme, weil die entsprechenden Lernalgorithmen dazu führen, daß die Disjunktion aller einer Ergebnisklasse angehörenden Beispiele als die gesuchte Generalisierung ausgewiesen wird.[35] Da eine solche Disjunktion aber keinen Fall umfaßt, der nicht mit mindestens einem der herangezogenen Beispiele identisch ist, ist sie zu Prognosezwecken wenig brauchbar. Drittens schließlich ist davon auszugehen, daß das zu ermittelnde prognoserelevante Wissen probabilistisch und nicht deterministisch ist, sei es aufgrund von Unvollkommenheiten der verwendeten Repräsentationssprache oder sei es, weil die ökonomischen Zusammenhänge, die die Entwicklung von Unternehmungen beherrschen, wesensmäßig stochastisch sind. Eine Generalisierung kann aus diesem Grund nicht wie bei datengetriebenen Suchstrategien allein deshalb verworfen werden, weil ein Beispiel existiert, das von der Generalisierung nicht richtig eingeordnet wird. Jede Generalisierung ist vielmehr gegenüber der gesamten Beispielmenge zu testen, wie dies bei modellbasierten Suchstrategien der Fall ist.[36]

Infolge dieser Überlegungen richtet sich das Augenmerk im folgenden auf die modellbasierten Suchstrategien. Die Vorgehensweise bei diesen Strategien kann im Detail sehr unterschiedlich sein, was darauf zurückzuführen ist, daß der Suchprozeß von dem domänenspezifischen Hintergrundwissen des Sy-

---

[34] Siehe die Literaturhinweise in Fn. 13 auf S. 138.

[35] Vgl. Cohen/Feigenbaum (1982), S. 397f. Mit der Problematik der Ermittlung disjunktiver Generalisierungen im Rahmen der Version-Space Strategie beschäftigen sich Manago/Blythe (1987), S. 211.

[36] Dies ist auch der Grund dafür, weswegen den modellbasierten Suchstrategien eine gewisse Immunität gegenüber fehlerhaft beschriebenen Beispielen zugeschrieben wird, während solche Fehler als nur schwer handhabbar bei Anwendung datengetriebener Strategien gelten. Vgl. Mitchell (1982), S. 221; Cohen/Feigenbaum (1982), S. 396f.

stementwicklers gesteuert wird. Gemeinsam ist den modellbasierten Suchstrategien, daß der Raum möglicher Generalisierungen durch vom Systementwickler bereitzustellendes Hintergrundwissen beschränkt wird, bestimmte Bereiche des Suchraums bei der Suche also von vornherein ausgespart bleiben. Dies kann etwa durch das Abschneiden wenig erfolgversprechender Generalisierungs- oder Spezialisierungspfade erreicht werden. Die Auswahl der weiter zu verfolgenden Pfade erfolgt dabei anhand von Heuristiken, in denen sich das vom Systementwickler eingebrachte Hintergrundwissen manifestiert.

Zwei modellbasierte Suchstrategien, die auf dieser Idee aufbauen[37] und für die Ermittlung prognostisch verwertbarer empirischer Generalisierungen geeignet sein könnten, zeigt Abbildung 17:

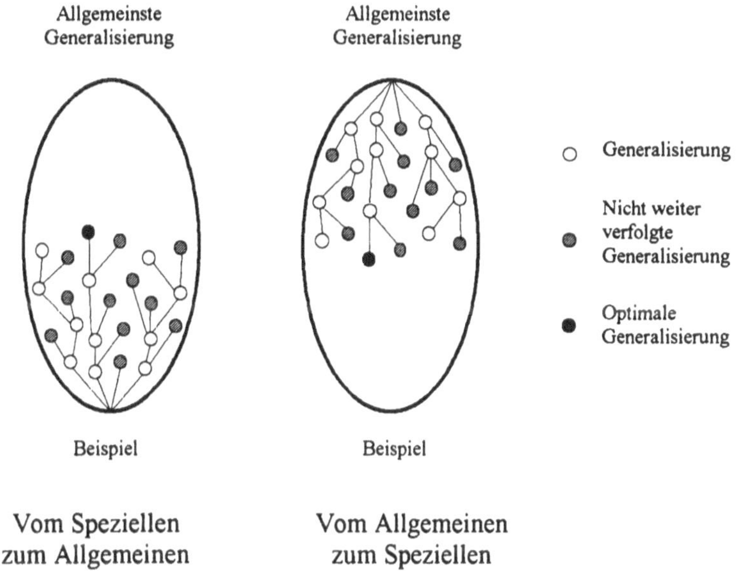

Abb. 17: Modellbasierte Strategien zur Suche nach empirischen Generalisierungen

[37] Es handelt sich um Spielarten des A^q Algorithmus, der in AQ11, in abgewandelter Form auch in den INDUCE Systemen zur Anwendung kommt. Beschreibungen enthalten Dietterich/Michalski (1981), S. 283ff.; Cohen/Feigenbaum (1982), S. 411ff. und S. 423ff.; Michalski (1983), S. 141ff.; Habel/Rollinger (1985), S. 299ff.; Dietterich (1986), S. 294ff.; Stender (1989), S. 115ff.; Clark/Niblett (1989), S. 263ff.; Webb (1991), S. 220f.

Wie bei den datengetriebenen Suchstrategien bildet ein Beispiel den Ausgangspunkt des Suchprozesses. Ausgehend von diesem Beispiel oder von der allgemeinsten Generalisierung[38] werden durch sukzessive Anwendung von Generalisierungs- bzw. Spezialisierungsregeln Generalisierungen entwickelt, die das Ausgangsbeispiel umfassen und konsistent hinsichtlich aller vorhandenen Beispiele sind. Im Anschluß an jeden Generalisierungs- bzw. Spezialisierungsschritt erfolgt eine Abschätzung der Erfolgsaussichten der beschrittenen Generalisierungs- bzw. Spezialisierungspfade mit Hilfe der angesprochenen Heuristiken; nur eine vorgegebene Anzahl der erfolgversprechendsten Pfade wird im nächsten Schritt des Suchprozesses weiter verfolgt. Der Suchprozeß währt so lange, bis eine vorgegebene Anzahl konsistenter Generalisierungen gefunden wurde, die jeweils eine größtmögliche Anzahl von Beispielen abdecken, die der betrachteten Ergebnisklasse angehören. Eine dieser Generalisierungen wird ausgewählt, und alle Beispiele, die diese Generalisierung umfaßt, werden aus der Beispielmenge entfernt. Hieran schließen sich weitere Suchprozesse nach konsistenten Generalisierungen für die jeweils verbleibenden Elemente der Beispielmenge an, die der betrachteten Ergebnisklasse angehören. Die Disjunktion aller auf diesem Wege gefundenen Generalisierungen ist die gesuchte sowohl konsistente als auch vollständige Generalisierung für eine Ergebnisklasse. Generalisierungen für verschiedene Ergebnisklassen werden nacheinander ermittelt, wobei sicherzustellen ist, daß sich die entwikkelten Generalisierungen gegenseitig ausschließen[39].

Unabhängig von den den Generalisierungs- oder Spezialisierungsprozeß lenkenden Heuristiken findet man mit Hilfe der geschilderten modellbasierten Suchstrategien garantiert mindestens eine zulässige disjunktive Generalisierung für jede Ergebnisklasse. Aufgrund der Unvollständigkeit der Suche ist aber die Ermittlung zulässiger konjunktiver Generalisierungen auch dann nicht gewährleistet, wenn solche existieren. Im Extremfall werden sogar ausschließlich Generalisierungen gefunden, die aus den Disjunktionen aller Beispiele der betrachteten Ergebnisklassen bestehen. Wie bereits bemerkt, sind solche Generalisierungen für Prognosezwecke wenig geeignet. Ob eine zu Prognosezwecken brauchbare empirische Generalisierung aufgefunden wird, hängt folglich wesentlich von der Qualität des in den Suchprozeß einfließenden Hintergrundwissens ab.

---

[38] Neuere Untersuchungen zeigen, daß Suchstrategien, die von der allgemeinsten Generalisierung ausgehen, tendenziell zu besseren Ergebnissen führen; vgl. Rendell (1990), S. 333.

[39] Siehe Fn. 30 auf S. 145.

4. Heuristiken zur Auswahl erfolgversprechender Generalisierungs- oder Spezialisierungspfade

Von letztlich ausschlaggebender Bedeutung für den Erfolg eines wissensbasierten Prognosesystems zur Unternehmungsbewertung sind damit Heuristiken, anhand derer erfolgversprechende Generalisierungs- oder Spezialisierungspfade identifiziert werden können.[40] Zweckmäßigerweise setzen diese Heuristiken an den im jeweils letzten Schritt des Suchprozesses entwickelten Generalisierungen an und bewerten diese im Hinblick auf die Möglichkeit einer Weiterentwicklung zu prognostisch verwertbaren Generalisierungen.[41] Konflikte dergestalt, daß unterschiedliche Heuristiken verschiedene Generalisierungen als erfolgversprechend ausweisen, sind dabei mit Hilfe der in der Entscheidungstheorie entwickelten Verfahren zur Lösung von Entscheidungsproblemen bei Mehrfachzielsetzung zu lösen.[42] Insbesondere kommt die Herstellung einer Rangfolge im Sinne einer lexikographischen Ordnung und die Vorgabe von Anspruchsniveaus[43] oder eine Gewichtung der Heuristiken und eine darauf aufbauende Aggregation der den Generalisierungen zugeordneten Wertgrößen in Frage.

Als allgemeine, d.h. domänenunabhängige Heuristik ist zunächst die Bevorzugung solcher Generalisierungen anzusehen, die eine größere Anzahl von Beispielen abdecken.[44] Dem liegt die Überlegung zugrunde, daß eine Generalisierung um so verläßlicher ist, je mehr Beispiele sie umfaßt. Da unter den getroffenen Annahmen nur solche Generalisierungen interessieren, die hinsichtlich aller Beispiele konsistent sind, scheint ferner eine Minimierung der Anzahl fehlerhaft klassifizierter Beispiele plausibel. Im Falle einer vom Speziellen zum Generellen fortschreitenden Suche ist die Wahrung der Konsistenz der betrachteten Generalisierungen sogar zwingend, weil eine inkonsistente Generalisierung bei weiterer Generalisierung inkonsistent bleibt. Schreitet die

---

[40] Die Bedeutung von Heuristiken für den Erfolg des Maschinellen Lernens generell betonen Davis/Lenat (1982), S. 35ff.; Lenat (1984), S. 249ff.

[41] Eine andere Möglichkeit bestünde darin, so viele Generalisierungs- oder Spezialisierungsschritte wie möglich im voraus durchzugehen und dann auf der Grundlage der Qualität der resultierenden Generalisierungen zu entscheiden. Die Situation weist insofern Parallelen zu derjenigen eines Schachspielers auf, der eine Stellung im Wege der Vorausberechnung von Zugfolgen oder anhand einer detaillierten Analyse der vorliegenden Stellung bewerten kann. Empirische Untersuchungen lassen vermuten, daß weniger die Vorausberechnung von Zugfolgen als vielmehr die detaillierte Stellungsanalyse zum Erfolg führt. Vgl. Hofstadter (1991), S. 307f.

[42] Zu solchen Verfahren siehe Sieben/Schildbach (1990), S. 48ff.

[43] Diese Vorgehensweise liegt z.B. den INDUCE Systemen zugrunde; vgl. Dietterich/Michalski (1981), S. 286; Michalski (1983), S. 130f. Siehe auch Rendell (1986a), S. 194.

[44] Hierzu und zum folgenden vgl. Michalski (1983), S. 143; K. Chen (1988), S. 120; Gemello/Mana (1988), S. 175; Clark/Niblett (1989), S. 265f.

Suche vom Generellen zum Speziellen fort, so steht hinter der Heuristik die Vermutung, daß die zur Herleitung einer konsistenten Generalisierung notwendige Anzahl von Spezialisierungsschritten proportional zur Anzahl fehlerhaft klassifizierter Beispiele ist.[45]

Neben der Anzahl und der Klassenzugehörigkeit der von einer Generalisierung abgedeckten Beispiele kommen in erster Linie wissenschaftstheoretische Überlegungen als Anknüpfungspunkt für allgemeine Heuristiken in Betracht. Zu nennen sind:

1) Occam's Razor

Eine Generalisierung ist um so besser, je einfacher sie ist.[46]

Diese Heuristik läßt sich auf eine Forderung William von Occam's zurückführen, nach der aus wissenschaftlichen Theorien alle unnötigen Entitäten zu streichen sind. Freilich verbergen sich hinter dem Begriff "einfach" in der angeführten Formulierung äußerst komplizierte philosophische Probleme.[47] Insbesondere konnte bis heute noch keine zufriedenstellende Übereinkunft darüber erzielt werden, was Einfachheit in diesem Zusammenhang überhaupt bedeutet, geschweige denn ein Verfahren entwickelt, um die Einfachheit einer Generalisierung zu messen. Entsprechend unbefriedigend ist die übliche Operationalisierung dieser Heuristik auf der Grundlage der Anzahl syntaktischer Elemente einer Generalisierung.[48]

2) Konservatismus

Wähle die Generalisierung, die gegenüber derjenigen, aus der sie hervorgegangen ist, die geringste Änderung beinhaltet.[49]

Auch die Deutung und Operationalisierung dieser Heuristik ist alles andere als unproblematisch. Versteht man Änderung als Ausweitung oder

---

[45] Die Maximierung insgesamt abgedeckter Beispiele bei gleichzeitiger Minimierung fehlerhaft klassifizierter Beispiele kann auf verschiedene Weisen erfolgen. Z.B. kommt die Maximierung des Quotienten der Anzahl korrekt bzw. fehlerhaft klassifizierter Beispiele oder eine Maximierung der größtmöglichen Entropieänderung bei Heranziehung eines neuen Beispiels in Frage. Siehe hierzu Rendell (1986a), S. 188 bzw. K. Chen (1988), S. 120f.

[46] Vgl. Salzberg (1986), S. 147f.; Dietterich (1986), S. 299; Hoffmann (1990), S. 277; Sakakibara (1990), S. 193. Eine formale Behandlung enthält Georgeff/Wallace (1985), S. 222.

[47] Siehe dazu Popper (1982), S. 97ff.

[48] Z.B. in den INDUCE Systemen; vgl. Cohen/Feigenbaum (1982), S. 412; Michalski (1983), S. 130.

[49] Vgl. Salzberg (1986), S. 148. Eine derartige Heuristik kommt etwa im Rahmen der an der TU Berlin entwickelten METAXA Systeme zum Einsatz; vgl. Emde (1983), S. 172; Emde (1985), S. 96; Emde (1987), S. 208.

Einschränkung des Anwendungsbereichs, so führt der Versuch einer Operationalisierung direkt in die schon angesprochene Problematik der Messung des Allgemeinheitsgrades einer Formel. Von der Idee her läuft der Konservatismus auf eine Bevorzugung kleinerer ad-hoc Anpassungen gegenüber weitergehenden Umgestaltungen hinaus, was in gewissem Gegensatz zu Occam's Razor steht. Die Operationalisierung wird entweder an der Generalisierungs- oder Spezialisierungsregel ansetzen, mit deren Hilfe die zu beurteilende Generalisierung entwickelt wurde, oder an der Änderung der Anzahl abgedeckter Beispiele vor und nach der Generalisierung oder Spezialisierung.

3) Ungewöhnlichkeit

Bevorzuge Generalisierungen, die ungewöhnliche Beschreibungselemente enthalten.[50]

Die Heuristik beruht auf der Überlegung, daß die Ausprägung eines Einflußfaktors von um so größerer Bedeutung sein kann, je ungewöhnlicher oder überraschender sie im Rahmen der Gesamtbeschreibung ist. Sie läßt sich auf der Basis der bedingten Häufigkeitsverteilungen der in der Menge beispielhafter Beschreibungen vorkommenden Beschreibungselemente operationalisieren.

4) Räumliche und/oder zeitliche Nähe

Generalisierungen sind um so erfolgversprechender, je größer die räumliche und/oder zeitliche Nähe der Einflußfaktoren zum interessierenden Ereignis ist.

Eine Reihe psychologischer Untersuchungen belegt, daß menschliche Schlußfolgerungsprozesse oft auf diese Heuristik zurückgeführt werden können.[51] Für die Erschließung ökonomischer Zusammenhänge dürfte wohl eher die zeitliche als die räumliche Nähe von Bedeutung sein. Eine Operationalisierung müßte an den Beschreibungselementen ansetzen, die einen Zeitbezug aufweisen.

Unter die allgemeinen Heuristiken ist schließlich die Berücksichtigung der Informationsbeschaffungs- und -verarbeitungskosten zu zählen, die bei einer Prognose auf der Grundlage der zu beurteilenden Generalisierung anfallen.[52] Je einfacher und kostengünstiger Informationen in bezug auf die Ausprägungen der berücksichtigten Einflußfaktoren zu beschaffen und je geringer der bei

---

[50] Vgl. Salzberg (1986), S. 140ff.

[51] Siehe Salzberg (1986), S. 149ff. und die dort angegebene Literatur.

[52] Vgl. Kapitel II.C.3.; siehe auch Michalski (1983), S. 130.

der Prognoseerstellung benötigte Speicherplatz und die benötigte Rechnerzeit sind, als desto vorteilhafter ist eine Generalisierung anzusehen. Die einer Generalisierung zuzuordnenden Informationsbeschaffungskosten können anhand der verwendeten Beschreibungselemente festgestellt werden. Die Berücksichtigung der Informationsverarbeitungskosten dürfte sich auf andere Heuristiken (Occam's Razor) zurückführen lassen und daher zu vernachlässigen sein.

Fachbezogene Heuristiken basieren anders als allgemeine Heuristiken auf dem Hintergrundwissen des Systementwicklers über den abgebildeten Realitätsbereich. Zwar wurde bislang stets ausgeführt, daß nomologische Hypothesen in den Wirtschaftswissenschaften nicht oder so gut wie nicht bekannt sind. Hieraus den Schluß zu ziehen, die Wirtschaftswissenschaften böten keinen Ansatzpunkt zur Ableitung fachbezogener Heuristiken, wäre jedoch weit gefehlt. Im Gegenteil existiert eine Vielzahl von Hypothesen über ökonomische Zusammenhänge, die sich aus verschiedenen Gründen kaum empirisch überprüfen lassen oder bei denen die empirischen Grundlagen für eine Überprüfung fehlen und deren erkenntnistheoretischer Status folglich ungeklärt ist. Von Bretzke wurde der Begriff "Musterhypothesen" für diese Art ökonomischer Erkenntnis geprägt. [53]

Das in Musterhypothesen enthaltene Wissen reicht zwar als Grundlage für die Prognose von Unternehmungsentwicklungen im allgemeinen nicht aus, bildet aber einen geeigneten Ausgangspunkt für die Ermittlung fachbezogener Heuristiken zur Lenkung des Generalisierungs- oder Spezialisierungsprozesses beim automatisierten Erwerb prognoserelevanten Wissens. Die Formulierung solcher Heuristiken könnte etwa auf den folgenden beiden Grundsätzen aufbauen:

1) Plausibilität

Wähle Generalisierungen, die vom Standpunkt einer Musterhypothese für die betreffende Ergebnisklasse typisch sind.

Z.B. wären hohe Gewinne in einer wachsenden Branche im Lichte der Produktlebenszyklushypothese plausibel.[54]

2) Konsistenz

Eine Generalisierung ist erfolgversprechend, wenn die Kombination ihrer Beschreibungselemente von einer Musterhypothese erklärt wird.

Z.B. wäre ein hoher Marktanteil bei im Vergleich zur Konkurrenz niedrigen Produktionskosten mit der Erfahrungskurvenhypothese vereinbar.[55]

---

[53] Siehe Bretzke (1980), S. 178ff.

Die Operationalisierung fachbezogener Heuristiken muß an der Bedeutung ansetzen, die den Ausprägungen der betrachteten Einflußfaktoren im Rahmen der herangezogenen Musterhypothesen zukommt.

Die Auswahl bzw. Entwicklung geeigneter Heuristiken, ihre Operationalisierung und die Art ihrer Verknüpfung stellt einen kreativen Akt dar, bei dem Fortschritte zumindest derzeit weniger durch theoretische Überlegungen als vielmehr im Wege des Experiments zu erzielen sind.[56] Hieraus resultiert ein wesentlicher Unterschied des vorgestellten Prognoseverfahrens im Vergleich zu den statistischen Prognoseverfahren: Während bei diesen das Verfahren der Generalisierung mit der Methode der kleinsten Quadrate festliegt, wird die Entwicklung prognostisch verwertbarer empirischer Generalisierungen im Rahmen des vorgestellten Ansatzes das wiederholte Erdenken und Testen geeigneter Heuristiken beinhalten und damit in weit größerem Maße von dem Gespür des Systementwicklers für prognostisch relevante Zusammenhänge abhängen.

5. Strukturierter und konstruktiver Erwerb prognoserelevanten Wissens

Die bisher behandelten Verfahren zum automatisierten Erwerb prognoserelevanten Wissens auf der Grundlage beispielhafter Unternehmungsentwicklungen führen zu Hornklauselmengen der Prädikatenlogik 1. Ordnung, die in der graphischen Darstellung Einflußfaktorennetzen mit einstufiger Struktur entsprechen. Wie bereits in Kapitel IV.B.1. bemerkt, stößt die Repräsentation und die Verarbeitung derartig flachen[57] Wissens aber schnell an Grenzen, wenn eine größere Anzahl von Einflußfaktoren berücksichtigt werden soll. Im folgenden wird deshalb untersucht, auf welche Weise tiefer strukturiertes prognoserelevantes Wissen generiert werden kann.

Sieht man einmal von der Möglichkeit ab, die Abhängigkeitsverhältnisse zwischen den Elementen der zur Verfügung stehenden Beschreibungen beispielhafter Unternehmungsentwicklungen selbst zum Gegenstand des prognoserelevanten Wissens zu machen[58], so setzt die Entwicklung solchen Wissens

---

[54] Vgl. Porter (1988), S. 212.

[55] Vgl. Ballwieser (1990), S. 127ff.

[56] Zu ersten Überlegungen, die den Suchprozeß lenkenden Heuristiken selbst zum Gegenstand Maschinellen Lernens zu machen, siehe Abschnitt VI.D.

[57] Zu dieser Unterscheidung zwischen flachem und tiefem Wissen vgl. v.Zelewski (1985), S. 206f.

[58] Kann davon ausgegangen werden, daß sich alle Informationen in bezug auf die in den Beispielbeschreibungen abgebildeten Einflußfaktoren auch künftig zu gleichen Kosten beschaffen lassen, so ist es sinnvoll, die mit den größten Informationsbeschaffungskosten verbundenen und für die

offenbar die Einführung neuer, in den Beispielen ursprünglich nicht vorhandener Beschreibungselemente voraus. Diese neuen Beschreibungselemente symbolisieren konzeptionell übergeordnete, derivative Einflußfaktoren, die sich aus den ursprünglich erfaßten, originären Einflußfaktoren ableiten lassen und die Wirkungen dieser Faktoren auf den interessierenden Sachverhalt konzentrieren. Je nachdem, ob die Einführung neuer Beschreibungselemente auf einer Strukturgebung des Systementwicklers basiert oder durch das System selbst erfolgt, spricht man von strukturiertem oder konstruktivem Wissenserwerb. Abbildung 18 verdeutlicht die jeweilige Vorgehensweise:

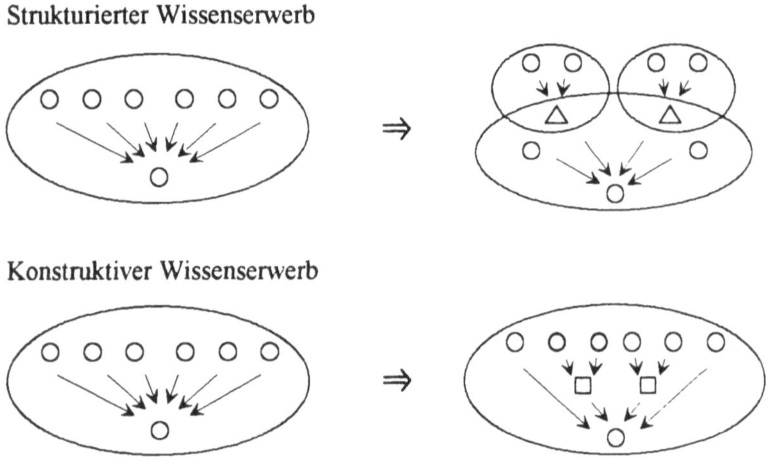

Abb. 18: Strukturierter und konstruktiver Wissenserwerb

Strukturierter Wissenserwerb beinhaltet eine analoge Anwendung der Ideen der strukturierten Programmierung:[59] Statt das betrachtete Problem in einem Schritt zu lösen, werden vom Systementwickler auf der Basis von Vorwissen über den abgebildeten Realitätsbereich zunächst untergeordnete, weniger komplexe Teilprobleme identifiziert. Die Lösung jedes dieser Teilprobleme entspricht der Ableitung eines derivativen Einflußfaktors. Anschließend wer-

---

Prognose nicht unbedingt benötigten Beschreibungselemente im Rahmen des prognoserelevanten Wissens gar nicht erst zu berücksichtigen, worauf die angeführten Heuristiken auch hinwirken.

[59] Der Vorschlag, eine strukturierte Vorgehensweise auch beim automatisierten Wissenserwerb anzuwenden, geht zurück auf Shapiro; vgl. Shapiro (1987), zu der Vorgehensweise bei strukturiertem Wissenserwerb insbesondere S. 33ff.

den die Abhängigkeitsbeziehungen zwischen den originären und den derivativen Einflußfaktoren sowie den derivativen Einflußfaktoren und dem bewertungsrelevanten Ergebnis mit Hilfe der erläuterten Verfahren sukzessive ermittelt. Die Ausprägungen der derivativen Einflußfaktoren in den zur Verfügung stehenden Beispielen sind hierzu - sofern nicht bekannt - vom Systementwickler vorzugeben.

Je nachdem, wie ausführlich die zur Verfügung stehenden Beispiele für Unternehmungsentwicklungen beschrieben sind, könnte eine strukturierte Vorgehensweise beim Wissenserwerb auch im Rahmen des vorgestellten Prognoseverfahrens sinnvoll sein. Als Anknüpfungspunkt hierfür bietet sich insbesondere die in Kapitel IV.A. vorgeschlagene Zerlegung des bewertungsrelevanten Ergebnisses in Ergebniskomponenten an, weil deren Ausprägungen bei den vorliegenden Beispielen noch am ehesten bekannt sind. Eine darüber hinausgehende Vorstrukturierung des prognoserelevanten Wissens ist denkbar, wird aufgrund der Notwendigkeit, die Ausprägungen der eingeführten derivativen Einflußfaktoren in den Beispielen für Unternehmungsentwicklungen vorzugeben, aber mit erheblichen Schwierigkeiten verbunden sein.

Diese Schwierigkeiten werden beim konstruktiven Wissenserwerb[60] vermieden, indem die Einfügung neuer Beschreibungselemente dem System selbst überlassen wird. Von einer zufriedenstellenden Lösung der damit verbundenen Probleme ist man allerdings - dies sei vorweggenommen - derzeit noch weit entfernt. Einer der Vorschläge, die dem konstruktiven Wissenserwerb zuzurechnen sind, - die Ersetzung ursprünglich vorhandener Beschreibungselemente durch allgemeinere oder speziellere im Wege der Anwendung von Generalisierungs- bzw. Spezialisierungsregeln - wurde bereits bei der Behandlung von Generalisierungs- und Spezialisierungsregeln erläutert.[61] Notwendige Voraussetzung für diese Art des konstruktiven Wissenserwerbs ist das Vorhandensein von Vorwissen über Beziehungen zwischen originären und derivativen Einflußfaktoren. Dieses Vorwissen ist entweder vom Systementwickler bereitzustellen oder im Wege des strukturierten Wissenserwerbs zu gewinnen. Zum automatisierten Erwerb prognoserelevanten Wissens über Unternehmungsentwicklungen dürfte hierfür vor allem Wissen über definitorische Zusammenhänge, etwa in bezug auf Produkte und Produktgruppen oder Branchen und Wirtschaftszweige, in Betracht kommen. Das eigentliche Ziel des konstruktiven Wissenserwerbs, nämlich die Generierung tiefer strukturier-

---

60 Der Ausdruck konstruktiver Wissenserwerb (constructive generalization) geht zurück auf Michalski (1983), S. 137ff. Eine weitergehende Unterscheidung findet sich in Watanabe/Elio (1987), S. 293.

61 Zu dieser Form konstruktiven Wissenserwerbs siehe Michalski (1983), S. 135.

ten prognoserelevanten Wissens, wird auf diesem Wege aber nur ansatzweise erreicht.

Leistungsfähiger ist diesbezüglich ein anderer Ansatz, der es ermöglicht, eine bereits vorhandene Hornklauselmenge in eine hinsichtlich ihrer Implikationen gleichwertige, tiefer strukturierte und einfachere Hornklauselmenge zu überführen.[62] Ähnlich wie bei der Generalisierung oder Spezialisierung kommen dabei Regeln zur Anwendung, die an den syntaktischen Gegebenheiten anknüpfen. Zwei Beispiele für solche Regeln zeigt Tabelle 3:[63]

Interkonstruktion		
$\varepsilon \Leftarrow \alpha,\beta,\gamma$	wird zu	$\varepsilon \Leftarrow \theta,\gamma$
$\eta \Leftarrow \alpha,\beta,\delta$		$\eta \Leftarrow \theta,\delta$
		$\theta \Leftarrow \alpha,\beta$
Intrakonstruktion		
$\eta \Leftarrow \alpha,\beta,\gamma$	wird zu	$\eta \Leftarrow \alpha,\theta$
$\eta \Leftarrow \alpha,\delta,\varepsilon$		$\theta \Leftarrow \beta,\gamma$
		$\theta \Leftarrow \delta,\varepsilon$

Tab. 3: Regeln zum konstruktiven Wissenserwerb

Vor der Regelanwendung ist jeweils zu prüfen, ob die resultierende Hornklauselmenge gegenüber der ursprünglichen tatsächlich eine Vereinfachung darstellt. Als Maßstab hierfür kann etwa die Anzahl der Hornklauseln oder die Anzahl syntaktischer Elemente in der Hornklauselmenge vor und nach der Regelanwendung dienen, wogegen freilich die gleichen Bedenken wie im Zusammenhang mit Occam's Razor anzuführen sind. Die Benennung der eingeführten derivativen Einflußfaktoren sollte durch den Systementwickler erfolgen, um den Bezug der verwendeten Bezeichnungen zum abgebildeten Realitätsbereich zu wahren.

---

62 Zum folgenden vgl. Muggleton (1987); siehe auch Ling/Ungar (1989); Ling (1989); Wogulis/Langley (1989).

63 Die Einzelheiten finden sich in Muggleton (1990), S. 55ff. Ähnlich wie bei der Einfügung allgemeinerer oder speziellerer Beschreibungselemente im Wege der Anwendung von Generalisierungs- bzw. Spezialisierungsregeln basiert auch hier die Vorgehensweise auf einer Umdeutung der Resolutionsregeln.

Die Anwendung derartiger Regeln zum konstruktiven Wissenserwerb ist für das vorgestellte Prognoseverfahren in dreierlei Hinsicht interessant. Erstens ist denkbar, mittels der bisher erläuterten Verfahren zunächst eine sehr mächtige, flache Hornklauselmenge zu generieren und diese anschließend zu vereinfachen. Dies könnte es erlauben, prognoserelevantes Wissen auf Mikrocomputern zu nutzen, das mit Hilfe leistungsstärkerer Anlagen entwickelt wurde. Zweitens ist eine verzahnte Anwendung derartiger Regeln mit Generalisierungs- oder Spezialisierungsregeln möglich. Die Hornklauseln, die den Zusammenhang zwischen den originären und den eingeführten derivativen Einflußfaktoren herstellen, sind dabei der Hornklauselmenge Θ hinzuzufügen. Drittens kommt eine Vereinfachung der beispielhaften Beschreibungen von Unternehmungsentwicklungen vor Anwendung der bisher geschilderten Verfahren in Betracht, wodurch die Komplexität des Lernproblems möglicherweise erheblich reduziert werden kann.

Eine weitere Spielart des konstruktiven Wissenserwerbs beinhaltet die Erweiterung der Beispielbeschreibungen vor Durchführung der Generalisierung oder Spezialisierung um Elemente, die Charakteristika der jeweiligen Beschreibung[64] oder der Menge vorliegender Beispiele insgesamt[65] repräsentieren. Die neu hinzukommenden Beschreibungselemente werden im folgenden wie die ursprünglich vorhandenen behandelt; in bezug auf die erläuterten Verfahren ergibt sich also keine Änderung. Dieser Ansatz zum konstruktiven Wissenserwerb ist für das vorgestellte Prognoseverfahren vor allem deshalb von Bedeutung, weil er die Einbeziehung statistischer Prognoseverfahren erlaubt. Z.B. ist es denkbar, der Beschreibung eines Beispiels eine Regressionsgleichung hinzuzufügen, deren Koeffizienten auf der Grundlage quantitativer Beschreibungselemente in allen zur Verfügung stehenden Beispielbeschreibungen errechnet werden. Die im Wege der prozeduralen Auswertung dieser Gleichung ermittelte Ausprägung der abhängigen Variablen stellt dann einen derivativen Einflußfaktor dar, dessen Auswirkungen auf das bewertungsrelevante Ergebnis ebenso wie jeder andere Einflußfaktor in das prognoserelevante Wissen eingehen kann. Der Typ der Regressionsgleichung und die berücksichtigten Einflußfaktoren können durch die Anwendung syntaktischer Regeln im Verlaufe der Suche nach prognostisch verwertbaren empirischen Generalisierungen verändert werden.

---

64 Zum Beispiel könnten bestimmte Elemente - etwa die Anzahl an Produkten oder Produktgruppen - in den Beispielbeschreibungen gezählt werden; vgl. Michalski (1983), S. 138f.

65 Bergadano/Bisio schlagen hierzu die Einführung von Prädikatenschemata vor, die auf der Grundlage von Informationen über die gesamte Beispielmenge mit Parametern gefüllt werden; siehe Bergadano/Bisio (1988).

Insgesamt betrachtet sind die Überlegungen zu der Frage, wie neue Konzepte beim konstruktiven Wissenserwerb eingeführt werden können, noch nicht sehr weit fortgeschritten. Die bislang unterbreiteten Vorschläge stellen meist Lösungen für spezifische Problemstellungen dar[66] und sind mangels eines allgemeinen, sprachübergreifenden Ansatzes nur schwer zu systematisieren. Beim automatisierten Erwerb prognoserelevanten Wissens über Unternehmungsentwicklungen wird man deshalb auf eine Wissensvorstrukturierung zumindest derzeit nicht ganz verzichten können, wenn umfangreicher beschriebene Beispiele zur Verfügung stehen.

B. Ermittlung probabilistischer Zusammenhänge

Geht man von der Annahme ab, daß der Entwicklung von Unternehmungen deterministische Zusammenhänge zugrunde liegen, die sich mit dem aus der Konzeptualisierung abgeleiteten Vokabular als Hornklauselmenge der Prädikatenlogik 1. Ordnung repräsentieren lassen, so muß das prognoserelevante Wissen mit Hilfe einer Repräsentationssprache dargestellt werden, die die mit der Prognose künftiger Unternehmungsentwicklungen verbundene Ungewißheit zu berücksichtigen erlaubt. Auch der Erwerb entsprechend repräsentierten prognoserelevanten Wissens kann nicht länger als Suche nach empirischen Generalisierungen interpretiert werden, die hinsichtlich aller vorliegenden Beispiele für Unternehmungsentwicklungen konsistent und vollständig sind.

Die Umstellung auf den Erwerb probabilistischen Wissens erfordert zunächst zwei Änderungen der in Kapitel VI.A.3. erläuterten Suchstrategien:
Erstens ist zu gewährleisten, daß sich alle entwickelten Generalisierungen gegenseitig ausschließen.[67] Dies wurde bisher nur von Generalisierungen verlangt, die verschiedenen Ergebnisklassen angehören. Die Ausweitung auf alle Generalisierungen ist notwendig, um sicherzustellen, daß sich die Antezedenzien der generierten Hornklauseln mit gleichem Konsequens unter der intendierten Interpretation mit Wahrscheinlichkeit eins paarweise gegenseitig ausschließen.
Zweitens muß ein Stoppkriterium eingeführt werden, anhand dessen zu entscheiden ist, wann eine weitergehende Generalisierung oder Spezialisierung nicht mehr sinnvoll erscheint. Beim Erwerb deterministischen Wissens ist dies der Fall, wenn die jeweilige Generalisierung konsistent ist und eine möglichst

---

[66] Dies gilt besonders für den konstruktiven Wissenserwerb, wie er in den Systemen BACON und AM zur Anwendung kommt. Vgl. hierzu die Fn. 5 und 6 auf S. 136.

[67] Siehe Fn. 30 auf S. 145.

große Anzahl von Beispielen umfaßt. Beim Erwerb probabilistischen Wissens sollte eine weitere Generalisierung oder Spezialisierung unterbleiben, wenn hierdurch keine Verbesserung der Entropie oder - sofern es sich bei dem in Frage stehenden Sachverhalt um eine quantitative Größe handelt - der Varianz der Ergebnisklassenverteilung der abgedeckten Beispiele mehr erreicht werden kann[68] oder wenn sich diese Verteilung bei weiterer Generalisierung oder Spezialisierung nicht mehr signifikant von derjenigen in der gesamten Beispielmenge unterscheidet[69].

Abgesehen von diesen beiden Änderungen bleibt die Suchstrategie unverändert: Der Raum möglicher Generalisierungen einer beispielhaften Unternehmungsentwicklung wird systematisch nach Generalisierungen durchsucht, die für die Prognose künftiger Unternehmungsentwicklungen geeignet erscheinen. Dabei werden nur die unter heuristischen Gesichtspunkten aussichtsreichsten Generalisierungs- oder Spezialisierungspfade beschritten. Wurde eine vorgegebene Anzahl von Generalisierungen entwickelt, deren weitere Generalisierung bzw. Spezialisierung nicht mehr sinnvoll scheint, so wird eine dieser Generalisierungen ausgewählt; die von dieser Generalisierung abgedeckten Beispiele werden der Beispielmenge entnommen. Erneute Suchprozesse schließen sich an, bis keine Beispiele mehr vorhanden sind, die nicht von einer der hergeleiteten Generalisierungen umfaßt werden.

Weitere Anpassungen sind in bezug auf die Heuristiken notwendig, mit deren Hilfe die Suche in dem Raum möglicher Generalisierungen einer beispielhaften Unternehmungsentwicklung gelenkt wird. Die notwendige Änderung betrifft in erster Linie die auf die Minimierung der Anzahl irrtümlich abgedeckter Beispiele bzw. die Wahrung der Konsistenz der entwickelten Generalisierungen gerichtete Heuristik. Da beim Erwerb probabilistischen Wissens von vornherein davon auszugehen ist, daß keine zu Prognosezwecken brauchbare konsistente Generalisierung existiert, sollte an ihre Stelle eine Heuristik treten, die auf die Minimierung der Entropie oder der Varianz der Ergebnisklassenverteilung der abgedeckten Beispiele hinwirkt.[70] Die aus wissenschaftstheoretischen Überlegungen und aus Kostengesichtspunkten resultierenden Kriterien können dagegen ebenso wie die fachbezogenen Heuristiken

68 Dieses Stoppkriterium findet im System CN2 Anwendung; vgl. Clark/Niblett (1989), S. 268. Siehe auch Stender (1989), S. 117ff.

69 Hierzu kann entweder ein statistischer Test oder ein informationstheoretisches Maß für die Verschiedenartigkeit zweier Verteilungen herangezogen werden. Erweiterungen des Systems ID3 basieren in aller Regel auf einem χ^2-Unabhängigkeitstest als Terminationskriterium; vgl. Hart (1984), S. 119; White (1985), S. 329; Niblett/Bratko (1986), S. 27ff.; White (1986), S. 38; Quinlan (1986), S. 93f. In CN2 kommt die relative Entropie zum Einsatz; vgl. Clark/Niblett (1989), S. 269f.

70 Vgl. Clark/Niblett (1989), S. 269. Einen Überblick über mögliche Alternativen enthält Mingers (1989).

unverändert bleiben; diese Heuristiken wirken im übrigen darauf hin, daß die mit der generierten Hornklauselmenge einhergehenden Unabhängigkeitsannahmen vertretbar bleiben[71]. Schließlich ist es auch beim Erwerb probabilistischen Wissens sinnvoll, die Anzahl der von einer Generalisierung insgesamt abgedeckten Beispiele zu maximieren; die Aussage, daß eine größere Anzahl umfaßter Beispiele die Anwendung der Generalisierung zu Prognosezwecken vertrauenswürdiger macht, gilt nach wie vor.

Ergebnis des automatisierten Erwerbs probabilistischen Wissens sind Generalisierungen, die mit einer bestimmten Häufigkeitsverteilung Beispiele verschiedener Ergebnisklassen umfassen. Welche Schlußfolgerungen erlaubt diese Häufigkeitsverteilung? Zunächst ist festzuhalten, daß wahrscheinlichkeitstheoretische Schlüsse gänzlich unabhängig von der Art und Weise gezogen werden können, wie die Generalisierung gewonnen wurde. Wichtig ist allein, daß es sich um Häufigkeiten in bezug auf eine Folge von als vertauschbar ansehbaren Unternehmungsentwicklungen handelt. Kohärentes Verhalten vorausgesetzt, müssen diese Häufigkeiten zu einer Anpassung der subjektiven Wahrscheinlichkeitseinschätzungen in bezug auf die Ergebnisklassenzugehörigkeit einer Unternehmungsentwicklung führen, die unter die entsprechende Generalisierung fällt und bei der die Ausprägung der interessierenden Größe nicht bekannt ist. Wie diese Anpassung vonstatten geht, wurde in Kapitel II.C.2. erläutert: Ausgehend von der Darstellung der subjektiven Wahrscheinlichkeit als Mischung Bernoullischer Wahrscheinlichkeitsmaße nach dem Repräsentationstheorem von de Finetti erfolgt eine Veränderung der als Gewichtungsfaktoren dienenden Wahrscheinlichkeitsdichten mit Hilfe des Bayes-Theorems. Die subjektiven Wahrscheinlichkeiten, die sich nach dieser Anpassung ergeben, sind den in der Wissensbasis eines wissensbasierten Prognosesystems zur Unternehmungsbewertung abgelegten und aus den entwickelten Generalisierungen abgeleiteten Hornklauseln zuzuordnen.

Freilich hängen diese subjektiven Wahrscheinlichkeiten nicht nur von den beobachteten Häufigkeiten, sondern auch von der a priori Verteilung der als Gewichtungsfaktoren dienenden Wahrscheinlichkeitsdichten ab. Für Zwecke des automatisierten Erwerbs prognoserelevanten Wissens scheint die Annahme einer a priori Verteilung plausibel, die einen möglichst geringen Wissensstand in bezug auf den Zusammenhang zwischen der empirischen Generalisierung und der Ergebnisklassenzugehörigkeit widerspiegelt. In Frage kommt etwa eine noninformative Dirichletsche Verteilung[72], wobei in bezug auf die Parameter dieser Verteilung z.B. folgende Möglichkeiten bestehen:

---

[71] Vgl. Fn. 58 auf S. 155.

[72] Vgl. Paaß (1989), S. 424f.

1) Wird von der Verteilung

$$dir(p_1,\ldots,p_{I-1}|0,\ldots,0)$$

ausgegangen und bezeichnet man die Anzahl möglicher Ergebnisklassen mit I, die Anzahl insgesamt von der Generalisierung umfaßter Beispiele mit N und die Anzahl der Beispiele, die der betrachteten Ergebnisklasse angehören, mit n, so resultieren nach Berücksichtigung der beobachteten Häufigkeiten folgende subjektive Wahrscheinlichkeiten:[73]

$$P(\zeta|\psi) = \frac{n+1}{N+I}$$

Dieses Ergebnis entspricht der Laplaceschen "Regel der Folge".

2) Die Überlegungen von Jeffreys legen - übertragen auf mehrdimensionale Verteilungen - den Ansatz der a priori Verteilung

$$dir(p_1,\ldots,p_{I-1}|-\tfrac{1}{2},\ldots,-\tfrac{1}{2})$$

nahe.[74] Dies führt zu den subjektiven Wahrscheinlichkeiten:

$$P(\zeta|\psi) = \frac{n+\frac{1}{2}}{N+\frac{1}{2}I}$$

3) Bei Zugrundelegung der Verteilung

$$dir(p_1,\ldots,p_{I-1}|-1,\ldots,-1)$$

resultieren subjektive Wahrscheinlichkeiten, die den beobachteten relativen Häufigkeiten entsprechen:[75]

$$P(\zeta|\psi) = \frac{n}{N}$$

Aus dem Repräsentationstheorem resultiert ferner, wie die den Hornklauseln zuzuordnenden Wahrscheinlichkeitsintervalle zu interpretieren und zu ermitteln sind, wenn die mit der Prognose verbundene Ungewißheit 2. Ordnung transparent gemacht werden soll:[76] Die Wahrscheinlichkeitsober- und -untergrenzen entsprechen den Grenzen der Intervalle, in denen ein vorgegebener Prozentsatz der Dichte der als Gewichtungsfaktoren in die subjektiven Wahrscheinlichkeitsurteile eingehenden Wahrscheinlichkeitsdichten konzentriert ist. Wie aus den Ausführungen in Kapitel II.C.2. folgt, sind diese Inter-

---

[73] Vgl. Good (1965), S. 17 und 25; de Finetti (1981), S. 620. Zur Symbolik siehe Kapitel VI.A.1.

[74] Vgl. Box/Tiao (1973), S. 53ff.

[75] Vgl. Good (1965), S. 16.

[76] Einen ähnlichen Ansatz schildert Rendell (1986a), S. 210f.

valle um so kleiner, je größer die Anzahl der Beispiele ist, die die betrachtete Generalisierung umfaßt. Damit findet auch die Heuristik ihre Bestätigung, nach der eine Maximierung dieser Anzahl angestrebt wird: Je größer die Anzahl der von einer Generalisierung abgedeckten Beispiele ist, desto größer ist auch die Vertrauenswürdigkeit der resultierenden subjektiven Wahrscheinlichkeiten und desto besser ceteris paribus eine auf diese Generalisierung gestützte Prognose.

Beim strukturierten Wissenserwerb hat der Systementwickler darauf zu achten, daß die von ihm eingeführten derivativen Einflußfaktoren soweit wie möglich stochastisch unabhängig voneinander sind, um die durch Unabhängigkeitsannahmen verursachten Verfälschungen der prognostizierten Wahrscheinlichkeitsverteilung gering zu halten. Dies erfordert auch, daß die originären Einflußfaktoren immer nur auf jeweils einen derivativen Einflußfaktor einwirken. Die Übertragung der erläuterten Spielarten des konstruktiven Wissenserwerbs auf den Fall probabilistischer Wissensrepräsentation ist unproblematisch, weil bei allen Varianten nur deterministische Abhängigkeitsbeziehungen zwischen den originären und den derivativen Einflußfaktoren einbezogen werden.

Hier schließt sich also der Kreis von den methodologischen Überlegungen, die zur Annahme der subjektiven Wahrscheinlichkeitskonzeption geführt haben, über die Anpassung der Prädikatenlogik 1. Ordnung im Wege der Einführung der Semantik möglicher Welten und die heuristisch gesteuerte Generalisierung von Beispielen für Unternehmungsentwicklungen. Ein interessanter Aspekt der dargestellten Zusammenhänge besteht darin, daß der Wissenserwerb über das den Suchprozeß steuernde Hintergrundwissen einerseits in gewisser Weise von subjektiven Wahrscheinlichkeitsvorstellungen gelenkt wird und andererseits zu Ergebnissen in Form von subjektiven Wahrscheinlichkeiten führt. Diese doppelte Funktion subjektiver Wahrscheinlichkeitseinschätzungen beim Erwerb probabilistischen Wissens beschreibt sehr treffend die Überschrift "Induction of and by Probability"[77] eines Aufsatzes von Rendell.

Die zwei Rollen, die subjektive Wahrscheinlichkeitseinschätzungen im Rahmen des Lernprozesses spielen, korrespondieren mit den a priori Verteilungen der im Rahmen des Repräsentationstheorems als Gewichtungsfaktoren dienenden Wahrscheinlichkeitsdichten einerseits und dem Ergebnis des Vernünftigen Lernens aus der Erfahrung auf der Grundlage der empirisch beob-

---

[77] Gemeint ist Rendell (1986b).

achteten Häufigkeiten andererseits.[78] Die Frage liegt nahe, ob auf der Grundlage des in den Lernprozeß eingeschleusten Hintergrundwissens sinnvoll a priori Verteilungen ermittelt werden können, um diese als Ausgangspunkt für das sich anschließende Vernünftige Lernen aus der Erfahrung zu verwenden. Bisher ist es nämlich so, daß die subjektiven Wahrscheinlichkeitsvorstellungen vor Bekanntwerden der herangezogenen Beispiele zwar den Lernprozeß lenken, aber nicht in sein Ergebnis eingehen - eine in Anbetracht der absehbaren Knappheit zur Verfügung stehender Beispiele für Unternehmungsentwicklungen recht verschwenderische Vorgehensweise. Nach den Ausführungen in Kapitel II.C.2. ist freilich kein als rational zu bezeichnendes Verfahren ersichtlich, wie allein auf der Grundlage allgemeiner und fachbezogener Heuristiken entsprechende Verteilungen abgeleitet werden könnten.

C. Die Bedeutung des Vor- und Hintergrundwissens beim automatisierten Erwerb prognoserelevanten Wissens

In Anbetracht der Mißverständnisse, die der Begriff "automatisierter Wissenserwerb" hervorrufen mag, wird in diesem Abschnitt zusammengetragen, wo und in welcher Weise schon vorhandenes Wissen in den Lernprozeß einfließt. Dadurch soll deutlich gemacht werden, welcher Anteil an der Gewinnung prognoserelevanten Wissens auf die geschilderten Verfahren entfällt und welcher Anteil auf Vorgaben des Systementwicklers zurückzuführen ist. Als Ausgangspunkt dient die im Verlaufe dieser Arbeit schon eingeführte Einteilung in Vor- und Hintergrundwissen, die sich am Zeitpunkt der Nutzbarmachung des Wissens orientiert: Kommt das Wissen schon vor Beginn des Suchprozesses zum Einsatz, zählt es zum Vorwissen, wird es erst im Verlaufe der Suche nach einer empirischen Generalisierung hinzugezogen, so wird es dem Hintergrundwissen zugerechnet. Die Unterscheidung in Vor- und Hintergrundwissen dient lediglich der Verdeutlichung und erhebt keinen Anspruch auf Vollständigkeit oder Überschneidungsfreiheit.[79]

Das in den Lernprozeß einfließende Vorwissen läßt sich weiter in logisches und in konzeptuelles Vorwissen unterteilen.[80] Logisches Vorwissen äußert sich zunächst in der Syntax der zur Beschreibung der Beispiele für Unterneh-

---

[78] Vgl. Rendell (1986a), S. 189ff.; Rendell (1986b), S. 440f. Rendell verwendet die Begriffe "creditation" und "confirmation", ohne die hier aufgezeigten Bezüge herzustellen.

[79] In der englischsprachigen Literatur werden alle Prädispositionen beim automatisierten Wissenserwerb unter dem Begriff "Bias" zusammengefaßt; siehe z.B. Rendell (1986a), S. 186; Utgoff (1986), S. 107; Hirsh (1990), S. 217.

[80] Vgl. Genesereth/Nilsson (1989), S. 229.

mungsentwicklungen und zur Formulierung von empirischen Generalisierungen verwendeten Repräsentationssprache, also z.B. in der - mit der Verwendung einer Hornklauselmenge zur Darstellung des prognoserelevanten Wissens korrespondierenden - Beschränkung auf empirische Generalisierungen in Form von Disjunktionen existenzquantifizierter Konjunktionen. Je weiter die syntaktischen Möglichkeiten der Repräsentationssprache reichen, desto eher ist ceteris paribus zu vermuten, daß mit Hilfe der verwendeten Sprache eine prognostisch verwertbare empirische Generalisierung formuliert werden kann, desto geringer ist aber auch die Chance, eine solche Generalisierung zu finden. Logisches Vorwissen stellt damit auch die durch die erläuterten Suchstrategien bewirkte Bevorzugung von Generalisierungen mit wenigen Disjunkten dar.[81]

Konzeptuelles Vorwissen spiegelt sich in erster Linie in dem auf der Konzeptualisierung des prognoserelevanten Wissens aufbauenden Vokabular zur Beschreibung der Beispiele für Unternehmungsentwicklungen und zur Formulierung empirischer Generalisierungen wider.[82] Die Auswirkungen der Größe des Vokabulars gleichen denen der syntaktischen Möglichkeiten der Repräsentationssprache; auch hier ist vom Systementwickler zwischen den Vorteilen in bezug auf die Möglichkeit, eine prognostisch verwertbare Generalisierung zu formulieren, und den Nachteilen, die aus der Größe des Suchraums erwachsen, abzuwägen. Konzeptuelles Vorwissen kommt des weiteren zum Einsatz, wenn der Systementwickler beim strukturierten Wissenserwerb derivative Einflußfaktoren vorgibt. Welchen Stellenwert solches Vorwissen besitzen kann, zeigt eine Untersuchung von Shapiro: In dem von ihm untersuchten Fall sind ca. 84% des generierten Wissens auf die Vorgabe von Wissensstrukturen durch den Systementwickler zurückzuführen.[83] Schließlich geht konzeptuelles Vorwissen beim konstruktiven Wissenserwerb in die entwickelten empirischen Generalisierungen ein, wenn auf der Basis vorgegebener definitorischer Zusammenhänge Beschreibungselemente in die Generalisierungen eingeführt werden, die in den Beschreibungen beispielhafter Unternehmungsentwicklungen ursprünglich nicht enthalten sind, oder wenn diese Beschreibungen vor dem Lernprozeß um zusätzliche Beschreibungselemente ergänzt werden.

Von vielleicht noch größerer Bedeutung als das logische und das konzeptuelle Vorwissen, das hauptsächlich die sprachlichen Möglichkeiten zur Beschreibung der Beispiele für Unternehmungsentwicklungen und zur Formulie-

81 Vgl. Rendell (1990), S. 331; Dietterich (1986), S. 299.
82 Vgl. Genesereth/Nilsson (1989), S. 229.
83 Vgl. Shapiro (1987), S. 109.

rung empirischer Generalisierungen betrifft, ist das in den Lernprozeß eingehende Hintergrundwissen in Form von Heuristiken. In welchem Ausmaß der Raum möglicher empirischer Generalisierungen durch allgemeine und fachbezogene Heuristiken beschränkt werden muß, soll ein Beispiel verdeutlichen.[84] Es sei angenommen, mit dem zur Verfügung stehenden Vokabular könnten 20 Einflußfaktoren mit jeweils 4 Ausprägungen repräsentiert werden. Dann sind insgesamt 4^{20} oder ungefähr 10^{12} verschieden beschriebene Unternehmungsentwicklungen möglich. Realistischerweise ist aber nicht anzunehmen, daß mehr als einige Hundert Beispiele für Unternehmungsentwicklungen als Grundlage für den Wissenserwerb zur Verfügung stehen. Es leuchtet ein, daß diese wenigen Beispiele nicht ausreichen, um in dem geschilderten Fall prognostisch verwertbare empirische Generalisierungen mittels datengetriebener Suchstrategien ausfindig zu machen. Der Suchraum muß vielmehr durch die Einführung von Heuristiken von vornherein auf diejenigen Generalisierungen beschränkt werden, die im Lichte des Hintergrundwissens des Systementwicklers plausibel erscheinen.

Die Auflistung der Komponenten des in den Lernprozeß einfließenden Vor- und Hintergrundwissens sollte zeigen, daß die Methoden des Maschinellen Lernens Wissen nicht gleichsam aus dem Nichts erzeugen, sondern ebenso wie die Regressionsanalyse auf bestimmten Vorgaben aufbauen. Sie sollte außerdem verdeutlichen, daß der Einsatz der geschilderten Verfahren zum automatisierten Erwerb prognoserelevanten Wissens nur dann zum Erfolg führt, wenn zusätzliches Wissen in den Lernprozeß eingeschleust wird. Dies unterstreicht noch einmal die Bedeutung, die die Bereitstellung geeigneten Vor- und Hintergrundwissens durch den Systementwickler im Rahmen des vorgestellten Prognoseverfahrens besitzt.

Die zunehmend erkannte Bedeutung des Vor- und Hintergrundwissens für den Erfolg des automatisierten Wissenserwerbs hat zu verstärkten Forschungsanstrengungen in bezug auf die Möglichkeiten zur Behandlung derartigen Wissens geführt. Sichtbarer Ausdruck dieser Bemühungen ist die jüngst erstmalig erfolgte Veranstaltung eines Workshops, der sich vordringlich mit Fragen des Vor- und Hintergrundwissens und mit Möglichkeiten zum konstruktiven Wissenserwerb beschäftigt.[85] In bezug auf die hier behandelte Problemstellung zeichnet sich eine mögliche Weiterentwicklung dergestalt ab, daß das in den Lernprozeß eingehende Vor- und Hintergrundwissen über ökonomische Zusammenhänge einer formalen Ansprüchen genügenden Handhabung erschlossen und flexibler gestaltet werden kann. So wird z.B. versucht,

---

84 Ähnliche Beispiele enthalten Salzberg (1986), S. 135f.; Rendell (1986a), S. 182ff.

85 Siehe Benjamin (1990), S. XI.

Vor- und Hintergrundwissen, das bislang meist implizit in syntaktischen Vorgaben und in Algorithmen verborgen liegt, deklarativ darzustellen.[86] Des weiteren werden erste Überlegungen zu der Frage angestellt, wie Vor- und Hintergrundwissen im Rahmen eines Metalernprozesses selbst erlernt werden kann.[87] Freilich sind diese Ansätze noch nicht so weit fortgeschritten, daß ihre Anwendung im Rahmen eines wissensbasierten Prognosesystems derzeit in Frage käme.

---

86 Siehe Russell/Grosof (1990).

87 Überlegungen hierzu laufen unter den Stichworten "Shift of Bias" und "Dynamic Bias"; vgl. Utgoff (1986); Rendell/Seshu/Tcheng (1987), S. 309.

VII. Abschließende Beurteilung des vorgestellten Prognoseverfahrens und thesenförmige Zusammenfassung

Die Anwendung der geschilderten Methoden und deren Zusammenwirken im Rahmen eines wissensbasierten Prognosesystems konstituieren das vorgestellte Prognoseverfahren. Unter methodischen Aspekten ist dabei vor allem die neuartige Verbindung einer heuristisch gesteuerten Suche nach prognostisch verwertbaren empirischen Generalisierungen mit dem Vernünftigen Lernen aus der Erfahrung gemäß der subjektiven Wahrscheinlichkeitskonzeption interessant. Das Verfahren ist in vielerlei Hinsicht flexibel und ausbaufähig. So wäre es etwa denkbar, nicht den vollen Umfang, sondern nur einen Teil der syntaktischen Möglichkeiten der erläuterten Repräsentationssprache zu nutzen. Im Hinblick auf die zur Anwendung kommenden Methoden des Maschinellen Lernens könnte die Syntax der Repräsentationssprache auch erweitert werden, wie dies z.B. Michalski vorgeschlagen hat[1].

Die mit Hilfe eines entsprechenden wissensbasierten Prognosesystems zur Unternehmungsbewertung erstellten Prognosen sind ebenso als rational zu betrachten wie regressionsanalytisch fundierte Prognosen. Mit der Angabe der den Bedingungskomplex der Prognose verkörpernden fallspezifischen Informationen durch den Benutzer wird das formale Kriterium der Bedingtheit rationaler Prognosen erfüllt. Den verwendeten subjektiven Wahrscheinlichkeiten liegt eine kohärente Auswertung des zur Verfügung stehenden Erfahrungswissens zugrunde, so daß die erstellten Prognosen auch in dieser Hinsicht als rational angesehen werden können. Das vorgestellte Verfahren ist damit zur Lösung des Prognoseproblems bei der Unternehmungsbewertung prinzipiell besser geeignet als die Delphi-Befragung, da bei dieser die Rationalität der erstellten Prognosen aufgrund der unklaren Aggregation subjektiver Wahrscheinlichkeitsurteile nicht gewährleistet ist.

Anhaltspunkte dafür, ob mit Hilfe des vorgestellten Verfahrens qualitativ bessere rationale Prognosen als mit Hilfe der Regressionsanalyse erstellt werden können, sind mangels eines empirischen Tests nur durch einen methodischen Vergleich zu gewinnen. Eine Gegenüberstellung der wesentlichen me-

---

[1] Siehe Michalski (1983), S. 152ff.

thodischen Charakteristika des vorgestellten Prognoseverfahrens und der Regressionsanalyse enthält folgende Tabelle:

	Vorgestelltes Prognoseverfahren	Regressionsanalyse
Repräsentation von Einflußfaktoren	Atomare Formeln	Numerische Merkmalswerte
Repräsentation prognoserelevanten Wissens	Hornklauselmenge	Regressionsgleichung
Verfahren zur Prognoseerstellung	Geordnete Input-Resolution mit Tiefensuche Regel von Jeffrey	Arithmetik
Annahmen bei der Prognoseerstellung	Einflußfaktorennetze mit Baumstruktur	Diverse Unabhängigkeitsannahmen
Verfahren zur Gewinnung prognoserelevanten Wissens	Generalisierungsregeln Heuristische Suchverfahren Bayessches Theorem	Arithmetik Methode der kleinsten Quadrate Bayessches Theorem
Möglichkeiten zur Einbringung von Hintergrundwissen	Strukturierter und konstruktiver Wissenserwerb Fachspezifische Heuristiken	Vorgabe des Typs der Regressionsgleichung

Tab. 4: Abschließende Gegenüberstellung des vorgestellten Prognoseverfahrens und der Regressionsanalyse

Die Vorteile des vorgestellten Verfahrens liegen vor allem in der größeren Ausdruckskraft der verwendeten Repräsentationssprache und in den weiter reichenden Möglichkeiten zur Einbringung von Hintergrundwissen bei der Ermittlung empirischer Generalisierungen. Die syntaktischen Möglichkeiten zur Bildung atomarer Formeln erlauben eine weniger umständliche und vergleichsweise natürliche Darstellung qualitativer und struktureller Einflußfaktoren und eröffnen damit bessere Möglichkeiten zur Nutzbarmachung der

Konzepte der strategischen Planung bei der Prognose von Unternehmungsentwicklungen. Durch die Berücksichtigung der Musterhypothesen der Betriebswirtschaftslehre bei der Suche nach prognostisch verwertbaren empirischen Generalisierungen kann in weit größerem Maße als bei der Regressionsanalyse vorhandenes Hintergrundwissen über ökonomische Zusammenhänge nutzbar gemacht werden. Berücksichtigt man die Möglichkeit des konstruktiven Wissenserwerbs, so stellt sich die Regressionsanalyse sogar als Spezialfall des erläuterten Verfahrens dar. Nachteilig im Vergleich zur Regressionsanalyse ist das Fehlen einer leistungsfähigen allgemeinen Heuristik wie der Methode der kleinsten Quadrate zur Steuerung der Suche nach empirischen Generalisierungen. Mit der zu erwartenden weiteren Steigerung der Leistungsfähigkeit von AIV-Anlagen dürften die daraus erwachsenden Probleme aber immer mehr an Bedeutung verlieren. Insgesamt scheint damit die Einschätzung gerechtfertigt, daß mit Hilfe des vorgestellten Prognoseverfahrens qualitativ bessere Prognosen von Unternehmungsentwicklungen als mit Hilfe der Regressionsanalyse möglich sind und daß auf der Basis dieser Prognosen aussagekräftigere Unternehmungswerte ermittelt werden können.

Für die Zukunft ist eine Fortentwicklung des vorgestellten Prognoseverfahrens in zwei Richtungen wünschenswert. Erstens sollten Möglichkeiten untersucht werden, wie prognoserelevantes Wissen in Form komplexerer, d.h. azyklischer, besser noch zyklischer Einflußfaktorennetze generiert und nutzbar gemacht werden kann, um die in die Prognose einfließenden Unabhängigkeitsannahmen abzuschwächen. Freilich wird auf derartige Annahmen auch in Zukunft nicht ganz zu verzichten sein, weil hinter solchen Annahmen das universelle Phänomen der kombinatorischen Explosion möglicher Einflußfaktorenkonstellationen steht. Zweitens sollte die Entwicklung leistungsfähiger allgemeiner Heuristiken angestrebt werden, mittels derer die Suche durch den Raum möglicher empirischer Generalisierungen zielgerichteter gestaltet werden kann. Mögliche Ansatzpunkte hierfür wurden im letzten Abschnitt angesprochen.

Es bleibt die Aufgabe, die wichtigsten Inhalte der Arbeit in Thesenform zusammenzufassen:

1) Fortschritte bei der Lösung des Prognoseproblems bei der Unternehmungsbewertung versprechen Ansätze, die darauf abzielen, Konzepte der strategischen Planung für Prognosezwecke nutzbar zu machen. Ein Problem besteht dabei darin, daß die Aussagen der strategischen Planung meist qualitative oder strukturelle Sachverhalte betreffen, die sich einer statistischen Analyse nur schwer erschließen lassen. Der Einsatz von Methoden der Künstlichen Intelligenz ist prinzipiell vielversprechend, weil diese von einer numerischen Repräsentation von Informationen Abstand nehmen.

2) Der geeignete konzeptionelle Rahmen zur Behandlung des Prognoseproblems bei der Unternehmungsbewertung ist die einzelwirtschaftliche, entscheidungsorientierte Lehre von der Bewertung ganzer Unternehmungen, bei der die Ermittlung subjektbezogener Unternehmungswerte im Vordergrund steht. Bei der Ermittlung von Marktwerten findet die Subjektivität von Prognosen aufgrund der in der Kapitalmarkttheorie regelmäßig getroffenen Annahme homogener Erwartungen aller Marktteilnehmer keine Berücksichtigung.

3) Rational ist nur eine an den Eintritt bestimmter Bedingungen geknüpfte Prognose. Die Verbindung zwischen diesen Randbedingungen und dem Eintritt des prognostizierten Ereignisses muß bei der Prognose von Unternehmungsentwicklungen mangels Kenntnis nomologischer Hypothesen über empirische Generalisierungen hergestellt werden, die keinen gesetzesartigen Charakter besitzen. Die mit der Prognose verbundene Ungewißheit ist durch subjektive Wahrscheinlichkeiten zu erfassen. Von einer rationalen Prognose kann nur dann die Rede sein, wenn die verwendeten subjektiven Wahrscheinlichkeiten bei der Auswertung empirischer Erfahrungen in kohärenter Weise angepaßt wurden.

4) Die Erstellung von Prognosen mit Hilfe des vorgestellten Verfahrens beinhaltet zwei Phasen: In der Lernphase wird prognoserelevantes Wissen durch Anwendung von Methoden des Maschinellen Lernens aus Beispielen für Unternehmungsentwicklungen gewonnen. In der Konsultationsphase legt der Benutzer den Bedingungskomplex der Prognose durch die Angabe fallspezifischer Informationen fest. Mit Hilfe von Inferenzverfahren wird aus dem prognoserelevanten Wissen und den Randbedingungen der Prognose die gesuchte Aussage über die künftige Entwicklung der bewertungsrelevanten Ergebnisse abgeleitet.

5) Die Konzeptualisierung des prognoserelevanten Wissens sollte sich an den Erkenntnissen der strategischen Planung orientieren und deren Konzepte verwenden. Dies entspricht den neueren Vorschlägen zur Handhabung des Prognoseproblems von Ballwieser, Rappaport, Gomez und anderen. Wie die Konzeptualisierung im einzelnen erfolgt, muß sich aufgrund der Verwendung von Methoden des Maschinellen Lernens an der Dokumentation der zur Verfügung stehenden Beispiele für Unternehmungsentwicklungen orientieren.

6) Die Repräsentation des Bedingungskomplexes der Prognose und des prognoserelevanten Wissens baut im Rahmen des vorgestellten Prognoseverfahrens auf der Prädikatenlogik 1. Ordnung auf; als Instrument zur Wissensrepräsentation dienen Hornklauselmengen. Aufgrund der Ungewißheit künftiger Unternehmungsentwicklungen ist die Einführung einer Semantik möglicher

Welten notwendig, bei der subjektive Wahrscheinlichkeiten an die Stelle von Wahrheitswerten treten. Die Praktikabilität der Wissensverarbeitung erfordert den Einsatz eines Allquantors, der Aussagen über Wahrscheinlichkeiten erlaubt, die für alle Instanzen quantifizierter Hornklauseln gelten, die Zuordnung bedingter Wahrscheinlichkeiten sowie die Einhaltung von Restriktionen in bezug auf die Antezedenzien von Hornklauseln mit gleichem Konsequens.

7) Die Ableitung der Wahrscheinlichkeitsverteilung der künftigen Ergebnisse erfolgt mit Hilfe einer modifizierten Version der geordneten Input-Resolution mit Tiefensuche und der Regel von Jeffrey. Aufgrund der vielfältigen stochastischen Abhängigkeiten zwischen den Faktoren, die die künftige Entwicklung von Unternehmungen beeinflussen, fließen dabei nahezu zwangsläufig Unabhängigkeitsannahmen in die Prognose ein. Die hierdurch verursachten Verfälschungen der prognostizierten Wahrscheinlichkeitsverteilung sollten berücksichtigt werden, indem der Prognoseerstellung die gemeinsame Wahrscheinlichkeitsverteilung der betrachteten Einflußfaktoren und des bewertungsrelevanten Ergebnisses mit maximaler Entropie zugrunde gelegt wird. Die Verwendung von Wahrscheinlichkeitsintervallen eröffnet die Möglichkeit, die Ungewißheit 2. Ordnung bei der Bewertung zu berücksichtigen und damit einer jüngst in der Literatur von Ballwieser und Bretzke geäußerten Forderung nachzukommen.

8) Im Wege der klassischen Wissensakquisition durch Expertenbefragung oder Literaturstudium ist die Gewinnung des prognoserelevanten Wissens nicht möglich. Sie muß deshalb - wie bei statistischen Prognoseverfahren - auf der Nutzung empirischen Datenmaterials aufbauen. Hierfür werden die dem Similarity-Based Learning zuzuordnenden Methoden des Maschinellen Lernens herangezogen. Aufgrund der extrem hohen Anzahl möglicher empirischer Generalisierungen kommen modellbasierte Lernalgorithmen zur Anwendung, bei denen von vornherein eine Beschränkung des Suchraums auf der Basis allgemeiner und fachbezogener Heuristiken vorgenommen wird. Die Formulierung fachbezogener Heuristiken erfolgt auf der Grundlage der sogenannten Musterhypothesen der Betriebswirtschaftslehre.

9) Zur Ermittlung des prognoserelevanten Wissens ist eine Verbindung der Methoden des Maschinellen Lernens und des "Vernünftigen Lernens aus der Erfahrung" gemäß der subjektiven Wahrscheinlichkeitskonzeption erforderlich. Der Lernprozeß beinhaltet zwei Phasen: In der ersten Phase wird nach einer geeigneten empirischen Generalisierung gesucht; in der zweiten Phase wird die subjektive Wahrscheinlichkeitsverteilung ermittelt, mit der diese Generalisierung auf den Eintritt der bewertungsrelevanten Ergebnisse schließen läßt.

10) Das vorgestellte Prognoseverfahren verspricht Fortschritte insbesondere bei der Heranziehung qualitativer und struktureller Sachverhalte bei der Erstellung von Prognosen und könnte insofern eine Lücke in den Forschungsbemühungen füllen, die Konzepte der strategischen Planung für Prognosezwecke nutzbar zu machen und darauf aufbauend aussagekräftigere Unternehmungswerte zu ermitteln.

Literaturverzeichnis

Adams, J.B. (1984): Probabilistic Reasoning and Certainty Factors, in: Rule-Based Expert Systems, hrsg. von B.G. Buchanan, E.H. Shortliffe, Reading u.a. 1984, S. 263ff.

Albach, H. (1970): Informationsgewinnung durch strukturierte Gruppenbefragung - Die Delphi-Methode, in: ZfB, 40. Jg., 1970, Ergänzungsheft, S. 11ff.

Albert, H. (1964): Probleme der Theoriebildung, in: Theorie und Realität. Ausgewählte Aufsätze zur Wissenschaftslehre der Sozialwissenschaften, hrsg. von H. Albert, Tübingen 1964, S. 3ff.

—— (1965): Theorie und Prognose in den Sozialwissenschaften, in: Logik der Sozialwissenschaften, hrsg. von E. Topitsch, Köln Berlin 1965, S. 126ff.

—— (1967): Probleme der Wissenschaftslehre in der Sozialforschung, in: Handbuch der empirischen Sozialforschung, hrsg. von R. König, Köln Berlin 1967, S. 38ff.

Angluin, D.; Laird, Ph. (1988): Learning from Noisy Examples, in: ML, Vol. 2, 1988, S. 343ff.

Arbab, B.; Michie, D. (1985): Generating Rules from Examples, in: IJCAI 85 Proceedings of the Ninth International Joint Conference on Artificial Intelligence August 18-23, Vol. I, Los Angeles 1985, S. 631ff.

Bacchus, F. (1990): On Probability Distributions Over Possible Worlds, in: Uncertainty in Artificial Intelligence 4, hrsg. von R.D. Shachter et al., Amsterdam u.a. 1990, S. 77ff.

Ballwieser, W.; Leuthier, R. (1986): Betriebswirtschaftliche Steuerberatung: Grundprinzipien, Verfahren und Probleme der Unternehmensbewertung, in: DStR, 24. Jg., 1986, S. 545ff. und 604ff.

Ballwieser, W. (1980): Möglichkeiten der Komplexitätsreduktion bei einer prognose-orientierten Unternehmensbewertung, in: ZfbF, 32. Jg., 1980, S. 50ff.

—— (1981): Die Wahl des Kalkulationszinsfußes bei der Unternehmensbewertung unter Berücksichtigung von Risiko und Geldentwertung, in: BFuP, 33. Jg., 1981, S. 97ff.

—— (1988): Unternehmensbewertung bei unsicherer Geldentwertung, in: ZfbF, 40. Jg., 1988, S. 798ff.

—— (1990): Unternehmensbewertung und Komplexitätsreduktion, 3. Aufl., Wiesbaden 1990.

Barr, A.; Feigenbaum, E.A. (1981): The Handbook of Artificial Intelligence, Vol. 1, hrsg. von A. Barr, E.A. Feigenbaum, Stanford Los Altos 1981.

Barrett, M.L.; Beerel, A.C. (1988): Expert Systems in Business: A Practical Approach, Chichester 1988.

Bartke, G. (1978): Grundsätze ordnungsmäßiger Unternehmensbewertung - Zur Entwicklung und zum Stand der Diskussion über die Unternehmensbewertung, in: ZfbF, 30. Jg., 1978, S. 238ff.

Barzen, D.; Wahle, P. (1990): Das PIMS-Programm - was es wirklich wert ist, in: HM, 12. Jg., 1990, S. 100ff.

Bäuerle, P. (1989): Zur Problematik der Konstruktion praktikabler Entscheidungsmodelle, in: ZfB, 59. Jg., 1989, S. 175ff.

Benjamin, P. (1990): Preface. Change of Representation and Inductive Bias, in: Change of Representation and Inductive Bias, hrsg. von D.P. Benjamin, Boston Dordrecht London 1990, S. xif.

Bergadano, F.; Bisio, R. (1988): Constructive Learning with Continuous-Valued Attributes, in: Uncertainty and Intelligent Systems, 2nd International Conference on Information Processing and Management of Knowledge-Based Systems IPMU '88, Urbino, Italy, July 4-7, 1988, hrsg. von B. Bouchon, L. Saitta, R.R. Yager, Berlin u.a. 1988, S. 154ff.

Bhatnagar, R.K.; Kanal, L.N. (1986): Handling Uncertain Information: A Review of Numeric and Non-numeric Methods, in: Uncertainty in Artificial Intelligence, hrsg. von L.N. Kanal, J.F. Lemmer, Amsterdam u.a. 1986, S. 3ff.

Bitz, M. (1981): Entscheidungstheorie, München 1981.

Bleymüller, J.; Gehlert, G.; Gülicher, H. (1991): Statistik für Wirtschaftswissenschaftler, 7. Aufl., München 1991.

Bonissone, P.P.; Tong, R.M. (1985): Editorial: Reasoning with uncertainty in expert systems, in: International Journal of Man-Machine Studies, Vol. 22, 1985, S. 241ff.

Bonnet, A. (1985): Artificial Intelligence. Promise and Performance, London u.a. 1985.

Boose, J.H.; Gaines, B.R. (1989): Knowledge Acquisition for Knowledge-Based Systems: Notes on the State-of-the-Art, in: ML, Vol. 4, 1989, S. 377ff.

Börner, D. (1980): Unternehmensbewertung, in: HdWW, Bd. 8, hrsg. von W. Albers et al., Stuttgart New York 1980, S. 111ff.

Box, G.E.P.; Tiao, G.C. (1973): Bayesian Inference in Statistical Analysis, Reading u.a. 1973.

Brachman, R.J.; Levesque, H.J. (1985): Introduction, in: Readings in Knowledge Representation, hrsg. von R.J. Brachman, H.J. Levesque, Los Altos 1985, S. XIIIff.

Bramer, M.A. (1982): A survey and critical review of expert systems research, in: Introductory Readings in Knowledge Representation, hrsg. von D. Michie, New York London Paris 1982, S. 3ff.

Bretzke, W.-R. (1975a): Funktionen und Folgen der Verwendung objektivistischer Wertkonventionen bei der Unternehmensbewertung, in: WPg , 28. Jg., 1975, S. 125ff.

—— (1975b): Das Prognoseproblem bei der Unternehmungsbewertung. Ansätze zu einer risikoorientierten Bewertung ganzer Unternehmungen auf der Grundlage modellgestützter Erfolgsprognosen, Schriftenreihe des Seminars für Allgemeine Betriebswirtschaftslehre und für Wirtschaftsprüfung der Universität zu Köln, hrsg. von G. Sieben, Düsseldorf 1975.

—— (1975c): Wertbegriff, Aufgabenstellung und formale Logik einer entscheidungsorientierten Unternehmungsbewertung, in: ZfB, 45. Jg., 1975, S. 497ff.

—— (1976a): Zur Problematik des Objektivitätsanspruchs in der Unternehmungsbewertungslehre - Ein Nachtrag zu einem Methodenstreit, in: BFuP, 28. Jg., 1976, S. 543ff.

—— (1976b): Zur Berücksichtigung des Risikos bei der Unternehmungsbewertung, in: ZfbF, 28. Jg., 1976, S. 153ff.

—— (1977): Die Nutzung von Prognoseverfahren und die Berücksichtigung des Risikos in der Praxis der Unternehmungsbewertung, in: Moderne Unternehmensbewertung und Grundsätze ihrer ordnungsmäßigen Durchführung. Bericht von der 1. Kölner BFuP-Tagung am 18. und 19. November 1976 in Köln, GEBERA-Schriften, Bd. 1, hrsg. von W. Goetzke, G. Sieben, Köln 1977, S. 201ff.

—— (1978): Die Formulierung von Entscheidungsproblemen als Entscheidungsproblem, in: DBW, 38. Jg., 1978, S. 135ff.

—— (1980): Der Problembezug von Entscheidungsmodellen, Tübingen 1980.

—— (1988): Risiken in der Unternehmungsbewertung, in: ZfbF, 40. Jg., 1988, S. 813ff.

Bronstein, I.N.; Semendjajew, K.A. (1991): Ergänzende Kapitel zu Taschenbuch der Mathematik, hrsg. von G. Grosche, V. Ziegler, D. Ziegler, 6. Aufl., Thun Frankfurt/Main 1991.

Buchanan, B.G.; Shortliffe, E.H. (1984): Uncertainty and Evidential Support, in: Rule-Based Expert Systems, hrsg. von B.G. Buchanan, E.H. Shortliffe, Reading u.a. 1984, S. 209ff.

Buchanan, B.G.; Mitchell, T.M. (1978): Model-directed Learning of Production Rules, in: Pattern-Directed Inference Systems, hrsg. von D.A. Waterman, F. Hayes-Roth, New York San Francisco London 1978, S. 297ff.

Buchanan, B.G. (1989): Can Machine Learning offer Anything to Expert Systems?, in: ML, Vol. 4, 1989, S. 251ff.

Bühner, R. (1990): Das Management-Wert-Konzept. Strategien zur Schaffung von mehr Wert im Unternehmen, Stuttgart 1990.

Buntine, W. (1989): A Critique of the Valiant Model, in: IJCAI 89 Proceedings of the Eleventh International Joint Conference on Artificial Intelligence August 20-25, Vol. I, hrsg. von N.S. Sridharan, San Mateo 1989, S. 837ff.

Busse von Colbe, W. (1957a): Objektive oder subjektive Unternehmungsbewertung?, in: ZfB, 27. Jg., 1957, S. 113ff.

—— (1957b): Der Zukunftserfolg. Die Ermittlung des künftigen Unternehmungserfolges und seine Bedeutung für die Bewertung von Industrieunternehmen, Wiesbaden 1957.

—— (1981): Gesamtwert der Unternehmung, in: HWR, hrsg. von E. Kosiol, Kl. Chmielewicz, M. Schweitzer, 2. Aufl., Stuttgart 1981, Sp. 595ff.

Büttner, U. et al. (1988): Expertensysteme zur Jahresabschlußanalyse für mittlere und kleine Unternehmen, in: ZfB, 58. Jg., 1988, S. 229ff.

Buzzell, R.D.; Gale, B.T.; Sultan, R.G.M. (1975): Market share - a key to profitability, in: HBR, 53. Jg., 1975, S. 97ff.

Buzzell, R.D.; Gale, B.T. (1989): Das PIMS-Programm. Strategien und Unternehmenserfolg, Wiesbaden 1988.

Calabrese, Ph. (1987): An Algebraic Synthesis of the Foundations of Logic and Probability, in: Information Sciences, Vol. 42, 1987, S. 187ff.

Carbonell, J.G.; Michalski, R.S.; Mitchell, T.M. (1984): An Overview of Machine Learning, in: Machine Learning. An Artificial Intelligence Approach, hrsg. von R.S. Michalski, J.G. Carbonell, T.M. Mitchell, Berlin u.a. 1984, S. 3ff.

Carnap, R. (1959): Induktive Logik und Wahrscheinlichkeit, bearbeitet von W. Stegmüller, Wien 1959.

—— (1960): Einführung in die symbolische Logik, 2. Aufl., Wien 1960.

Charniak, E.; McDermott, D. (1986): Introduction to Artificial Intelligence, Reading u.a. 1986.

Cheeseman, P. (1983): A Method of Computing Generalized Bayesian Probability Values For Expert Systems, in: IJCAI 83 Proceedings of the Eigth International Joint Conference on Artificial Intelligence 8-12 August 1983, Vol. I, Karlsruhe 1983, S. 198ff.

—— (1985): In Defense of Probability, in: IJCAI 85 Proceedings of the Ninth International Joint Conference on Artificial Intelligence August 18-23, Vol. II, Los Angeles 1985, S. 1002ff.

—— (1986): Probabilistic and Fuzzy Reasoning, in: Uncertainty in Artificial Intelligence, hrsg. von L.N. Kanal, J.F. Lemmer, Amsterdam u.a. 1986, S. 85ff.

Chen, K. (1988): Learning to Predict: An Inductive Approach, in: Uncertainty in Artificial Intelligence 2, hrsg. von L.N. Kanal, J.F. Lemmer, Amsterdam u.a. 1988, S. 115ff.

Chen, S. (1988): Some Extensions of Probabilistic Logic, in: Uncertainty in Artificial Intelligence 2, hrsg. von L.N. Kanal, J.F. Lemmer, Amsterdam u.a. 1988, S. 221ff.

Chrubasik, B.; Zimmermann, H.-J. (1987): Evaluierung der Modelle zur Bestimmung strategischer Erfolgsfaktoren, in: DBW, 47. Jg., 1987, S. 426ff.

Clark, P.; Niblett, T. (1989): The CN2 Induction Algorithm, in: ML, Vol. 3, 1989, S. 261ff.

Coenenberg, A.G.; Sieben, G. (1976): Unternehmungsbewertung, in: HWB, Bd. 3, hrsg. von E. Grochla, W. Wittmann, 4. Aufl., Stuttgart 1976, Sp. 4062ff.

Coenenberg, A.G. (1981): Unternehmensbewertung aus der Sicht der Hochschule, in: 50 Jahre Wirtschaftsprüferberuf. Bericht über die Jubiläumsfachtagung vom 21. - 23. Oktober 1981 in Berlin, hrsg. vom IdW, Düsseldorf 1981, S. 221ff.

Cohen, P.R.; Feigenbaum, E.A. (1982): The Handbook of Artificial Intelligence, Vol. 3, hrsg. von P.R. Cohen, E.A. Feigenbaum, London 1982.

Cordes, R. et al. (1988): Prolog. Eine methodische Einführung, hrsg. von P. Schmitz, Braunschweig Wiesbaden 1988.

Danyluk, A.P. (1987): The Use of Explanations for Similarity-Based Learning, in: IJCAI 87 Proceedings of the Tenth International Joint Conference on Artificial Intelligence August 23-28, Vol. I, Los Altos 1987, S. 274ff.

Davis, R.; Lenat, D.B. (1982): Knowledge-Based Systems in Artificial Intelligence, New York u.a. 1982.

de Finetti, B. (1937): Foresight: Its Logical Laws, Its Subjective Sources, wiederabgedruckt und aus dem Französischen übersetzt in: Studies in Subjective Probability, hrsg. von H.E. Kyburg, H.E. Smokler, New York London Sydney 1964, S. 93ff.

—— (1981): Wahrscheinlichkeitstheorie. Einführende Synthese mit kritischem Anhang, Wien München 1981.

Dejong, G.; Mooney, R. (1986): Explanation-Based Learning: An Alternative View, in: ML, Vol. 1, 1986, S. 145ff.

Delahaye, J.-P. (1987): Formal Methods in Artificial Intelligence, London 1987.

Delgrande, J.P.; Mylopoulos, J. (1986): Knowledge Representation: Features of Knowledge, in: Fundamentals of Artificial Intelligence. An Advanced Course, hrsg. von W. Bibel, Ph. Jorrand, Berlin u.a. 1986, S. 3ff.

Dietterich, Th.G.; Michalski, R.S. (1981): Inductive Learning of Structural Descriptions: Evaluation Criteria and Comparative Review of Selected Methods, in: AI, Vol. 16, 1981, S. 257ff.

Dietterich, Th.G. (1986): Learning at the Knowledge Level, in: ML, Vol. 1, 1986, S. 287ff.

Dörner, W. (1976): Der Wirtschaftsprüfer als unparteiischer Gutachter bei der Bewertung von Unternehmungen, in: BFuP, 28. Jg., 1976, S. 505ff.

—— (1981): Überlegungen zu Theorie und Praxis der subjektiven Unternehmensbewertung - die Funktionen des Wirtschaftsprüfers als Gutachter, WPg, 34. Jg., 1981, S. 202ff.

Drukarczyk, J. (1980): Finanzierungstheorie, München 1980.

Dubois, D.; Prade, H. (1988): Conditioning in possibility and evidence theories - A logical viewpoint, in: Uncertainty and Intelligent Systems, 2nd International Conference on Information Processing and Management of Uncertainty in Knowledge-Based Systems IPMU '88, Urbino, Italy, July 4-7, 1988, hrsg. von B. Bouchon, L. Saitta, R.R. Yager, Berlin u.a. 1988, S. 401ff.

Duda, R.O.; Hart, P.E.; Nilsson, N.J. (1976): Subjective Bayesian methods for rule-based inference systems, in: AFIPS Conference Proceedings of the 1976 National Computer Conference, June 7-10, 1976, New York City, New York, hrsg. von St. Winkler, Montvale 1976.

Dudah, R.O.; Reboh, R. (1985): AI and Decision Making: The PROSPECTOR Experience, in: Artificial Intelligence Applications for Business, Proceedings of the NYU Symposium, May, 1983, hrsg. von W. Reitman, Norwood 1985, S. 111ff.

Emde, W. (1983): Kontrainduktives Lernen von Konzepten aus Fakten, in: GWAI-83, 7th German Workshop on Artificial Intelligence, Dassel/Soling, September 19-23, 1983, hrsg. von E. Neumann, Berlin Heidelberg New York 1983, S. 169ff.

—— (1985): Maschinelles Lernen mit heuristisch generierten Modellen, in: Österreichische Artificial Intelligence-Tagung, Wien, 24.-27. September 1985, hrsg. von H. Trost, J. Retti, Berlin u.a. 1985, S. 90ff.

—— (1987): Non-Cumulative Learning in METAXA.3, in: IJCAI 87 Proceedings of the Tenth International Joint Conference on Artificial Intelligence August 23-28, Vol. I, Los Altos 1987, S. 208ff.

Fisz, M. (1989): Wahrscheinlichkeitsrechnung und mathematische Statistik, 11. Aufl., Berlin 1989.

Frank, U. (1989): Expertensysteme: Ein erfolgversprechender Ansatz zur Automatisierung dispositiver Tätigkeiten?, in: DBW, 49. Jg., 1989, S. 1ff.

Geiger, D.; Pearl, J. (1990): On the Logic of Causal Models, in: Uncertainty in Artificial Intelligence 4, hrsg. von R.D. Shachter et al., Amsterdam u.a. 1990, S. 3ff.

Gemello, R.; Mana, R. (1988): Controlling Inductive Search in Rigel Learning System, in: Uncertainty and Intelligent Systems, 2nd International Conference on Information Processing and Management of Uncertainty in Knowledge-Based Systems IPMU '88, Urbino, Italy, July 4-7, 1988, hrsg. von B. Bouchon, L. Saitta, R.R. Yager, Berlin u.a. 1988, S. 171ff.

Genesereth, M.R.; Nilsson, N.J. (1989): Logische Grundlagen der Künstlichen Intelligenz, Braunschweig Wiesbaden 1989.

Georgeoff, M.P.; Wallace, C.S. (1985): A General Selection Criterion for Inductive Inference, in: Advances in Artificial Intelligence. Proceedings of the Sixth European Conference on Artificial Intelligence, ECAI-84, Pisa, Italy, September 5-7, 1984, hrsg. von T. O'Shea, Amsterdam New York Oxford 1985, S. 219ff.

Gerling, C. (1985): Unternehmensbewertung in den USA, Bergisch Gladbach 1985.

Glymour, C. (1985): Independence Assumptions and Bayesian Updating, in: AI, Vol. 25, 1985, S. 95ff.

Goetzke, W. (1976): Funktionenspezifische Unternehmungsbewertung: Einigung im Streit um objektive oder subjektive Wertansätze in Sicht - Ergebnisse einer Diskussionsveranstaltung des Seminars für Wirtschaftsprüfung der Universität zu Köln, in: WPg, 29. Jg., 1976, S. 175ff.

Goldberger, A.S. (1968): Topics in Regression Analysis, New York Toronto 1968.

Goldman, S.A.; Rivest, R.L. (1988): A non-iterative maximum Entropy Algorithm, in: Uncertainty in Artificial Intelligence 2, hrsg. von L.N. Kanal, J.F. Lemmer, Amsterdam u.a. 1988, S. 133ff.

Gomez, P.; Weber, B. (1989a): Akquisitionsstrategie. Wertsteigerung durch Übernahme von Unternehmungen, Stuttgart 1989.

—— (1989b): Wertsteigerung durch Akquisition, in: Die Unternehmung, 43. Jg., 1989, S. 441ff.

Good, I.J. (1965): The Estimation of Probabilities: An Essay on Modern Bayesian Methods, Cambridge 1965.

Grosof, B.N. (1986): An Inequality Paradigm for Probabilistic Knowledge, in: Uncertainty in Artificial Intelligence, hrsg. von L.N. Kanal, J.F. Lemmer, Amsterdam u.a. 1986, S. 259ff.

Guggenheimer, H.; Freedman, R.S. (1987): Foundations of Probabilistic Logic, in: IJCAI 87 Proceedings of the Tenth International Joint Conference on Artificial Intelligence August 23-28, Vol. II, Los Altos 1987, S. 939ff.

Habel, Ch.; Rollinger, C.-R. (1985): Lernen und Wissensakquisition, in: Künstliche Intelligenz. Repräsentation von Wissen und natürlichsprachliche Systeme, Frühjahrsschule, Dassel (Solling), 5.-16. März 1984, Bd. 93 der Informatik-Fachberichte, Subreihe Künstliche Intelligenz, hrsg. von Ch. Habel, Berlin Heidelberg New York 1985, S. 249ff.

Hafner, R. (1989): Grenzpreisermittlung bei mehrfacher Zielsetzung - ein Beitrag zur Bewertung strategischer Unternehmensakquisitionen, Bergisch Gladbach Köln 1988.

Halpern, J. (1989): An Analysis of First-Order Logics of Probability, in: IJCAI 89 Proceedings of the Eleventh International Joint Conference on Artificial Intelligence August 20-25, Vol. II, hrsg. von N.S. Sridharan, San Mateo 1989, S. 1375ff.

Hansmann, K.-W. (1979): Heuristische Prognoseverfahren, in: WISU, 8. Jg., 1979, S. 229ff.

Harmon, P.; King, D. (1989): Expertensysteme in der Praxis. Perspektiven Werkzeuge Erfahrungen, 3. Aufl., München Wien 1989.

Hart, A.E. (1984): Experience in the Use of an Inductive System in Knowledge Engineering, in: Research and Development in Expert Systems, Proceedings of the Fourth Technical Conference of the British Computer Society Specialist Group on Expert Systems, University of Warwick, 18-20 December 1984, hrsg. von M.A. Bramer, London u.a. 1984, S. 117ff.

Hartmann, B. (1981): Neuere Tendenzen der Unternehmungsbewertung - Zur Diskussion um einen "objektivierten" Unternehmenswert, in: ZfbF, 33. Jg., 1981, S. 1090ff.

Hartung, J.; Elpelt, B.; Klösener, K.-H. (1987): Statistik. Lehr- und Handbuch der angewandten Statistik, 6. Aufl., München Wien 1987.

Hartung, J.; Elpelt, B. (1986): Multivariate Statistik. Lehr- und Arbeitsbuch der angewandten Statistik, 2. Aufl., München Wien 1986.

Hauschildt, J. (1988): Unternehmenskrisen - Herausforderungen an die Bilanzanalyse, in: Krisendiagnose durch Bilanzanalyse, hrsg. von J. Hauschildt, Köln 1988, S. 1ff.

Hax, H.; Hartmann-Wendels, Th.; v.Hinten, P. (1988): Moderne Entwicklung der Finanzierungstheorie, in: Finanzierungshandbuch, hrsg. von F.W. Christians, 2. Aufl., Wiesbaden 1988, S. 689ff.

Hax, H. (1964): Investitions- und Finanzplanung mit Hilfe der linearen Programmierung, in: ZfbF, 16. Jg., 1964, S. 430ff.

Hayes-Roth, F.; Waterman, D.A.; Lenat, D.B. (1983): An Overview of Expert Systems, in: Building Expert Systems, hrsg. von F. Hayes-Roth, D.A. Waterman, D.B. Lenat, London u.a. 1983, S. 3ff.

Hayes-Roth, F. (1988): Knowledge-based Expert Systems: the State of the Art, in: Management Expert Systems, hrsg. von C. Ernst, Wokingham u.a. 1988, S. 3ff.

Heckerman, D. (1986): Probabilistic Interpretations for Mycin's Certainty Factors, in: Uncertainty in Artificial Intelligence, hrsg. von L.N. Kanal, J.F. Lemmer, Amsterdam u.a. 1986, S. 167ff.

Heilmann, H.; Simon, M. (1989): Expertensysteme. Grundlagen, Historie, Einsatzmöglichkeiten, in: HMD, Heft 147, 26. Jg., 1989, S. 3ff.

Helbling, C. (1989): Unternehmensbewertung und Steuern, 5. Aufl., Düsseldorf 1989.

Helmer, O.; Rescher, N. (1960): On the Epistemology of the Inexakt Sciences, in: MS, 7. Jg., 1960, S. 25ff.

Hempel, C.G. (1977): Aspekte wissenschaftlicher Erklärung, Berlin New York 1977.

Henrion, M. (1987): Uncertainty in Artificial Intelligence: Is Probability Epistemologically and Heuristically Adequate?, in: Expert Judgement and Expert Systems, hrsg. von J.L. Mumpower et al., Berlin u.a. 1987, S. 105ff.

Henzler, H. (1988): Von der strategischen Planung zur strategischen Führung: Versuch einer Positionsbestimmung, in: ZfB, 58. Jg., 1988, S. 1286ff.

Hetzel, H. (1988): Stichtagszins oder zukünftiger Zins zur Ertragswertermittlung im Rahmen der modernen Unternehmensbewertung, in: BB, 43. Jg., 1988, S. 725ff.

Hilbert, D.; Ackermann, W. (1959): Grundzüge der Theoretischen Logik, 4. Aufl., Berlin Göttingen Heidelberg 1959.

Hirsh, H. (1990): Knowledge as Bias, in: Change of Representation and Inductive Bias, hrsg. von D.P. Benjamin, Boston Dordrecht London 1990, S. 209ff.

Hoffmann, A.G. (1988): Probabilistische Untersuchungen des Maschinellen Lernens, Technischer Bericht, Nr. 88-6, März 1988, hrsg. vom Fachbereich Informatik der TU Berlin, Berlin 1988.

—— (1990): The Computational Complexity of Occam's Razor, in: GWAI-90. 14th German Workshop on Artificial Intelligence, Eringerfeld, 10.-14. September 1990, hrsg. von H. Marburger, Berlin u.a. 1990, S. 277ff.

Hofstadter, D.R. (1991): Gödel Escher Bach, ein endloses geflochtenes Band, München 1991.

Holste, W. (1976): Technologische Prognose, in: ZfbF-Kontaktstudium, 28. Jg., 1976, S. 61ff.

Holtzman, S.; Breese, J. (1986): Exact Reasoning about Uncertainty: On the Design of Expert Systems for Decision Support, in: Uncertainty in Artificial Intelligence, hrsg. von L.N. Kanal, J.F. Lemmer, Amsterdam u.a. 1986, S. 339ff.

Hoppe, Th. (1986): Generierung struktureller Konzepte im Version-Space, in: GWAI-86 und 2. Österreichische Artificial-Intelligence-Tagung, Ottenstein/Niederösterreich, 22.-26. September 1986, hrsg. von C.-R. Rollinger, W. Horn, Berlin u.a. 1986, S. 193ff.

Hunter, D. (1986): Uncertain Reasoning using Maximum Entropy Inference, in: Uncertainty in Artificial Intelligence, hrsg. von L.N. Kanal, J.F. Lemmer, Amsterdam u.a. 1986, S. 203ff.

IdW (1983): Stellungnahme HFA 2/1983: Grundsätze zur Durchführung von Unternehmensbewertungen, in: WPg, 36. Jg., 1983, S. 468ff.

—— (1985): Wirtschaftsprüfer-Handbuch 1985/86, Handbuch für Rechnungslegung, Prüfung und Beratung, Bd. 1, 9. Aufl., Düsseldorf 1985.

Iversen, G.R. (1984): Bayesian Statistical Inference, Beverly Hills London New Delhi 1984.

Jacob, H. (1983): Das PIMS-Programm, in: WISU, 12 Jg., 1983, S. 262ff.

Jaeckel, U. (1988): Zur Bestimmung des Basiszinsfußes bei der Ertragswertermittlung, in: BFuP, 40. Jg., 1988, S. 553ff.

Jaensch, G. (1966a): Wert und Preis der ganzen Unternehmung, Köln Opladen 1966.

—— (1966b): Ein einfaches Modell der Unternehmungsbewertung ohne Kalkulationszinsfuß, in: ZfbF, 18. Jg., 1966, S. 660ff.

Jaglom, A.M.; Jaglom, I.M. (1965): Wahrscheinlichkeit und Information, 2. Aufl., Berlin 1965.

Jeffrey, R.C. (1967): Logik der Entscheidungen, München 1967.

Johnson, N.L.; Kotz, S. (1972): Distributions in Statistics: Continuous Multivariate Distributions, New York u.a. 1972.

Johnson, R.W. (1986): Independence and Bayesian Updating Methods, in: AI, Vol. 29, 1986, S. 217ff.

Karras, D.; Kredel, L.; Pape, U. (1987): Entwicklungsumgebungen für Expertensysteme. Vergleichende Darstellung ausgewählter Systeme, Berlin New York 1987.

Kearns, M.J. (1990): The Computational Complexity of Machine Learning, Cambridge London 1990.

Kodratoff, Y; Ganascia, J.-G. (1986): Improving the Generalization Step in Learning, in: Machine Learning. An Artificial Intelligence Approach, Vol. II, hrsg. von R.S. Michalski, J.G. Carbonell, T.M. Mitchell, Los Altos 1986, S. 215ff.

Kodratoff, Y.; Ganascia, J.G.; Bollinger, T. (1985): Using Structural Matching for Generalizing Examples, in: GWAI-84. 8th German Workshop on Artificial Intelligence, Wingst/Stade, October 8-12, 1984, hrsg. von J. Laubsch, Berlin u.a. 1985, S. 199ff.

Kodratoff, Y. (1986): Learning Expert Knowledge and Theorem Proving, in: GWAI-86 und 2. Österreichische Artificial-Intelligence-Tagung, Ottenstein/Niederösterreich, 22.-26. September 1986, hrsg. von C.-R. Rollinger, W. Horn, Berlin u.a. 1986, S. 164ff.

König, W. (1977): Die Vermittlungsfunktion der Unternehmungsbewertung, in: Moderne Unternehmensbewertung und Grundsätze ihrer ordnungsmäßigen Durchführung. Bericht von der 1. Kölner BFuP-Tagung am 18. und 19. November 1976 in Köln, GEBERA-Schriften, Bd. 1, hrsg. von W. Goetzke, G. Sieben, Köln 1977, S. 73ff.

Krag, J. (1978): Die Berücksichtigung der Ungewißheit in der Unternehmungsbewertung mit Hilfe eines modifizierten Ertragswertkalküls, in: ZfB, 48. Jg., 1978, S. 439ff.

Kripke, S. (1963): Semantical Analysis of Modal Logic, in: Zeitschrift für mathematische Logik und Grundlagen der Mathematik, Bd. 9, 1963, S. 67ff.

Kromschröder, B. (1975): Anteilsbewertung mittels eines portfoliotheoretischen Ansatzes, in: ZfbF, 27. Jg., 1975, S. 84ff.

—— (1979): Unternehmungsbewertung und Risiko, Berlin Heidelberg New York 1979.

Kruse, R.; Schwecke, E.; Heinsohn, J. (1991): Uncertainty and Vagueness in Knowledge Based Systems. Numerical Methods, Berlin u.a. 1991.

Kyburg, H.E. (1987): Bayesian and Non-Bayesian Evidential Updating, in: AI, Vol. 31, 1987, S. 271ff.

Lachmann, E. (1988): Delphi-Methode, in: WISU, 17. Jg., 1988, S. 328.

Laird, Ph.D. (1990): A Survey of Computational Learning Theory, in: Formal Techniques in Artificial Intelligence. A Sourcebook, hrsg. von R.B. Banerji, Amsterdam 1990, S. 173ff.

Lange, B. (1982): Bestimmung strategischer Erfolgsfaktoren und Grenzen ihrer empirischer Fundierung, in: Die Unternehmung, 36. Jg., 1982, S. 27ff.

Langley, P.; Bradshaw, G.L.; Simon, H.A. (1981): BACON.5: The Discovery of Conservation Laws, in: IJCAI 81 Proceedings of the Seventh International Joint Conference on Artificial Intelligence 24-28 August 1981, Vol. I, Vancouver 1981, hrsg. von A. Drinan, S. 121ff.

—— (1984): Rediscovering Chemistry with the BACON System, in: Machine Learning. An Artificial Intelligence Approach, hrsg. von R.S. Michalski, J.G. Carbonell, T.M. Mitchell, Berlin u.a. 1984, S. 307ff.

Langley, P. et al. (1986): The Search for Regularity: Four Aspects of Scientific Discovery, in: Machine Learning. An Artificial Intelligence Approach, Vol. II, hrsg. von R.S. Michalski, J.G. Carbonell, T.M. Mitchell, Los Altos 1986, S. 425ff.

Laux, H.; Franke, G. (1969): Zum Problem der Bewertung von Unternehmungen und anderen Investitionsgütern, in: Ufo, 13. Jg., 1969, S. 205ff.

Laux, H. (1971): Unternehmensbewertung bei Unsicherheit, in: ZfB, 23. Jg., 1971, S. 525ff.

—— (1988): Entscheidungstheorie II. Erweiterung und Vertiefung, 2. Aufl., Berlin u.a. 1988.

Lenat, D.B.; Brown, J.S. (1984): Why AM and EURISCO Appear to Work, in: AI, Vol. 23, 1984, S. 269ff.

Lenat, D.B. (1984): The Role of Heuristics in Learning by Discovery: Three Case Studies, in: Machine Learning. An Artificial Intelligence Approach, hrsg. von R.S. Michalski, J.G. Carbonell, T.M. Mitchell, Berlin u.a. 1984, S. 243ff.

Lenk, H. (1972): Erklärung Prognose Planung. Skizzen zu Brennpunktproblemen der Wissenschaftstheorie, Freiburg 1972.

Leuthier, R. (1988a): Das Interdependenzproblem bei der Unternehmensbewertung, Frankfurt 1988.

—— (1988b): Zur Berücksichtigung der Besteuerung bei der Unternehmensbewertung, in: BFuP, 40. Jg., 1988, S. 505ff.

Ling, X.; Ungar, L. (1989): Inventing Theoretical Terms in Inductive Learning of Functions - Search and Constructive Methods, in: Methodologies for Intelligent Systems, 4, Proceedings of the Fourth International Symposium on Methodologies for Intelligent Systems held October 12-14, 1989, in Charlotte, North Carolina, hrsg. von Z.W. Ras, New York Amsterdam London, 1989, S. 332ff.

Ling, X. (1989): Learning and Invention of Horn Clause Theories - A Constructive Method, in: Methodologies for Intelligent Systems, 4, Proceedings of the Fourth International Symposium on Methodologies for Intelligent Systems held October 12-14, 1989, in Charlotte, North Carolina, hrsg. von Z.W. Ras, New York Amsterdam London, 1989, S. 323ff.

Liu, X.; Gammerman, A. (1986): On the Validity and Applicability of the INFERNO System, in: Research and Development in Expert Systems III, Proceedings of Expert Systems '86, the Sixth Annual Technical Conference of the British Computer Society Specialist Group on Expert Systems, Brighton, 15-18 December 1986, hrsg. von M.A. Bramer, London u.a. 1986, S. 47ff.

Lloyd, J.W. (1987): Foundations of Logic Programming, 2. Aufl., Berlin u.a. 1984.

Loisel, R.; Kodratoff, Y. (1981): Learning (Complex) Structural Descriptions from Examples, in: IJCAI 81 Proceedings of the Seventh International Joint Conference on Artificial Intelligence 24-28 August 1981, Vol. I, Vancouver 1981, hrsg. von A. Drinan, S. 141ff.

Loui, R.P. (1986): Interval-Based Decisions for Reasoning Systems, in: Uncertainty in Artificial Intelligence, hrsg. von L.N. Kanal, J.F. Lemmer, Amsterdam u.a. 1986, S. 459ff.

Lubatkin, M.; Pitts, M. (1983): PIMS: Fact or Folklore?, in: The Journal of Business Strategy, Vol. 3, 1983, S. 38ff.

Lutz, H. (1981): Zum Konsens und Dissens in der Unternehmensbewertung, in: BFuP, 33. Jg., 1981, S. 146ff.

—— (1984): Entscheidungswerte im Planungsprozeß der Unternehmensakquisition, München Köln 1984.

Manago, M.; Blythe, J. (1987): Learning Disjunctive Concepts, in: Knowledge Representation and Organization in Machine Learning, Lecture Notes in Artificial Intelligence, hrsg. von K. Morik, Berlin u.a. 1987, S. 211ff.

Martin-Clouaire, R.; Prade, H. (1985): On the problems of representation and propagation of uncertainty in expert systems, in: International Journal of Man-Machine Studies, Vol. 22, 1985, S. 251ff.

Matschke, M.J.; Mucheyer, H. (1977): Die Nutzung der traditionellen Unternehmungsbewertungsverfahren zur Argumentation in der Preisverhandlung, in: Moderne Unternehmensbewertung und Grundsätze ihrer ordnungsmäßigen Durchführung. Bericht von der 1. Kölner BFuP-Tagung am 18. und 19. November 1976 in Köln, GEBERA-Schriften, Bd. 1, hrsg. von W. Goetzke, G. Sieben, Köln 1977, S. 157ff.

Matschke, M.J. (1969): Der Kompromiß als betriebswirtschaftliches Problem bei der Preisfestsetzung eines Gutachters im Rahmen der Unternehmensbewertung, in: ZfbF, 21. Jg., 1969, S. 57ff.

—— (1971): Der Arbitrium- oder Schiedsspruchwert der Unternehmung - Zur Vermittlerfunktion eines unparteiischen Gutachters bei der Unternehmungsbewertung, in: BFuP, 23. Jg., 1971, S. 508ff.

—— (1972): Der Gesamtwert der Unternehmung als Entscheidungswert, in: BFuP, 24. Jg., 1972, S. 146ff.

—— (1975): Der Entscheidungswert der Unternehmung, Wiesbaden 1975.

—— (1976): Der Argumentationswert der Unternehmung - Unternehmensbewertung als Instrument der Beeinflussung in der Verhandlung, in: BFuP, 28. Jg., 1976, S. 517ff.

—— (1977): Die Argumentationsfunktion der Unternehmungsbewertung, in: Moderne Unternehmensbewertung und Grundsätze ihrer ordnungsmäßigen Durchführung. Bericht von der 1. Kölner BFuP-Tagung am 18. und 19. November 1976 in Köln, GEBERA-Schriften, Bd. 1, hrsg. von W. Goetzke, G. Sieben, Köln 1977, S. 91ff.

—— (1986): Geldentwertung und Unternehmensbewertung, WPg, 39. Jg., 1986, S. 549ff.

McCarthy, J. (1985): Epistemological Problems of Artificial Intelligence, in: Readings in Knowledge Representation, hrsg. von R.J. Brachman, H.J. Levesque, Los Altos 1985, S. 23ff.

Mellerowicz, K. (1952): Der Wert der Unternehmung als Ganzes, Essen 1952.

Mendelson, E. (1964): Introduction to Mathematical Logic, New York u.a. 1964.

Mertens, P.; Allgeyer, K. (1983): Künstliche Intelligenz in der Betriebswirtschaft, in: ZfB, 53. Jg., 1983, S. 686ff.

Mertens, P. (1989): Expertisesysteme als Variante der Expertensysteme zur Führungsinformation, in: ZfbF, 41. Jg., 1989, S. 835ff.

Michalski, R.S.; Carbonell, J.G.; Mitchell, T.M. (1984): Machine Learning. An Artificial Intelligence Approach, Berlin u.a. 1984.

Michalski, R.S. (1983): A Theory and Methodology of Machine Learning, in: AI, Vol. 20, 1983, S. 111ff.

Michie, D. (1987): Current Developments in Expert Systems, in: Applications of Expert Systems. Based on the Proceedings of the Second Australian Conference, hrsg. von J.R. Quinlan, Sydney u.a. 1987, S. 137ff.

Mingers, J. (1989): An Empirical Comparison of Selection Measures for Decision-Tree Induction, in: ML, Vol. 3, 1989, S. 319ff.

Minsky, M. (1985): A Framework for Representing Knowledge, in: Readings in Knowledge Representation, hrsg. von R.J. Brachman, H.J. Levesque, Los Altos 1985, S. 243ff.

Mitchell, T.M.; Keller, R.M.; Kedar-Cabelli, S.T. (1986): Explanation-Based Generalization: A Unifying View, in: ML, Vol. 1, 1986, S. 47ff.

Mitchell, T.M. (1982): Generalization as Search, in: AI, Vol. 18, 1982, S. 203ff.

Mockler, R.J.; Dologite, D.G. (1988): Developing Knowledge-based Systems for Strategic Corporate Planning, in: Long Range Planning, Vol. 21, 1988, S. 97ff.

Morgenstern, O. (1964): Vollkommene Voraussicht und gesamtwirtschaftliches Gleichgewicht, in: Theorie und Realität. Ausgewählte Aufsätze zur Wissenschaftslehre der Sozialwissenschaften, hrsg. von H. Albert, Tübingen 1964, S. 251ff.

Moxter, A. (1978): Über "Subjektivität" und "Objektivität" von Unternehmensbewertungen, in: WISU, 7. Jg., 1978, S. 129ff.

—— (1983): Grundsätze ordnungsmäßiger Unternehmensbewertung, 2. Aufl., Wiesbaden 1983.

Muggleton, St. (1987): Duce, an oracle based approach to constructive induction, in: IJCAI 87 Proceedings of the Tenth International Joint Conference on Artificial Intelligence August 23-28, Vol. I, Los Altos 1987, S. 287ff.

—— (1990): Inductive Logic Programming, in: Algorithmic Learning Theory, hrsg. von S. Arikawa et al., Berlin Heidelberg New York 1990, S. 42ff.

Münstermann, H. (1966): Wert und Bewertung der Unternehmung, Wiesbaden 1966.

Niblett, T.; Bratko, I. (1986): Learning Decision Rules in Noisy Domains, in: Research and Development in Expert Systems III, Proceedings of Expert Systems '86, the Sixth Annual Technical Conference of the British Computer Society Specialist Group on Expert Systems, Brighton, 15-18 December 1986, hrsg. von M.A. Bramer, London u.a. 1986, S. 25ff.

Niemann, H.; Bunke, H. (1987): Künstliche Intelligenz in Bild- und Sprachanalyse, Stuttgart 1987.

Nilsson, N.J. (1982): Principles of Artificial Intelligence, Berlin Heidelberg New York 1982.

—— (1986): Probabilistic Logic, in: AI, Vol. 28, 1986, S. 71ff.

Nutter, J.T. (1987): Uncertainty and Probability, in: IJCAI 87 Proceedings of the Tenth International Joint Conference on Artificial Intelligence August 23-28, Vol. I, Los Altos 1987, S. 373ff.

O'Keefe, R.A. (1983): Concept Formation from Very Large Training Sets, in: IJCAI 83 Proceedings of the Eigth International Joint Conference on Artificial Intelligence 8-12 August 1983, Vol. I, Karlsruhe 1983, S. 479ff.

Ossadnik, W. (1984): Rationalisierung der Unternehmungsbewertung durch Risikoklassen, Frankfurt/ Main 1984.

Paaß, G. (1989): Bayesian Integration of Uncertain and Conflicting Evidence, in: GWAI-89. 13th German Workshop on Artificial Intelligence, Eringerfeld, 18.-22. September 1989, hrsg. von D. Metzing, Berlin u.a. 1989, S. 421ff.

Pearl, J. (1986a): Fusion, Propagation, and Structuring in Belief Networks, in: AI, Vol. 29, 1986, S. 241ff.

—— (1986b): A Constraint - Propagation Approach to Probabilistic Reasoning, in: Uncertainty in Artificial Intelligence, hrsg. von L.N. Kanal, J.F. Lemmer, Amsterdam u.a. 1986, S. 357ff.

Pednault, E.P.D.; Zucker, S.W.; Muresan, L.V. (1981): On the Independence Assumption Underlying Subjective Bayesian Updating, in: AI, Vol. 16, 1981, S. 213ff.

Plattfaut, E. (1988): DV-Unterstützung strategischer Unternehmensplanung, Berlin u.a. 1988.

Popper, K.R. (1959): The Propensity Interpretation of Probability, in: British Journal for the Philosophy of Science, Vol. 10, 1959, S. 25ff.

—— (1965): Prognose und Prophetie in den Sozialwissenschaften, in: Logik der Sozialwissenschaften, hrsg. von E. Topitsch, Köln Berlin 1965, S. 113ff.

—— (1974): Das Elend des Historizismus, 4. Aufl., Tübingen 1974.

—— (1982): Logik der Forschung, 7. Aufl., Tübingen 1982.

Porter, M. (1986): Wettbewerbsvorteile. Spitzenleistungen erreichen und behaupten, Frankfurt/Main New York 1986.

—— (1988): Wettbewerbsstrategie. Methoden zur Analyse von Branchen und Konkurrenten, 5. Aufl., Frankfurt/Main New York 1988.

Puppe, F. (1991): Einführung in Expertensysteme, 2. Aufl., Berlin u.a. 1991.

Quinlan, J.R. (1983): Inferno: A Cautious Approach To Uncertain Inference, in: The Computer Journal, Vol. 26, 1983, S. 255ff.

—— (1984): Learning Efficient Classification Procedures and their Application to Chess End Games, in: Machine Learning. An Artificial Intelligence Approach, hrsg. von R.S. Michalski, J.G. Carbonell, T.M. Mitchell, Berlin u.a. 1984, S. 463ff.

—— (1986): Induction of Decision Trees, in: ML, Vol. 1., 1986, S. 81ff.

Quinlan, J.R. et al. (1987): Inductive Knowledge Acquisition: a Case Study, in: Applications of Expert Systems. Based on the Proceedings of the Second Australian Conference, hrsg. von J.R. Quinlan, Sydney u.a. 1987, S. 157ff.

Raffée, H.; Abel, B. (1979): Wissenschaftstheoretische Grundfragen der Wirtschaftswissenschaften, München 1979.

Raiffa, H. (1968): Decision Analysis. Introductory Lectures on Choices under Uncertainty, Menlo Park London Don Mills 1968.

Rappaport, A. (1981): Selecting strategies that create shareholder value, in: HBR, 59. Jg., 1981, S. 139ff.

—— (1986): Creating Shareholder Value. The New Standard for Business Performance, New York 1986.

—— (1987): Linking Competitive Strategy and Shareholder Value Analysis, in: The Journal of Business Strategy, 8. Jg., 1987, S. 58ff.

Rendell, L.; Seshu, R.; Tcheng, D. (1987): Layered Concept-Learning and Dynamically-Variable Bias Management, in: IJCAI 87 Proceedings of the Tenth International Joint Conference on Artificial Intelligence August 23-28, Vol. I, Los Altos 1987, S. 308ff.

Rendell, L. (1986a): A General Framework for Induction and a Study of Selective Induction, in: ML, Vol. 1, 1986, S. 177ff.

—— (1986b): Induction, of and by Probability, in: Uncertainty in Artificial Intelligence, hrsg. von L.N. Kanal, J.F. Lemmer, Amsterdam u.a. 1986, S. 429ff.

—— (1990): Feature Construction for Concept Learning, in: Change of Representation and Inductive Bias, hrsg. von D.P. Benjamin, Boston Dordrecht London 1990, S. 327ff.

Rich, E. (1983): Artificial Intelligence, New York u.a. 1983.

Ritchie, G.D.; Hanna, F.K. (1984): AM: A Case Study in AI Methodology, in: AI, Vol. 23, 1984, S. 249ff.

Robinson, J.A. (1965): A machine-oriented logic based on the resolution principle, in: Journal of the Association for Computing Machinery, Vol. 12, 1965, S. 23ff.

Roesner, H. (1988): Expert Systems for Commercial Use, in: Artificial Intelligence and Expert Systems, hrsg. von St.E. Savory, Chichester 1988, S. 35ff.

Ruhland, J.; Wilde, Kl. (1987): Experten-System für strategische Planung, in: Die Unternehmung, 41. Jg., 1987, S. 266ff.

Russell, St.J.; Grosof, B.N. (1990): Declarative Bias: An Overview, in: Change of Representation and Inductive Bias, hrsg. von D.P. Benjamin, Boston Dordrecht London 1990, S. 267ff.

Sakakibara, Y. (1990): Occam Algorithms for Learning from Noisy Examples, in: Algorithmic Learning Theory, hrsg. von S. Arikawa et al., Berlin Heidelberg New York 1990, S. 193ff.

Salzberg, S. (1986): Pinpointing Good Hypotheses with Heuristics, in: Artificial Intelligence and Statistics, hrsg. von W.A. Gale, Reading u.a. 1986, S. 133ff.

Sammut, Cl.; Banerji, R.B. (1986): Learning Concepts by Asking Questions, in: Machine Learning. An Artificial Intelligence Approach, Vol. II, hrsg. von R.S. Michalski, J.G. Carbonell, T.M. Mitchell, Los Altos 1986, S. 167ff.

Savage, L.J. (1954): The Foundations of Statistics, London New York 1954.

—— (1962): Subjective probability and statistical practice, in: The Foundations of Statistical Inference. A Discussion, hrsg. von G.A. Barnard, D.R. Cox, London 1962, S. 9ff.

—— (1964): The Foundations of Statistics Reconsidered, in: Studies in Subjective Probability, hrsg. von H.E. Kyburg, H.E. Smokler, New York London Sydney 1964, S. 173ff.

Schanz, G. (1988): Methodologie für Betriebswirte, 2. Aufl., Stuttgart 1988.

Scheer, A.-W.; Steinmann, D. (1988): Einführung in den Themenbereich Expertensysteme, in: Betriebliche Expertensysteme I. Einsatz von Expertensystemen in der Betriebswirtschaft - Eine Bestandsaufnahme, hrsg. von A.-W. Scheer, Wiesbaden 1988, S. 5ff.

Schefe, P. (1991): Künstliche Intelligenz - Überblick und Grundlagen. Grundlegende Konzepte und Methoden zur Realisierung von Systemen der künstlichen Intelligenz, 2. Aufl., Mannheim Wien Zürich 1991.

Schildbach, Th. (1977): Die Berücksichtigung der Geldentwertung bei der Unternehmungsbewertung, in: Moderne Unternehmensbewertung und Grundsätze ihrer ordnungsmäßigen Durchführung. Bericht von der 1. Kölner BFuP-Tagung am 18. und 19. November 1976 in Köln, GEBERA-Schriften, Bd. 1, hrsg. von W. Goetzke, G. Sieben, Köln 1977, S. 225ff.

—— (1981): Der Wirtschaftsprüfer als Gutachter in Fragen der Unternehmensbewertung: Möglichkeiten und Grenzen aus der Sicht der Berufspflichten des Wirtschaftsprüfers, in: WPg, 34. Jg., 1981, S. 193ff.

Schirmer, K. (1988): Techniken der Wissensakquisition, in: KI, 4. Jg., 1988, S. 68ff.

Schmalenbach, E. (1918): Theoretische Studie über den gemeinen Wert, in: ZfhF, 12. Jg., 1918, S. 129ff.

—— (1966): Die Beteiligungsfinanzierung, 9. Aufl., Köln Opladen 1966.

Schmidt, R. (1989): Expertensysteme zur Unterstützung der strategischen Planung, in: Informationstechnologie und strategische Führung, hrsg. von Kl. Spremann, E. Zur, Wiesbaden 1989.

Schmidt, U. (1971): Zum Prognoseproblem in der Wirtschaftswissenschaft. Eine Untersuchung auf wissenschaftstheoretischer Grundlage, Erlangen 1971.

Schmitt, S.A. (1969): Measuring Uncertainty. An Elementary Introduction to Bayesian Statistics, Reading u.a. 1969.

Schmitz, P.; Seibt, D. (1985): Einführung in die anwendungsorientierte Informatik I. Systemtechnische Grundlagen, 3. Aufl., München 1985.

Schmitz, P.; Lenz, A. (1986): Abgrenzung von Expertensystemen und konventioneller ADV, in: BFuP, 38. Jg., 1986, S. 499ff.

Schneider, D. (1979): Meßbarkeitsstufen subjektiver Wahrscheinlichkeiten als Erscheinungsformen der Ungewißheit, in: ZfbF, 31. Jg., 1979, S. 89ff.

Schneider, J. (1988): Die Ermittlung strategischer Unternehmenswerte, in: BFuP, 40. Jg., 1988, S. 40ff.

Schoeffler, S.; Buzzell, R.D.; Heany, D.F. (1974): Impact of strategic planning on profit performance, in: HBR, 53. Jg., 1975, S. 137ff.

Schöllhammer, H. (1970): Die Delphi-Methode als betriebliches Prognose- und Planungsverfahren, in: ZfbF, 22. Jg., 1970, S. 128ff.

Schöpf, A. (1966): Das Prognoseproblem in der Nationalökonomie. Versuch einer Gesamtbetrachtung, Berlin 1966.

Schultz, R.; Röper, J.W. (1983): Zur Anwendung ökonometrischer Analysen in der strategischen Unternehmensplanung, in: WISU, 12. Jg., 1983, S. 308ff.

Shachter, R.D. (1986): Intelligent Probabilistic Inference, in: Uncertainty in Artificial Intelligence, hrsg. von L.N. Kanal, J.F. Lemmer, Amsterdam u.a. 1986, S. 371ff.

Shafer, G. (1986): Probability Judgement in Artificial Intelligence, in: Uncertainty in Artificial Intelligence, hrsg. von L.N. Kanal, J.F. Lemmer, Amsterdam u.a. 1986, S. 127ff.

Shapiro, A.D. (1987): Structured Induction in Expert Systems, Wokingham u.a. 1987.

Shore, J.E. (1986): Relative Entropy, Probabilistic Inference, and AI, in: Uncertainty in Artificial Intelligence, hrsg. von L.N. Kanal, J.F. Lemmer, Amsterdam u.a. 1986, S. 211ff.

Shortliffe, E.H.; Buchanan, B.G. (1984): A Model of Inexact Reasoning in Medicine, in: Rule-Based Expert Systems, hrsg. von B.G. Buchanan, E.H. Shortliffe, Reading u.a. 1984, S. 233ff.

Sieben, G.; Diedrich, R. (1990): Aspekte der Wertfindung bei strategisch motivierten Unternehmensakquisitionen, in: ZfbF-Kontaktstudium, 40. Jg., 1990, S. 794ff.

Sieben, G.; Kirchner, M. (1988): Renaissance des Substanzwertes? - Kritische Stellungnahme zum Beitrag von Dr. Carl Zimmerer: Ertragswertgutachten - Eine Polemik, in: DBW, 48. Jg., 1988, S. 540ff.

Sieben, G.; Löcherbach, G.; Matschke, M.J. (1974): Bewertungstheorie, in: HWB, Bd. 1, hrsg. von E. Grochla, W. Wittmann, 4. Aufl., Stuttgart 1974, Sp. 839ff.

Sieben, G.; Schildbach, Th. (1979): Zum Stand der Entwicklung der Lehre von der Bewertung ganzer Unternehmungen, in: DStR, 17. Jg., 1979, S. 455ff.

Sieben, G.; Schildbach, Th. (1990): Betriebswirtschaftliche Entscheidungstheorie, 3. Aufl., Düsseldorf 1990.

Sieben, G.; Zapf, B. (1981): Unternehmensbewertung auf der Grundlage unternehmerischer Entscheidungen, Bericht des Arbeitskreises "Unternehmensbewertung im Rahmen der unternehmerischen Zielsetzung", hrsg. von G. Sieben, B. Zapf im Auftrag der Schmalenbach-Gesellschaft - Deutsche Gesellschaft für Betriebswirtschaft e.V., Stuttgart 1981.

Sieben, G. (1963): Der Substanzwert der Unternehmung, Wiesbaden 1963.

—— (1968): Bewertung von Erfolgseinheiten, Habilitation Köln, Köln 1968.

—— (1969): Die Bewertung von Unternehmen auf Grund von Erfolgsplänen bei heterogenen Zielen, in: Unternehmerische Planung und Entscheidung, hrsg. von W. Busse von Colbe, P. Meyer-Dohm, Bielefeld 1969, S. 71ff.

—— (1976a): Der Entscheidungswert in der Funktionenlehre der Unternehmensbewertung, in: BFuP, 28. Jg., 1976, S. 491ff.

—— (1976b): Zur Problematik einer auf Bilanzgewinnen basierenden Unternehmungsbewertung in Zeiten der Geldentwertung, in: Bilanzfragen, Festschrift zum 65. Geburtstag von Prof. Dr. Ulrich Leffson, hrsg. von J. Baetke, A. Moxter, D. Schneider, Düsseldorf 1976, S. 255ff.

—— (1977): Die Beratungsfunktion der Unternehmungsbewertung, in: Moderne Unternehmensbewertung und Grundsätze ihrer ordnungsmäßigen Durchführung. Bericht von der 1. Kölner BFuP-Tagung am 18. und 19. November 1976 in Köln, GEBERA-Schriften, Bd. 1, hrsg. von W. Goetzke, G. Sieben, Köln 1977, S. 57ff.

—— (1983): Funktionen der Bewertung ganzer Unternehmen und von Unternehmensanteilen, in: WISU, 12. Jg., 1983, S. 539ff.

—— (1988): Unternehmensstrategien und Kaufpreisbestimmung - Ein Beitrag zur Bewertung ganzer Unternehmen, in: Festschrift 40 Jahre Der Betrieb, Stuttgart 1988, S. 81ff.

Siepe, G. (1984): Die Bemessung des Kapitalisierungszinsfußes bei der Unternehmensbewertung in Zeiten fortschreitender Geldentwertung, in: DB, 37. Jg., 1984, S. 1689ff. und 1737ff.

Smets, Ph. (1988): Belief Functions versus Probability Functions, in: Uncertainty and Intelligent Systems, 2nd International Conference on Information Processing and Management of Uncertainty in Knowledge-Based Systems IPMU '88, Urbino, Italy, July 4-7, 1988, hrsg. von B. Bouchon, L. Saitta, R.R. Yager, Berlin u.a. 1988, S. 17ff.

Smith, B.C. (1982): Reflection and Semantics in a Procedural Language, Ph.D. thesis and Tech. Report MIT/LCS/TR-272, M.I.T., Cambridge, 1982.

Smullyan, R.M. (1968): First Order Logic, Berlin Heidelberg New York 1968.

SPI (1980): The PIMS Program, hrsg. von The Strategic Planning Institute, Cambridge 1980.

Spiegelhalter, D.J.; Knill-Jones, R.P. (1984): Statistical and Knowledge-based Approaches to Clinical Decision-support Systems, with an Application in Gastroenterology, in: Journal of the Royal Statististical Society A, Vol. 147, 1984, S. 35ff.

Spiegelhalter, D.J. (1986a): A Statistical View of Uncertainty in Expert Systems, in: Artificial Intelligence and Statistics, hrsg. von W.A. Gale, Reading u.a. 1986, S. 17ff.

—— (1986b): Probabilistic Reasoning in Predictive Expert Systems, in: Uncertainty in Artificial Intelligence, hrsg. von L.N. Kanal, J.F. Lemmer, Amsterdam u.a. 1986, S. 47ff.

Stede, M. (1983): Einführung in die Künstliche Intelligenz, Bd. 1, Methodische Grundlagen, Sprendlingen 1983.

—— (1984): Einführung in die Künstliche Intelligenz, Bd. 2, Anwendungsgebiete, Sprendlingen 1984.

Steels, L. (1986): Second Generation Expert Systems, in: Research and Development in Expert Systems III, Proceedings of Expert Systems '86, the Sixth Annual Technical Conference of the British Computer Society Specialist Group on Expert Systems, Brighton, 15-18 December 1986, hrsg. von M.A. Bramer, London u.a. 1986, S. 175ff.

Stefik, M. et al. (1982): The Organization of Expert Sytems. A Tutorial, in: AI, Vol. 18, 1982, S. 135ff.

—— (1983): Basic Concepts for Building Expert Systems, in: Building Expert Systems, hrsg. von F. Hayes-Roth, D.A. Waterman, D.B. Lenat, London u.a. 1983, S. 59ff.

Stegmüller, W. (1971): Das Problem der Induktion: Humes Herausforderung und moderne Antworten, in: Neue Aspekte der Wissenschaftstheorie, hrsg. von H. Lenk, Braunschweig 1971.

—— (1973a): Probleme und Resultate der Wissenschaftstheorie und Analytischen Philosophie, Bd. 4, Personelle und Statistische Wahrscheinlichkeit, 2. Halbband, Statistisches Schließen Statistische Begründung Statistische Analyse, Berlin Heidelberg New York 1973.

—— (1973b): Probleme und Resultate der Wissenschaftstheorie und Analytischen Philosophie, Bd. 4, Personelle und Statistische Wahrscheinlichkeit, 1. Halbband, Personelle Wahrscheinlichkeit und Rationale Entscheidung, Berlin Heidelberg New York 1973.

—— (1983): Probleme und Resultate der Wissenschaftstheorie und Analytischen Philosophie, Bd. 1, Wissenschaftliche Erklärung und Begründung, 2. Aufl., Berlin Heidelberg New York 1983.

—— (1989): Hauptströmungen der Gegenwartsphilosophie. Eine kritische Einführung, Bd. 1, 7. Aufl., Stuttgart 1989.

Stender, J. (1989): Wissenserhebung und -strukturierung in Expertensystemen. Ein induktiver Ansatz, München 1989.

Stickel, M.E. (1986): An Introduction to Automated Deduction, in: Fundamentals of Artificial Intelligence. An Advanced Course, hrsg. von W. Bibel, Ph. Jorrand, Berlin u.a. 1986, S. 75ff.

Suppes, P. (1966): Probabilistic Inference and the Concept of Total Evidence, in: Aspects of Inductive Logic, hrsg. von J. Hintikka, P. Suppes, Amsterdam 1966, S. 49ff.

Teichmann, H. (1972): Die optimale Komplexion des Entscheidungskalküls, in: ZfbF, 24. Jg., 1972, S. 519ff.

Turner, R. (1984): Logics for artificial intelligence, Chichester u.a. 1984.

Utgoff, P.E. (1986): Shift of Bias for Inductive Concept Learning, in: Machine Learning. An Artificial Intelligence Approach, Vol. II, hrsg. von R.S. Michalski, J.G. Carbonell, T.M. Mitchell, Los Altos 1986, S. 107ff.

v.Reibnitz, U. (1983): Szenarien als Grundlage strategischer Planung, in: HM, 5. Jg., 1983, S. 71ff.

—— (1987): Szenarien. Optionen für die Zukunft, Hamburg 1987.

v.Zelewski, St. (1985): Das Leistungspotential der Künstlichen Intelligenz. Eine informationstechnisch-betriebswirtschaftliche Analyse, Bonn 1985.

—— (1986): Expertensysteme - Übersicht über Konzeptionen und betriebswirtschaftliche Anwendungsmöglichkeiten, Arbeitsbericht 14/1986, Seminar für Allgemeine Betriebswirtschaftslehre, Industriebetriebslehre und Produktionswirtschaft, Universität zu Köln, Köln 1986.

—— (1987): Das Leistungspotential der Künstlichen Intelligenz für Industrieanwendungen - Ein Überblick, Arbeitsbericht Nr. 18, Skript zum Vortrag, gehalten am 3.06.1987 in Euskirchen am: Fraunhofer Institut für Naturwissenschaftlich-Technische Trendanalysen (INT), Köln 1987.

Valiant, L.G. (1984): A Theory of the Learnable, in: Communications of the ACM, Vol. 27, 1984, S. 1134ff.

—— (1985): Learning Disjunctions of Conjunctions, in: IJCAI 85 Proceedings of the Ninth International Joint Conference on Artificial Intelligence August 18-23, Vol. I, Los Angeles 1985, S. 560ff.

Vaughan, D.S. et al. (1986): An Odds Ratio based Inference Engine, in: Uncertainty in Artificial Intelligence, hrsg. von L.N. Kanal, J.F. Lemmer, Amsterdam u.a. 1986, S. 383ff.

Vere, S.A. (1978): Inductive Learning of Relational Productions, in: Pattern-Directed Inference Systems, hrsg. von D.A. Waterman, F. Hayes-Roth, New York San Francisco London 1978, S. 281ff.

—— (1980): Multilevel Counterfactuals for Generalizations of Relational Concepts and Productions, in: AI, Vol. 14, 1980, S. 139ff.

Viel, J.; Bredt, O.; Renard, M. (1970): Die Bewertung von Unternehmungen und Unternehmungsanteilen, 3. Aufl., Stuttgart 1970.

Wagenhofer, A. (1988a): Die Bestimmung von Argumentationspreisen in der Unternehmensbewertung, in: ZfbF, 40. Jg., 1988, S. 340ff.

—— (1988b): Der Einfluß von Erwartungen auf den Argumentationspreis in der Unternehmensbewertung, in: BFuP, 40. Jg., 1988, S. 532ff.

Wagner, F.W.; Dirrigl, H. (1981): Der Einfluß der Körperschaftsteuer auf den Unternehmenswert, in: BFuP, 33. Jg., 1981, S. 130ff.

Wagner, F.W. (1973): Zur Zweckmäßigkeit von Bewertungskalkülen für die Entscheidung über Kauf und Verkauf von Unternehmungen, in: BFuP, 25. Jg., 1973, S. 301ff.

Watanabe, L.; Elio, R. (1987): Guiding Constructive Induction for Incremental Learning from Examples, in: IJCAI 87 Proceedings of the Tenth International Joint Conference on Artificial Intelligence August 23-28, Vol. I, Los Altos 1987, S. 293ff.

Waterman, D.A. (1986): A Guide to Expert Systems, Reading u.a. 1986.

Webb, G.I. (1991): Rule optimization and Theory optimization: Heuristic search strategies for data driven machine learning, in: Knowledge Acquisition for Knowledge-Based Systems, hrsg. von H. Motoda et al., Amsterdam Washington 1991, S. 219ff.

Weber, K. (1990): Wirtschaftsprognostik, München 1990.

Wen, W.X. (1990): Minimum Cross Entropy Reasoning in Recursive Causal Networks, in: Uncertainty in Artificial Intelligence 4, hrsg. von R.D. Shachter et al., Amsterdam u.a. 1990, S. 105ff.

Whalen, Th.; Schott, B. (1985): Alternative logics for approximate reasoning in expert systems: a comparative study, in: International Journal of Man-Machine Studies, Vol. 22, 1985, S. 327ff.

White, A.P. (1984): Inference Deficiencies in Rule-based Expert Systems, in: Research and Development in Expert Systems, Proceedings of the Fourth Technical Conference of the British Computer Society Specialist Group on Expert Systems, University of Warwick, 18-20 December 1984, hrsg. von M.A. Bramer, London u.a. 1984, S. 39ff.

—— (1985): Predictor: An Alternative Approach to Uncertain Inference in Expert Systems, in: IJCAI 85 Proceedings of the Ninth International Joint Conference on Artificial Intelligence August 18-23, Vol. I, Los Angeles 1985, S. 328ff.

—— (1986): Probabilistic Induction by Dynamic Path Generation in Virtual Trees, in: Research and Development in Expert Systems III, Proceedings of Expert Systems '86, the Sixth Annual Technical Conference of the British Computer Society Specialist Group on Expert Systems, Brighton, 15-18 December 1986, hrsg. von M.A. Bramer, London u.a. 1986, S. 35ff.

Winston, P.H. (1985): Learning Structural Descriptions from Examples, in: Readings in Knowledge Representation, hrsg. von R.J. Brachman, H.J. Levesque, Los Altos 1985, S. 141ff.

—— (1989): Künstliche Intelligenz, unveränderter Nachdruck, Bonn u.a. 1989.

Wise, B.P. (1988): Experimentally Comparing Uncertain Inference Systems to Probability, in: Uncertainty in Artificial Intelligence 2, hrsg. von L.N. Kanal, J.F. Lemmer, Amsterdam u.a. 1988, S. 89ff.

Wogulis, J.; Langley, P. (1989): Improving Efficiency by Learning Intermediate Concepts, in: IJCAI 89 Proceedings of the Eleventh International Joint Conference on Artificial Intelligence August 20-25, Vol. I, hrsg. von N.S. Sridharan, San Mateo 1989, S. 657ff.

Woods, W.A. (1985): What's in a Link: Foundations of Semantic Networks, in: Readings in Knowledge Representation, hrsg. von R.J. Brachman, H.J. Levesque, Los Altos 1985, S. 217ff.

Yadrick, R.M.; Perrin, B.M.; Vaughan, D.S. (1988): Evaluation of Uncertain Inference Models I: Prospector, in: Uncertainty in Artificial Intelligence 2, hrsg. von L.N. Kanal, J.F. Lemmer, Amsterdam u.a. 1988, S. 77ff.

Young, J.; Mescheder, B. (1988): PROLOG - Implementation language of artificial intelligence and of TWAICE, in: Artificial Intelligence and Expert Systems, hrsg. von St.E. Savory, Chichester 1988.

Zadeh, L.A. (1975): Fuzzy Logic and Approximate Reasoning, in: Synthese, Vol. 30, 1975, S. 407ff.

—— (1986): Is Probability Theory Sufficient for Dealing with Uncertainty in AI: A Negative View, in: Uncertainty in Artificial Intelligence, hrsg. von L.N. Kanal, J.F. Lemmer, Amsterdam u.a. 1986, S. 103ff.

Zimmerer, C. (1988a): Ertragswertgutachten - Eine Polemik, in: DBW, 48. Jg., 1988, S. 417ff.

—— (1988b): Ertragswertverfahren; Substanzwertverfahren; Unternehmensbewertung - Abschließende Stellungnahme zu den Dialogbeiträgen von Hübner, Klocke und Sieben/Kirchner, in: DBW, 48. Jg., 1988, S. 679f.

Zimmermann, H.-J. (1988): Modellierung von Unsicherheit in Expertensystemen, in: Entscheidungsunterstützende Systeme im Unternehmen. Wirtschafts-Informatik-Symposium der IBM Deutschland GmbH 26.-28. November 1986 in Bad Neuenahr, hrsg. von M.R. Wolff, München Wien 1988, S. 175ff.

FSC
www.fsc.org
MIX
Papier | Fördert gute Waldnutzung
FSC® C083411

Kolibri 360 GmbH
Ferdinand-Jühlke-Straße 7
99095 Erfurt, Deutschland
produktsicherheit@kolibri360.de

Druck:
CPI Druckdienstleistungen GmbH
im Auftrag der
Kolibri 360 GmbH
Ferdinand-Jühlke-Str. 7
99095 Erfurt